1990—2015

上海陆家嘴金融贸易区规划和建设丛书 COLLECTION OF SHANGHAI LUJIAZUI FINANCE AND TRADE ZONE PLANNING AND CONSTRUCTION

梦缘陆家嘴

LUJIAZUI: WHERE ALL DREAMS BEGIN

第三分册 开发实践

Volume III Development and Practice

上海陆家嘴（集团）有限公司
上海市规划和国土资源管理局 　编著

中国建筑工业出版社

编委会

寄语陆家嘴

（浦东开发以来主要领导寄语，以在浦东任职时间先后排序）

沙　　麟（1990年5月初任上海市人民政府浦东开发办公室主要负责人）

　　开发浦东的目标是建设一个全新的上海，它不是加一块，更不是单纯地疏解浦西的压力，而是以一个新的浦东的开放为契机，真正形成一个西太平洋的金融、贸易和多功能的城市明珠。浦东的开发必须而且是首先要开放浦东，而开放浦东，必须深化改革。浦东的新的格局、新的改革被突破，会带动整个上海的一个全新的机制，现在浦东的问题还不是一个给优惠政策的问题。我认为，单纯地给优惠政策所具有的作用是有限的，更重要的是像保税区、土地批租、允许经营第三产业，尤其是投资基础设施、外资银行进来可以发行股票、进行证券交易等等，使我们经济运行机制有一个新的格局。（摘自《沙麟：亲历上海对外开放》）

杨昌基（1990年5月任上海市人民政府浦东开发办公室主任）

今年是陆家嘴公司的二十五周年寿辰，我真挚地向你们表示祝贺。

二十五年来，公司从艰苦创业到茁壮成长，公司的领导和全体职工以忘我劳动赢得辉煌的胜利成果，我衷心地向你们致敬。

二十五年来，你们为浦东开发作出了巨大贡献，已经载入了浦东开发的史册，人们会永志不忘的。

如今，中央和市、区领导又交给你们新的重要任务，我为你们高兴，也相信你们一定能再立新功、再创新的辉煌。

陆家嘴集团公司从来都很重视史料的收集整理工作，已经出版过几个丛书和画册，2013年开始又筹备了另一套丛书，我认为这些都很有意义。希望能订定一些制度，一代又一代的坚持和发扬。

出版丛书和画册是一项重要的工作，它如实反映实际情况。而另一方面更重要的是科学总结经验教训，使"实践—认识—再实践—再认识"的不断深化和提升。这比编写丛书和画册更具有指导今后工作的重要意义。编写丛书和画册只是"知其然"，总结经验则是"知其所以然"。我认为陆家嘴集团公司可以为自己或他人共享的应该是"授人以鱼、不如授人以渔"。陆家嘴有陆家嘴的客观条件，当初的客观条件现在也已发生了变化，自己和他人都不能照抄照搬当时的某些经验。而总结经验则是"日新、日新、日日新"的面向未来的重要基本素质。要青春常驻就要求我们不断地加强学习，提高善于总结经验的本领。这件最难最重要的任务，我认为陆家嘴集团公司应该已具备了较好的条件。而中央、市、区领导交给公司的新的重要任务也更加迫切地要求公司在总结经验的基础上，以新的思维和精神状态确立新的工作目标、新的人员素质、新的工作效率，才能圆满地完成。

万事开头难，党的十八大以来，首先是总结了经验教训，经过顶层设计全面制定了新政，吹响了全面复兴中华民族的号角。习近平总书记深入浅出地作了许多讲话，其实都是经验的总结，所以大家越读越爱读。我们在认真总结经验时，可以从中吸取许多智慧。特别是其涉及城市建设和规划的有关片段，对我们从事开发、规划和建设的工作的人感到更为亲切。

浦东开发和陆家嘴集团公司创业初期都很难，但是后来的转型和规划建设都要比初创更有难度，今后的任务则比过去25年会更难。因为能否"华丽转型"、"华丽转身"也都有"万事开头难"的过程。我们从事过首创时期工作的人们，不要去迷恋过去初创时期的"难"的历史和光荣，而是要总结初创时期的"经验和教训"，去理解后继工作人员的难在哪里，不论"先创者"和"后建者"都把心思放在如何使今后更美好上，因为他们的心本来就是相通的。

习近平总书记的讲话中提到提升城市和提升城市基础设施的质量以及适度超前、适度留有余地等问题，也提到城市建设为经济服务、为人民生活服务；以及绿山青水和金山银山的相互关系等方面。短短几句话，讲出了极深刻的哲理，都是值得我们认真学习和深思的。陆家嘴（集团）公司初创期间规划和建设的目标是国际一流现代化城市，是开发浦东、振兴上海、服务全国、面向世界。而现在的目标提升了，要求成为全世界的金融贸易中心、科技创新中心，原来是基本一张白纸，可以画成美丽的图画，但由于目标提升了，要在建成的城市建设格局上再提升基础设施的质量和数量，加上弥补原来规划和建设造成的人民生活设施上的欠账，显而易见是非常困难的。我们如何去"知难而行"呢？就得靠群策群力，激发更多方面的积极因素去"心往一处想，劲往一处使"，努力促其圆满解决。当年浦东人民编演的话剧"情系浦东"使很多人感动得流下了热泪，我至今记忆犹存。"情系浦东"不只是浦东的梦，它是和中国梦、民族梦、人民的梦紧紧相连的"梦"，也是"陆家嘴的梦"，这个梦现在还在路上！

杨昌基复复．
2015年6月3日．

夏克强（1991年8月任上海市人民政府浦东开发办公室主任）

　　我在浦东开发办工作的一年，是令我终生难忘的一年。想起那紧张、高效的岁月，我至今仍感受颇深。

　　在起步阶段，浦东新区就紧紧瞄准世界一流城市的目标，建设具有合理的产业发展布局、先进的综合交通网络、完善的城市基础设施、便捷的通信信息系统和良好的自然生态环境的现代化城区。

　　我到浦东开发办时已经有了一批政策文本，后又制定了一些新的法规条文。对此要进一步加以细化和完善，抓紧制定社会经济发展和能够体现一流城市水准的总体规划。做好详细规划的超前准备工作和开发建设规划的应急制定工作，及时向中外投资者提供相关资料。同时，简化外商投资审批程序，提高办事效率，为外商投资提供"一条龙"服务，切实改善投资"软"环境。（摘自《2号楼纪事/难忘的一年》）

赵启正（1993年1月任浦东新区管委会主任、党工委书记）

　　今天中共上海市委浦东新区工作委员会和浦东新区管委会同时成立了，这标志着浦东新区的开发开放又翻开了新的一页。

　　回顾历史，开发浦东曾是几代人的夙愿，但是都未能付诸行动。只有贯彻执行了邓小平同志所创导的建设有中国特色的社会主义理论之后，才使开发开放浦东成为现实，浦东大地上才能开始发生历史性的伟大变化。

　　十四大报告指出，以上海浦东开发开放为龙头，进一步开放长江沿岸城市，尽快把上海建成国际经济、金融、贸易中心之一，带动长江三角洲和整个长江流域地区经济的新飞跃。刚刚闭幕的上海市第六届党代会又以浓重的笔墨描绘了浦东新区光辉的未来和开发浦东的指导方针。（摘自1993年1月1日赵启正同志在浦东新区党工委、管委会正式挂牌仪式上的讲话）

赵启正

周禹鹏（1995年12月任浦东新区党工委书记、1998年2月兼任浦东新区管委会主任）

　　在陆家嘴建设国际化的现代金融贸易区，是开发浦东、振兴上海、服务全国的重大战略举措。在全国、全市人民的大力支持和参与下，经过上世纪90年代的拼搏和开发建设，陆家嘴地区的形态、功能发生了质的飞跃，知名度不断提高。特别是去年的APEC盛会，以及1999年的财富论坛上海年会，更是陆家嘴成为上海国际化大都市的重要标志。

　　我相信，二十一世纪第二个十年的陆家嘴金融贸易区新一轮开发建设，必将以更新的视野进行规划，更新的步伐向前迈进，并必将以更新的神韵和面貌展现在世人面前。

周禹鹏

2015年8月30日

胡 炜（1993年1月任浦东新区管委会副主任、2000年8月任浦东新区区长）

　　二十一世纪的头二十年，对我国来说，是一个必须紧紧抓住并且可以大有作为的重要战略机遇期。对上海来说，今后二十年，是建成社会主义现代化国际大都市和国际经济、金融、贸易、航运中心之一的关键时期。浦东开发开放进入了全面建设外向型、多功能、现代化新城区的新阶段，浦东新区在上海建设世界城市的进程中担负着重要的责任，要进一步发挥浦东改革开放的体制优势，围绕上海建设国际金融中心的目标，基本建成陆家嘴中央商务区，形成中外金融机构、要素市场和跨国公司总部（地区）的高度集聚以及比较完备的市场中介和专业服务体系。（摘自2003年浦东新区政府工作报告）

姜斯宪（2003年2月任浦东新区区委书记、区长）

陆家嘴金融贸易区是上海在过去二十五年中最令人叹为观止的发展成就之一。其中，尤以其高起点的规划、高品质的建设和高增值、强辐射的功能开发为各方称道并载入史册。我坚信，陆家嘴金融贸易区将在提升上海乃至长三角核心竞争力方面持续发挥加速器的作用。我祝愿陆家嘴集团再尺竿头、再创辉煌！

姜斯宪

2015年5月8日

杜家毫（2004年5月任浦东新区区委书记）

　　陆家嘴是中国改革开放的象征和缩影，是中国道路、中国力量、中国精神的体现和标志。它不仅是浦东人的骄傲，也是每一位中国人乃至全球华人的骄傲。我坚信在实现两个一百年的中国梦的进程中，陆家嘴一定能够奏响无与伦比的华美乐章。

杜家毫

二〇一五年五月十一日

张学兵（2004年5月任浦东新区区长）

　　以陆家嘴金融贸易区为主要载体，以资源集聚和金融创新为抓手，推动以金融为核心的现代服务业快速发展，努力做好加快自身发展和服务全国两篇文章。发挥浦东要素市场集聚、资源配置能力强的优势，为国内企业走向国际市场提供便捷的服务。用好鼓励大企业在浦东设立地区总部的政策，支持国内企业把浦东作为拓展国际市场的基地。（摘自2005年浦东新区政府工作报告）

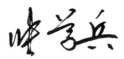

徐　　麟（2008年2月任浦东新区区委书记）

在"十二五"期间，我们通过全力推进十大工程建设再打造一批以金融为主的机构入驻的载体是非常必要的，与此同时，也还更要体现陆家嘴的深度城市化，要按照"以人为本"的理念，更好地营造一个适合在这里工作、生活、娱乐、休闲、文化和购物的良好环境。未来的发展，不仅仅是一个办公楼宇的量的释放，同时还伴随着深度城市化的进程，在配套设施、城市功能的进一步提升和完善上更下功夫。今天所介绍的十大工程，其实都是综合性的，不仅仅是办公功能，也是相关的文化、商业等其他配套的供给。我们要坚持做到这两者的有机结合，不断地在载体建设和环境优化上、在城市功能的提升和完善上尽到我们的努力。（摘自2012年5月14日陆家嘴金融城十大重点工程建设推进大会上的讲话）

李逸平（2008年3月任浦东新区区长）

　　陆家嘴作为国家级的金融贸易开发区，要着力营造良好的金融发展环境，不断提升上海国际金融中心核心区功能。要切实解决办公楼宇用餐难等"三难"瓶颈问题，积极创新理念、完善规划、加快实施，进一步提高陆家嘴地区生活服务综合配套水平，吸引更多的金融机构、人才集聚。对于陆家嘴金融区东扩，要不断完善规划，突出规划的引领作用，努力促进要素集聚和功能优化。陆家嘴集团公司要继续发挥好开发区建设主力军的作用，紧紧围绕"金融聚焦"的战略目标，探索创新发展模式，不断改善陆家嘴金融生态环境。（摘自2008年5月4日在陆家嘴公司调研时的讲话）

2015. 5. 7

姜　樑（2009年5月任浦东新区区长）

今后，我们仍然要注重金融中心核心功能区的建设，以金融市场体系建设为核心，以功能提升为导向，以陆家嘴金融城为主要载体，以先行先试、机构集聚、空间拓展、环境配套等为主要抓手，积极争取金融创新，推动证券、期货、产权、股权等要素市场拓展功能、提升能级，完善多层次金融要素市场体系。要继续大力引进高能级金融机构，争取大型国有商业银行在浦东设立第二总部，争取金融业增加值占地区生产总值的比重达到20%左右。要继续大力提升金融城的品牌知名度和影响力，加快推进上海中心等重点楼宇建设，完善商业、文化等综合服务配套功能。（摘自2012年浦东新区政府工作报告）

沈晓明（2013年5月任浦东新区区委书记）

　　浦东是国家改革开放的旗帜，是国家战略的集中承载地，党中央和市委、市政府对浦东寄予厚望。浦东应改革而生，因改革而兴，过去浦东的成就靠改革，今后浦东的发展还要靠改革。目前浦东正处在二次创业的新时期，分水岭就是两区合并。我们推进浦东二次创业，只有把改革这个看家本领传承好、发扬好，二次创业才有坚实的基础，二次创业的目标才有可能完成。（摘自2014年3月浦东新区区委常委会讲话）

孙继伟（2013年10月任浦东新区区长）

　　围绕"四个中心"核心功能区建设，创新陆家嘴金融城管理体制机制，拓展金融城发展空间，推进金融机构集聚，优化金融发展环境，支持航运金融、航运保险、海事法律等高端航运服务业发展，促进高能级跨国企业总部集聚，创新监管模式，主动承接自贸试验区在金融、航运、贸易等方面开放创新的溢出效应，加快要素资源集聚，增强核心枢纽功能，提升全球资源配置能力。（摘自2014年浦东新区政府工作报告）

孙继伟

编者序

  浦东开发开放至今已走过25年历程。过去25年，如果将中国比作全球增速最快的列车，上海浦东无疑是最为强劲的发动机之一；而陆家嘴，堪称其中设计最为精巧的"核心部件"。它身负重任，历经打磨，日渐散发出巧夺天工的光彩和磁石般的引力。

  一切，都源自敢于"做梦"。20世纪80年代初，上海对改革开放、对浦江东岸的开发跃跃欲试，"吃不到饼就先画饼"，规划、建设的蓝图开始涂上梦想的底色。1990年4月18日，党中央、国务院在上海宣布了开发开放浦东的决策，至此，原本充满地缘情结的"上海梦"、"浦东梦"，一跃上升为国家战略，承载着国强民富的"中国梦"。作为全国唯一以"金融贸易区"命名的国家级开发区，陆家嘴的"金色梦想"，也就此起航。

  以今人的眼光审视陆家嘴，也许并不完美。但追溯至25年前，那"无中生有"的魄力，敢想敢做的担当，科学周密的论证，注定给后世留下一份惊叹。规划方案面向全球征集，最终没有照搬照抄其中任何一个，而是结合各方案之长，因地制宜，描绘出一个属于陆家嘴自己的"梦想空间"。一如陆家嘴的梦，从懵懂到清晰，不变的，是那份激情与荣光。

  最初参加过陆家嘴规划方案征集的英国建筑设计大师理查德·罗杰斯也曾感慨，没想到中国人能对国外设计方案当中的理念理解得这么好，也没有想到他们能把各家的优点结合起来，并运用得这么巧妙，令人刮目相看。这位被业界奉为"教科书"式的大师还大胆断言，世界城市规划的教科书上很快就会出现中国的东西。

  桃李不言，下自成蹊。改革开放总设计师邓小平当年的寄语："抓紧浦东开发，不要动摇，一直到建成"，像一面鲜明的旗帜，不仅牢牢地印在陆家嘴的地标建筑外墙上，更深深地镌刻在每一个参与这片热土规划和开发建设者的心中。他们，脚踏实地，不忘初心，一步步朝着梦想前行。

Preface

The opening and development of Pudong District, Shanghai has been going on for 25 years. In the past 25 years, Pudong has doubtlessly been one of the most powerful engines propelling China, the fastest train that runs among the global machines. Lujiazui Area is the most delicate part that has ever been designed of this engine. It bears on its shoulder a great task that through times has burnished this part to its glorious splendor and mesmerizing charm.

It all started because of a daring dream. Back in the early 80s of the last century, Shanghai adopted the reform and opening-up policy and started to develop the east bank of Pujiang River, later called Pudong District. Everything was built from scratch with the blueprint of planning and construction beginning to shape up. On April 18th 1990, Party Central Committee and State Council issued a policy of developing and opening-up of Pudong District. From that day onward, the local "Shanghai Dream" and "Pudong Dream" up-scaled to a national strategy, carrying the Chinese dream of strengthening the nation and improving people's livelihood. Being the only national development zone as a financial trade area, the vessel of Lujiazui sailed to its golden dream since then.

From today's point of view, Lujiazui may not be the prefect area in terms of its planning and development. But the fact that it took enough courage and wisdom to realize the dream 25 years ago would always startle generations to come. The planning projects were collected from all around the world. Instead of adopting a single project, the final plan took different advantages of each project in accordance with local conditions, yielding to a unique dream space of Lujiazui. With the outline starting to shape, passion and glory never receded.

Richard Rogers, the world-renowned English architect who was one of the many architects participated in Lujiazui planning project, never thought the Chinese would thoroughly understand the concepts in foreign projects, nor that they would even combine all the advantages from different ones to come up with a more refined one. He then predicted that in the near future the Chinese projects would be introduced in the global urban planning textbooks.

As a Chinese idiom goes, a trust-worthy and loyal man attracts admiration. Deng Xiaoping, the general designer of the reform and opening-up policy, once suggested that governments should spare no efforts to carry out the development of Pudong District until its completion. His words are not only just some banners that are painted on the façades of

正是因为他们的执着与奋进，才让今日陆家嘴的繁华与绚丽成为可能。

从单一到融合，从园区到城市。黄浦江畔的这片热土，见证了一个时代的变迁，一座"金融城"的崛起。今天的陆家嘴，作为上海建设国际经济中心、金融中心、贸易中心和航运中心的核心功能区，集聚效应突显，直入云霄的天际轮廓线与"站立的华尔街"美名，深入人心，不仅是中国改革开放的样本和标志，更以傲人的姿态参与全球竞争。

当梦想照进现实，所有的心血和付出，意义非凡。把逐梦的点点滴滴，留存、记取，仿佛一个个清晰的脚印，可供后人追寻、思考。这，也是本套丛书诞生的初衷。

15年前，上海陆家嘴（集团）有限公司就曾与上海市规划局合作，编辑出版了《上海陆家嘴金融中心区规划与建筑丛书》，忠实记录了陆家嘴梦想蓝图的诞生经过；15年后，1.7平方公里的"陆家嘴中心区"长成31.78平方公里的"陆家嘴金融贸易区"，经济、金融、贸易等复合功能突显，政企再度携手，推出本套《梦缘陆家嘴——上海陆家嘴金融贸易区规划和建设丛书》，继续秉承亲历者编写的宗旨，以约300万字、图文并茂的形式，还原一段为梦想而亦步亦趋、精耕细作的历程，回答一个"陆家嘴何以成为陆家嘴"的问题。

第一册**"总体规划"**，详细记录了陆家嘴金融贸易区规划编制的历程及演变、陆家嘴金融贸易区规划的意义、经验和思考；

第二册**"重点区域规划和专项规划"**，将陆家嘴金融贸易区重点功能区域规划和交通、基础设施、城市景观、立体空间等规划、城市设计和盘托出；

第三册**"开发实践"**，生动讲述了以上海陆家嘴（集团）有限公司为开发主力军，滚动开发陆

landmarks in Lujiazui, but also etched in the minds of each and every person who took part in the process. They had always been keeping a humble heart towards their dreams. It is due to their devotion and endeavor that Lujiazui can see its own prosperity and splendor now.

From industrial parks to the entire city with gradual integration, Pudong District witnessed the change of an era and the rise of a financial town. As a major function zone integrated with international economic center, financial center, trade center and shipping center in Shanghai, Lujiazui nowadays shows strong aggregation effect. Skyscrapers in this area give it the name Standing Wall Street, which echoes with every one's heart. All its achievements, setting as examples that mark China's reform and opening-up policy, enjoy great competitiveness among global markets.

When dream finally came true, all the dedication and hard works were doubtlessly of great significance. It is the very goal of these volumes that records every step along the way that leads to the dream so that they can be seen by later generations.

15 years ago, Shanghai Lujiazui Development (Group) Co.,ltd. and Shanghai Planning Bureau co-published a series Shanghai Lujiazui Finance and Trade Zone Planning and Construction which recorded in detail the entire process of how Lujiazui's blueprint was being born. The 1.7-square-kilometre Lujiazui Central District now grows to 31.78-square-kilometre Finance and Trade Zone integrated with economic, financial and trade functions. The government works with corporations again to publish this new series *Lujiazui: Where All Dreams Begin-Collection of Shanghai Lujiazui Finance and Trade Zone Planning and Construction*. Just like the former series, this one is also written by the participants who take part in the course. About 3-million words along with pictures restored the entire process of inexhaustible devotion and delicate designs, all of which are answers to why Lujiazui being the Lujiazui today.

Volume I , *Overall Planning*, gives the planning process of Lujiazui Financial Trade District, its evolution, significance, experiences and thoughts in detail.

Volume II , *Key Area Planning and Subject Planning*, introduces planning of key functional regions, as well as of

家嘴的"筑梦"经历；

第四册**"功能实现"**，利用详尽的数据和图表展现了陆家嘴围绕"四个中心"建设目标而实现的复合功能及城市形态和经济社会发展成果；

第五册**"建设成果"**，则选取最能反映城市形象变化的楼宇、道路和景观雕塑等建设成果，勾勒陆家嘴金融贸易区独特的气质和神韵……

这里，永远是梦开始的地方，追梦的脚步永不停歇。

2015年初，中国（上海）自由贸易试验区"扩区"，陆家嘴金融贸易区纳入其中；在上海市新一轮总体规划编制中，提出上海要在2020年基本建成"四个中心"和社会主义现代化国际大都市的基础上，努力建设成为具有全球资源配置能力、较强国际竞争力和影响力的"全球城市"。为打造中国经济升级版，陆家嘴作为核心功能区责无旁贷。

抚今追昔，展望未来。一个更加美好的陆家嘴，渐行渐近……

更多的惊喜，未完待续……

2015年9月

transportation, infrastructure, urban landscape, stereoscopic space.

Volume III, *Development and Practice*, is about the experiences of realizing the Lujiazui dream that was led by Shanghai Lujiazui Development (Group) Co., Ltd.

Volume IV, *Function Implementation*, lays out Lujiazui's multi functions of international economic center, financial center, trade center and shipping center, as well as the achievements of urban morphology, economic and social development.

Volume V, *Construction Achievements*, outlines the distinctive quality and charm of Lujiazui Financial Trade District reflected on the buildings, roads, views and sculptures.

Here is the place where all dreams begin. The steps of seizing them never cease.

In early 2015, China (Shanghai) Pilot Free Trade Zone included Lujiazui into its map as the expansion goes. The undergoing Shanghai's new overall planning states that on the basis of form up the four centers in 2020, Shanghai will strive to build a global city with strong international competitiveness and influence and the capability of global resource distribution. To promote China's economy to a new high, Lujiazui bears unshakable responsibility as a major functional district.

Looking into the future with the recollection of the past, a better Lujiazui is bound to happen.

More surprises are about to come.

Yang Xiaoming, Zhuang Shaoqin

September, 2015

今日陆家嘴

陆家嘴金融贸易区开发前的面貌

1 陆家嘴中心区旧城区原貌（1996年）
2 1990年从外滩远眺浦东陆家嘴
3 浦东大道
4 开发前的陆家嘴街景组图

旧貌变新颜　日月换新天

　　上海陆家嘴（集团）有限公司调动社会资源将一个旧城区按规划建设成了一个功能不断完善的现代化新城。今日之陆家嘴旧貌换新颜，无论在市政建设、市容面貌或社会人文氛围上都发生了翻天覆地的变化。

1993年陆家嘴景色

2015年陆家嘴远眺

1992年与2007年的九六广场

1993年与2011年的延安路隧道浦东出口

1997年与2000年的世纪大道鸟瞰

1993年与2012年陆家嘴的浦东大道、浦东南路口

目录 Contents

寄语陆家嘴

编者序

概述

第一篇　开发开放　历史使命

第四篇 转型发展 再创辉煌

概述

1990年4月18日，中国政府批准建立中国唯一的以"金融贸易"命名的国家级开发区——陆家嘴金融贸易区（以下简称陆家嘴）。陆家嘴位于浦东新区西北端的黄浦江（西和北为黄浦江）和上海内环线（东和南为罗山路、龙阳路）合围之中，规划面积31.78平方公里。

陆家嘴的开发，实际上是旧城区改造和建设国际金融中心核心区的过程。开发伊始，上海陆家嘴（集团）有限公司（前身是上海市陆家嘴金融贸易区开发公司）重视规划编制，分别制订了陆家嘴中心区、竹园商贸区、花木行政文化中心区、龙阳小区等规划。特别是在陆家嘴中心区的规划编制上，向全世界公开征集方案，邀请中、法、意、日、英等世界著名城市设计师进行咨询，最终形成的规划方案体现出21世纪外向型、多功能、现代化的城市建设理念，并在以后的开发建设中得到较好实施。至2010年，陆家嘴中心区、新上海商业城、竹园商贸区、花木行政文化中心区等区域的形态开发基本完成，成为陆家嘴开发成果的见证。

浦东开发初期，提出了"浦东开发，金融先行、基础设施建设先行"的战略方针，工商、农业、中国、建设四大国有银行和一批商业银行先于其他投资者在陆家嘴设立分行机构，从而为浦东的基础设施建设和产业转型提供了资金保障，确保了现代城市发展的重大基础设施工程顺利动工兴建。沟通黄浦江两岸的5条隧道、2座桥梁和上海内环线以及4条轨道交通线的建成，加上相关政策规划的出台，使整个陆家嘴一跃成为上海国际金融中心的核心区。在招商引资中，面向全球，拓宽思路，提出打两张牌，既打"世界牌"又打"中华牌"的招商引资策略，以争取国内外资金和投资者共同参与开发。陆家嘴中心区成为全国性金融机构、跨国公司和央企以及境外资本投资的主要区域，竹园商贸区成为国内各省市区、国家各部委、国内企业参与浦东开发的聚集地，先后建设了一批"省部级"大楼。

陆家嘴作为实施国家战略的重要区域之一，她的开发建设始终得到了国家、上海市和浦东新区政府制定的各项政策措施的支持。先后制定和颁布了"允许外资银行在浦东率先试点经营人民币业务"、"支持要素市场东迁浦东"、"允许外贸企业在浦东设立子公司"和"建设金融中心核心区的若干意见"等一系列政策与措施，支持国内外著名金融、贸易和服务类企业集聚陆家嘴，从而形成了金融、商贸服务、会展旅游等新兴产业。

1997年12月10日，上海市陆家嘴金融贸易区开发公司在上海市工商局完成注册登记，变更为上海陆家嘴（集团）有限公司。上海陆家嘴（集团）有限公司是上海市浦东新区国有资产监督管理委员会管辖的国有独资大型企业，主要负责陆家嘴金融贸易区内的土地成片开发和房地产综合经营。集团的经营范围是房地产开发经营、市政基础设施、建设投资、投资咨询、实体投资、国内贸易（除专项规定）、资产管理经营、信息。集团拥有国家房地产一级开发资质以及物业管理一级资质。

上海陆家嘴（集团）有限公司主持主导了陆家嘴金融中心区（CBD）、竹园商贸区、龙阳小区、塘东总部基地、东城社区、六里现代生活区、陆家嘴软件园等区域的综合规划开发工作。自1990年至今，累计开发土地11.07平方公里，转让土地面积247.6万平方米（规划建筑总面积759.6万平方米），吸引中外投资约82亿美元。除主业商业地产外，上海陆家嘴（集团）有限公司的业务投资还涉及金融服务、旅游文化、会展经济、城市规划建设等产业板块，其发展过程经历了3个阶段。

第一阶段：1990～2004年，以土地批租业务为主阶段。1990年始，前期业务模式以土地批租方式为主，进行土地一级开发；成为多元投资股份上市公司与合资公司。

第二阶段：2004～2009年，地产开发业务转型，主营业务从原来单一以土地开发为主逐步向以土地开发与项目建设并重的战略格局转型。2004年下半年开始，上海陆家嘴（集团）有限公司以陆家嘴金融贸易区开发股份有限公司为平台，进行业务转型，启动了高品质、专业化甲级写字楼、都市研发楼等商办楼宇的建设，又尝试收购商办楼宇产权，以并购方式实现资源整合；变土地批租为地产开发运营，形成土地批租业务与商业地产投资业务并存发展局面。

第三阶段：2010年之后，跨区域、多元化转型发展阶段。在业务多元化方面，以控股爱建证券、控股陆家嘴信托为代表，上海陆家嘴（集团）有限公司逐步在金融领域进行较深入的布局。在跨区域发展方面，走出陆家嘴区域，获得前滩地区土地开发业务，还参与迪斯尼乐园项目的开发，出资入股上海申迪旅游度假开发有限公司。

2012年，上海陆家嘴（集团）有限公司控股的上海陆家嘴金融贸易区开发股份有限公司完全退出土地批租市场，采取以商业房地产为主营业务的战略，标志着以股份公司为代表的陆家嘴房地产业务板块已经完成了区域土地一级开发商向商业地产投资运营商的转型。在业务多元、区域多元化发展方面，上海陆家嘴（集团）有限公司仍在转型深化过程中。

上海陆家嘴（集团）有限公司目前属于"单纯投资控股型"公司，已经与上海陆家嘴金融贸易区开发股份有限公司终结了"两块牌子，一套班子"的管理体制，实现了"五分开"。

上海陆家嘴（集团）有限公司创造管理新途径，公司的重心在转移。现有全资、控股与参股企业117家。按子公司层级分，二级子公司26家，三级子公司75家，四级子公司16家。其中的核心企业，有上海陆家嘴金融贸易区开发股份公司（简称"陆家嘴股份"）、上海前滩国际商务区投资（集团）有限公司（简称"前滩投资"）、上海陆家嘴金融发展公司（简称"陆金发公司"），上海陆家嘴城市建设开发投资有限公司（简称"城开公司"）等。上海陆家嘴（集团）有限公司已逐步形成了"1+4"的产业格局，"1"是指集团中枢，"4"是指陆家嘴股份、前滩投资、城开公司和陆金发公司。

"陆家嘴金融贸易区"和"前滩国际商务区"是上海陆家嘴(集团)有限公司的两大拳头产品，也是陆家嘴（集团）有限公司精心打造的两大城区板块。其精妙之处在于各有千秋，各有所长。陆家嘴金融贸易区着重于金融与贸易的特色，而后世博开发的前滩国际商务区，则立足于打造一个适合工作生活、安居乐业的国际全新人文社区。

经过25年的发展，陆家嘴区域已经发展成为中国以金融、航运、商贸、会展旅游为主要产业，金融、产业、人才、总部、要素市场、资金、楼宇最为集聚的区域；也已成为构建上海国际金融中心、航运中心的重要组成部分与上海对外经济贸易的龙头区域以及全球资本市场最活跃的区域之一。

"陆家嘴"这一名称已经成为国内"城市高端CBD"领域屈指可数的知名品牌之一。

第一篇

开发开放 历史使命

1990年7月27日，时任中共上海市委组织部部长的罗世谦代表中共上海市委、上海市人民政府宣布了上海市陆家嘴金融贸易区开发公司的领导班子组成人员。这一天，王安德、余力、汪雅谷、郑尚武、钱稼宏、葛惠忠6位同志来到浦东开发办公室报到。

一个月后，即1990年8月29日，上海市陆家嘴金融贸易区开发公司正式宣告成立，首期注册资金1亿元人民币。这标志着举世瞩目的陆家嘴金融贸易区的开发工作由此拉开了序幕。

当时，公司先向浦东开发办公室借了20万元，后又向工商银行贷款了200万元作为公司的开办资金；还暂借了浦东大道141号一间不足20平方米的办公室，靠着仅有的3张课桌、2条板凳、1个热水瓶和1台风扇，开始了上海市陆家嘴金融贸易区开发公司的筹建工作。

从那时起，一大批富有远见卓识的干部、专业技术人员、有志青年以及刚刚从大学里毕业的优秀学生，从四面八方奔赴陆家嘴，在开发开放浦东的旗帜下，承载着党中央、国务院的厚望和嘱托，抱着壮士断腕、决战必胜的信心，踏上了艰苦创业的破茧之旅。

作为开发建设陆家嘴金融贸易区的主力军，上海市陆家嘴金融贸易区开发公司〔后改制为上海陆家嘴（集团）有限公司〕全体员工，肩负着国家发展战略的历史使命，为实现"开发浦东，振兴上海，服务全国，面向世界"的宏伟目标，在浦东这片热土上前赴后继，纵横驰骋，成功地实现了沧海桑田巨变的梦想，并随着陆家嘴金融贸易区的开发建设一起发展壮大，成为区域发展的一支主导力量。

这无疑是一段让人无法忘记的岁月，也是一种令人无法释怀的情感。本篇讲述的是25年前陆家嘴开发时的一些背景情况，读者通过这些概况可以了解陆家嘴金融贸易区开发公司在开发初期所面对的各种艰难困苦以及从当初一路走过来的心路历程。

1990年：党中央、国务院宣布浦东开发开放

1990年4月18日，党中央、国务院正式宣布：中央决定同意上海市加快浦东地区开发。

浦东是指黄浦江以东、长江口西南、川杨河以北紧邻上海外滩的一块三角形地区，面积约522平方公里。这是一片具有巨大发展潜力的土地。

从1984年起，国务院和上海市人民政府提出：要振兴上海，重点是向杭州湾和长江南北两翼展开，创造条件开发浦东，筹划新区建设，并制定了《上海经济发展战略汇报提纲》。

1986年4月，在时任上海市市长江泽民主持下，上海市人民政府提出了开发浦东的初步设想，并向中央上报了《上海市城市规划方案汇报提纲》。1988年以后，在党中央的支持下，上海加快了浦东开发开放的可行性研究。1990年初，中共上海市委、上海市人民政府向邓小平提出开发浦东的进一步建议，得到重视和支持。2月，中共上海市委、上海市人民政府正式向党中央、国务院上报《关于开发浦东的请示》，提出了浦东开发开放的基本构想。

1990年3月初，邓小平在同几位中央负责同志谈话时提出："机会要抓住，决策要及时，要研究一下哪些地方条件更好，可以更广大地开源。比如抓上海，就算一个大措施。上海是我们的王牌，把上海搞起来是一条捷径。"

在邓小平的推动下，党中央、国务院两次委派邹家华、姚依林分别率领国务院有关部委领导同志到上海作实地考察和进行专题研究，并召开国务院会议和政治局会议讨论。经过充分调查研究和论证，于1990年4月正式批准开发开放浦东，在浦东实行经济技术开发区和某些经济特区的政策。4月18日，李鹏在出席上海大众汽车有限公司成立5周年大会时，代表党中央、国务院宣布同意加快浦东开发的决定，同时指出：开发浦东，开放浦东，是中央为深化改革、扩大开放而作出的又一个重大部署，对于上海和全国都是一件具有重要战略意义的事情。

4月30日，上海市人民政府宣布开发浦东的10项优惠政策与措施。同年9月10日，上海市宣布了浦东新区的9项具体政策规定，浦东开发开放进入实质性启动阶段。

在1991年4月的全国人大七届四次会议上，浦东开发被提高到实施国家战略的层面上。而且在1992年3月李鹏总理作的政府工作报告中讲道："上海浦东新区是今后十年开放开发的重点。要进一步加强基础设施建设，创造良好的投资环境，建设一些投资效益好的项目，通过上海浦东的开放开发带动长江三角洲地区乃至整个长江流域经济的发展，逐步使上海发展成为远东地区经济、金融、贸易的中心之一。"

浦东开发启动之后，有实力的跨国公司、中外金融机构纷纷踏上这片改革开放的热土，外商投资逐年增加。一个外向型、多功能、现代化的新城区开始奇迹般地崛起，带动了全上海以及长江三角洲和整个长江流域经济的新飞跃。浦东由此成为新上海的象征，成为20世纪90年代中国改革开放取得显著成就的重要标志。

浦东开发办公室成立挂牌

1990年5月3日下午3时许，时任中共上海市委书记、上海市市长朱镕基，常务副市长黄菊、副市长倪天增、市政府副秘书长夏克强和市有关部门以及黄浦区有关部门的同志来到浦东大道141号门前举行"上海市人民政府浦东开发办公室"的挂牌仪式。

仪式十分简单，没有放鞭炮，也没有敲锣打鼓，在黄菊同志宣布"上海市人民政府浦东开发办公室"成立后，在场的市民和过路群众纷纷报以热烈的掌声。这掌声表达了上海人民热切盼望浦东开发的共同心声！

上海市人民政府浦东开发办公室是受上海市人民政府的委托，主管浦东开发事务的机构。

朱镕基对黄浦区发扬奉献精神，1天让出文化馆办公楼，3天完成装修，浦东开发办3天内完成人员配备的做法十分赞赏，称之为"浦东速度"。

1990年以来中央给予陆家嘴金融贸易区的优惠政策

1990年以来中央给予了浦东新区一系列优惠政策，其中涉及陆家嘴金融贸易区的有：

一、1990年4月18日，李鹏总理宣布中央给予浦东新区的10项优惠政策，其中：

1. "允许外商在区内兴办第三产业，对现行规定不准或限制外商投资经营的金融和商品零售行业，经批准，可在浦东新区内试办。"

2. "允许外商在上海，包括在浦东新区增设外资银行，先批准开办财务公司，再根据开发浦东实际需要，允许若干家外国银行设立分行。同时适当降低外资银行的所得税率。"为此，中国人民银行于1990年9月8日发布了《上海外资金融机构、中外合资金融机构管理办法》。

二、1992年初，根据国函（1992）5号文件，国务院又给予浦东新区5项优惠政策，其中两条直接关系到金融贸易区的繁荣与发展，具体是：

1. "扩大上海市有关浦东新区非生产性项目的审批权限。"

2. "授权上海市在中央核定的额度范围内自己发行股票和债券，具体发行事宜，由上海市自行决定，同时允许全国各地发行的股票在上海市上市交易。"

三、1995年，国务院发布国函（1995）61号文，颁布"九五"期间上海浦东新区开发开放的有关政策，主要有：

1. 允许中国的外贸公司、自营进出口的生产性企业在浦东设立外资子公司。

2. 浦东新区试办中外合资的外贸公司和综合商社。

3. 在陆家嘴注册的外资金融机构可以在浦西和外高桥保税区设立分支机构；要求外资银行新设分支机构必须设于浦东，原浦西分行或总行迁往浦东。

4. 允许在浦东试点外资银行经营人民币业务。

5. 浦东新区设立若干家外资或中外合资保险机构。

6. 包括商品交易所、产权交易所、证券交易所等在内的十大国家级、地区级的中心市场陆续迁入陆家嘴金融贸易区。

（资料来源：2005年1月17日上海陆家嘴（集团）有限公司《1990年以来中央给予陆家嘴金融贸易区的优惠政策》）

浦东速度和浦东精神

三天里腾空大楼

1990年4月18日，党中央、国务院宣布开发开放浦东的决定后，中共上海市委、上海市人民政府立即行动起来着手进行各项准备工作。4月25日，市政府副秘书长夏克强专程来到浦东文化馆，在我陪同下，详细察看了我馆西区办公楼上下和周围环境。临走前，他对我们说，他将向朱镕基市长汇报，3天内给予答复。

4月27日上午，夏克强副秘书长和市委、市政府有关部门，黄浦区政府、区文化局等领导都赶到我馆，召开临时紧急会议宣布："经市委、市政府领导研究，决定将市政府浦东开发办公室设在浦东文化馆办公楼内，并要求文化馆在三天内将楼腾出。朱市长将在4月30日新闻发布会上向中外记者宣布：5月3日，市政府浦东开发办公室在这里成立，并开始对外办公。"夏克强同志嘱咐我们，要以最快的速度装修小楼、安装电话、安排办公用具等。我们一口答应马上照办，真是"兵马未到，粮草先行"。

由于小楼内不少房间堆满了各种道具，有的是工作人员的办公室，要在3天内完全腾空，时间紧，工作量大。当天下午，我召开全馆工作人员紧急会议，传达了市委、市政府的决定。区政府、区文化局领导也到会作了动员。大家感到无比的兴奋，能为浦东开发开放出力，这是我们的光荣和职责。会上决定：明天4月28日全馆人员立即行动起来腾空办公楼。

那天，我们从早到晚，中午也不休息，有条不紊地将整幢办公楼搬空，并打扫干净。我们文化馆让出了一幢楼，办公地方不够了，不少部门只得搬进阴暗潮湿的半地下室办公，但是，大家毫无怨言。小局服从大局，这是我馆干部和职工的信念。隔天上午，黄浦区区委书记来到我馆进行慰问和表扬，使我们很受感动。

从4月29日到5月2日，在这不平常的4天里，我馆除了仍旧做好"五一"节的开放和服务以外，都集中精力在做浦东开发办公室成立的一切准备工作。区政府派来了工程队，在3天内将整幢楼上上下下、里里外外粉刷一新。

1990年5月3日，市委书记、市长朱镕基和黄菊、倪天增副市长，夏克强副秘书长，市府浦东开发办公室负责人沙麟、李佳能等领导来到了这幢楼前，隆重地举行浦东开发办公室成立大会。朱市长站在大门口向成百上千的浦东居民发表了热情洋溢、鼓舞人心的讲话。在大会将要结束前，会场内传出"文化馆馆长在吗？朱市长要见他！"的喊声。我连忙走进会场，此时，朱市长和各位市领导都站立起来，一起向我鼓掌致意。朱市长紧紧握着我的手，深情地说："浦东开发，你立了第一功。"当时，我激动得说不出话来，因为，这是对我馆干部和职工最大的赞誉。

朱市长对黄浦区政府、浦东文化馆发扬奉献精神，一天让出文化馆办公楼、三天装修一新，浦东开发办公室三天内完成抽调人员的做法大加赞赏。称这就是"浦东速度"、"浦东风格"、"浦东精神"，今后要大力发扬。■郁人盛

浦东大道141号的由来

尽管浦东开发办公室的小楼已基本具备了对外办公的条件，但还有一个十分紧迫的事需要马上解决，这就是浦东开发办公室的门牌号码。

浦东文化馆使用的是浦东大道143号门牌。由于历史原因，143号之前的排序号码基本都是空置着的。即将对外办公的浦东开发办公室小楼在文化馆办公楼的西面，相隔有100多米距离，和文化馆用的是两个不同的大门，将来两个单位同用一个门牌号肯定不合适。怎么办？必须马上明确一个新的门牌号码，更何况朱镕基市长要在明天（4月30日）的新闻发布会上对外进行宣布。

大家七嘴八舌地议论着，有的同志提议用带"8"的门牌为"88"号，也有的建议用带"9"的如"99"号、带"6"的为"66"号。现场有一位领导经过认真思索后说："浦东开发一是一，二是二，一步一个脚印，要实事求是，何不就用'一是一'的谐音，定名为浦东大道141号，再说文化馆是143号，其西边的为141号，也顺理成章。"对于这一提议，大家一致说好。第二天，朱镕基市长在市政府新闻办公室召开的第一次浦东开发新闻发布会上向中外记者宣布浦东开发的有关重大决策时，第一次公开使用了"浦东大道141号"这一门牌号。

浦东大道是幸运的，浦东大道141号更是幸运的。从朱镕基市长首次公开使用起，"浦东大道141号"这一新门牌号传遍千家万户，走向全国，走出国门。■清文

第一次会议

至今我还清楚地记得，1990年4月27日下午，浦东文化馆召开了一个紧急会议，馆领导传达了市政府关于"浦东开发开放办公室"定址我馆，并要求三天内将馆内各部门办公室迁出办公楼的决定。

随后3天时间里，全馆上下群情振奋，雷厉风行，仿佛开展了一场大生产运动——按时完成了腾楼任务，当时出席新闻发布会的市委书记朱镕基同志称之"为浦东开发开放立了第一功"。

记得腾楼的第3天，即5月1日上午，馆领导向我们布置了一项十分紧急的工作，让我们参加浦东开发办公室挂牌新闻发布会的会场布置工作，要求主席台背景上有"开发浦东、开放浦东"8个字。那时候。文化馆的工作室非常简陋，平时美工画图写字没有电脑可依，全凭手工，为了不让会标留下痕迹，我们先用淡墨在纸上写好40厘米×40厘米8个黑体大字，覆盖在红色的即时贴上刻好，再贴在钙塑板上留下白边刻下来，然后装裱在中黄色的平绒背景之上。8个白底红色的大字在中黄底色背景的衬托之下显得格外醒目和有力。

会场是临时凑起来的，大家把图书馆的课桌和椅子搬过来，在台下排了4排，供记者使用。所有的摆设极其简单，主席台上没有鲜花，没有席卡，只放了2个话筒。为了确保安全，上级要求馆内派员守护好会场，等待使用。

5月3日下午，朱镕基、黄菊、倪天增、夏克强等市领导到达会场，朱市长开始讲话："今天在这里召开一个浦东开发开放的新闻发布会，中央决定开发开放浦东，并把开发办公室设在这里。条件不好，要艰苦开拓创业，希望大家都树立奉献的精神，文化馆的小楼提供3年无偿使用。"黄菊副市长也讲了话。会议开得很短，没有大张旗鼓，没有兴师动众，一切从简。但这是一个具有历史意义的会议，是浦东开发办公室挂牌后的第一次会议。

浦东的改革大潮就是从这幢小楼和这次发布会开始，汹涌澎湃、日新月异、翻天覆地的。当时，我们心情激动，因为这是一个惊天动地的消息，我们想，我们能成为开发浦东的一员吗？幸运的是，由于开发办的需要，我不久被借调到开发办工作，后来又正式调过去，成为其中的一员，并参加141号内1、2、3号楼的改扩基建，4、5、6号楼的新建，一直到参加建设浦东新区行政办公中心大楼。

20多年过去了，浦东的建设成就是在党中央的领导下与邓小平同志的英明决策下，一切从那幢小楼开始的，浦东的开发建设和高涨的建设热情也是从那个十分简朴的新闻发布会中得到启迪，从而迈向现代化建设的康庄大道。■陈意存

赵启正讲述鲜为人知的那些事

浦东开发伊始就提出"浦东开发不只是土地开发、项目开发、经济开发，而是社会开发，即争取社会的全面进步"，这种思想对战略投资者特别有吸引力，他们理解优良的社会环境能保障他们事业的长久发展和利益。

上海的浦东开发区不是中国改革开放的第一个开发区，比深圳晚了10年；开发时，中国正逢经济的重大转折，国际舆论对她投怀疑票；因为基础差，虽然与大上海繁荣的外滩一江之隔，却是农田遍布。今天，却成了"上海现代化建设的缩影"和"中国改革开放的窗口"，成为"中国改革开放的象征"。

开发前的浦东是上海的落后城区，几乎没一个能看上眼的建筑，当时的陆家嘴中心区有条路叫烂泥渡路，每逢暴风雨就"水漫金山"，家里家外积水积到膝盖。许多油罐啊，危险品仓库啊都放在浦东了。浦东当时的最高建筑，是一幢5层的救火观察楼。浦东新区成立之时，东方明珠广播电视塔刚开始打地基，能看到唯一的一个较高的楼就是黄浦江边的港务局大楼。你出去走一圈回来，鞋底下沾的全是土，请外宾吃饭找不到一家像样的饭店。当初浦东那条水漫金山的烂泥渡路就是如今的银城路。现在路的北段，一边是金茂大厦，一边是东方明珠电视塔，路的南段是美丽的滨江园，路东是巍然屹立的楼群和世纪大道，路西是滨江大道滨江花园，这儿已成了美不胜收的所在。

为什么选择在1990年开发浦东，而不是在改革开放的初始呢？因为，中国的改革开放并没有外国的经验可以直接借鉴。上海的GDP曾经占到中国总GDP的1/6，如果一开始就在上海开发特区或新区，一旦失败了，会对中国的经济造成重大影响。到了20世纪90年代，深圳的特区政策取得了显著成果，也为其他后继的特区和新区的开发提供了宝贵的经验。因此，邓小平同志选择在1990年开发浦东。

开发浦东是时代的选择。20世纪80年代，世界已经形成了全球化的大趋势，中国要在世界经济舞台上占一席之地，需要有几个强大的经济中心城市去代表中国与世界对话。美国有纽约、芝加哥、旧金山、洛杉矶。欧洲有伦敦、法兰克福，英国国土面积虽然不大，但除了伦敦还有爱丁堡是她的金融中心。

我们有一个开发浦东的口号，叫作"开发浦东，振兴上海，服务全国，面向世界"。虽然听起来只是句口号，但是有道理的。把上海建设成面向国际的经济城市，是党中央的战略决策，党的十四大提出："以上海浦东开发为龙头，进一步开放长江沿岸城市，尽快把上海建成国际经济、金融、贸易中心之一，带动长江三角洲和整个长江流域地区经济的新飞跃。"

为什么要选择浦东，而不是我国其他地方或者上海其他的地方呢？上海很早就在全世界声名远扬，曾经是远东第一大都会，面对东北亚和东南亚经济最发达的国家和地区。她在当代处于"亚太经济走廊"的中点，是亚太海空航线的要冲，又是中国最大的经济城市。

当时，上海也面临一个选择，是开发浦东呢，还是改造浦西旧城区呢？日本前首相田中角荣1972年在他的《日本列岛改造论》里有这么句话，我记得很清楚，他说，东京的城市布局是比较落后的，但是改造一个旧东京要比建造一个新东京多花9倍的钱。可惜，在东京没有像浦东那样的一块地方。上海的浦西，历史上就是没有全面规划，道路设计不合理的例子到处可见，选择在上海市区的旁边建一座新城区，同时带动改造旧市区是极其正确的。浦东和市区一江之隔，建好足够的桥和隧道就连成了一片。世界上许多名城有一条河流穿城而过，河的两岸都是发达的。浦东是祖先留给我们极其珍贵的宝地。

浦东开发的思路是规划先行，与其他城市相比，浦东的规划有什么特点？我们规划的思路是什么呢？以陆家嘴的功能设定为例，在开发初始就定位为打造一个集中国与世界、现在与未来相融合的国际金融贸易区、上海新标志城区。按照这个功能设定，在具体操作时，就考虑了中外设计家的结合，在城市规划设计时采用世界各国的设计理念和特色，采用国际竞争的方式进行规划。

城市建设必须规划，但在规划中要认清一个原则问题，就是"功能规划"必须领先于"形态规划"。比如城市的各项基础设施——道路、水、电、煤气、通信、机场都是为预定的城市功能服务的。

招商引资对于短时期内快速发展起着至关重要的作用。所说的"筑巢"，可以理解为基础设施建设，所说的"凤"是指投资者。当时从全国看，也有筑巢但凤不来的情况，要让中外投资者的思想和你共鸣，才有好效果。这不是靠你对他如何客气，不是好饭、好茶所能达到的。而是要让投资者充分理解浦东开发的前景和上海在中国、世界经济的地位，最重要的，是要把外资引过来。

浦东开发中的许多故事背后有不少哲理。浦东开发伊始就提出"浦东开发不只是土地开发、项目开发、经济开发，而是社会开发，即争取社会的全面进步"，这种思想对战略投资者特别有吸引力，他们理解优良的社会环境能保障他们事业的长久发展和利益。

陆家嘴的中心绿地是上海市区里第一块拆掉旧房建成的绿地，如果批租的话，按照当时1平方米300美元去算，10万平方米就是3000万美元。另外，动迁3500户，1户当时用了20万元左右，这就是7亿多，再加上造这个绿地，加起来差不多是8亿多元，但是，这块绿地解决了许多住房困难户的问题，又成为浦东的绿肺，提高了附近的地价，改善了周边写字楼的环境。这就是一种社会全面的进步，体现了浦东开发是社会开发的重要思想。

在陆家嘴的黄金地段有个陈氏故居，那是民国初年建造的，20世纪90年代初，拆掉还是保留有着很大分歧，我不赞成拆。倘若拆了，浦东就没有历史建筑了。当时来访的澳大利亚外交部副部长参观了这个地方说，世界很多地方建些高楼并不困难，而保留一些旧建筑，那是要下决心的。

有人说，特区和新区在开发之初，国家给了特殊的政策，现在这些政策没有了，还能顺利发展吗？见过煤炉吗？开始点燃的时候，煤是不着的，要拿纸和木柴把煤球烧着，这些财税优惠政策就是纸和木柴。比如说，外资企业的产品生产出来后，当能够取得利润之时，2年免税，3年减半。另外，所得税也比国有企业低，这样一来，的确是吸引了一些投资。这在初期，对所有开发区都是必要的，在初期，我们需要带头羊，要给他们支持与鼓励。当有了良好的商业环境和工业环境，新的投资不再有新区初建时的困难和风险了，新投到浦东这个大炉子中的"煤"很容易被燃烧了，大家都是炉中燃烧的煤，熊熊之火会越烧越旺，"纸和木柴"就不重要了。

在规划过程中，对浦东的两个地方的印象比较深。

一是陆家嘴的规划，当时请了英、法、日、意、中五国专家参与讨论。那是在1992年11月，上海国际贸易中心3楼，长桌上摆好了5个城市模型。其中，中国的方案强调从浦西看浦东，建筑物的层次感强；强调了东西向的轴线功能，这就是后来的世纪大道。英国、意大利、日本和法国的方案也各有特色，最终把5套方案综合起来就形成了现在的陆家嘴规划。浦东各功能小区之间有比较大的间隔，这，给后人继续开发留有余地。我说过，一个美丽的城市不能在20年建完，那样，会使用同样的理念和类似的建筑材料，要200年建完才会丰富多彩。香港有媒体据此说，浦东留了"子孙开发区"。

二是世纪大道的设计，最初的设计就是觉得通畅就好，后来还要求街面美丽和商业以及文化功能。在巴黎展览过世纪大道的模型，起初法国人并未给予注意，我们说，这条道就相当于巴黎的香榭丽舍大街，他们的兴趣就来了。说这个话时，我们心里面是很委屈的，心里在想，终会有一天，哪国人会说，他们的哪一条大街像中国的世纪大道。

现在，回过头来再看看浦东，浦东是全社会发展的一个过程。发展浦东如果急功近利，只限于追求经济就片面了，必须再加上人文发展，浦东发展才是社会的全面进步。

（资料来源：2008年6月23日，今晚网《纪念改革开放30周年》）

■　赵启正，曾任中共上海市委常委、组织部长，上海市副市长，上海浦东新区第一任党工委书记与管委会主任，国务院新闻办公室主任。浦东开发开放的第一代建设者。

王安德谈履行国家战略历史使命

为什么要搞金融贸易区，先要把这个问题思考透彻，领悟了问题的实质，接下来就是如何去搞？这是我们的心路历程。将这个问题想清楚，就可以避免本位主义。在公司任务、利益与国家利益相冲突的时候，可以有明确的标准——站在国家战略的高度。公司承担了开发浦东的历史重任，我们负重前行，将我们的心路历程与公司的行为挂在历史使命的重任上。随着浦东开发的深入，我们更感到重任在肩，这不单单是荣誉，而是国家使命的所在。

上海陆家嘴（集团）有限公司围绕金融贸易区的开发任务、围绕金融城的建设这个大前提来做开发的，就如同一个地方部队，锁定在这个地方打仗。当然，随着推进阶段的不断深入，可再细分几个阶段：前期准备、基础开发、功能建设……尽管公司盯着一个地方在做，功能建设以及经济、金融、贸易中心的任务在逐步凸现，但，主要任务在逐步弱化，同时，随着2000年建立了浦东新区政府，政府的功能越来越强大，社会功能逐步形成，整个区域不再是以开发为主，而是以社会建设任务为重。为此，我将自己的心路历程梳理了一下。

公司刚刚开始组建的时候，第一个问题就是为什么要建设金融贸易区？金融贸易区是做什么的？如何做？这是公司成立以后10年间的核心问题。这个核心问题一直盘旋在我的脑海中，包括所有后续的一系列行动都是紧紧围绕这个问题。

1990年六七月间，我还在浦东开发办政策研究室任职，当得知自己要到陆家嘴去工作时，遇到了国务院副秘书长、特区办主任何椿霖来上海市调研。我就问他，全国唯一以金融贸易区命名的地区，应该如何做？他当时回答，你我都没有经验，你是第一个，需要我们一起去探索。在此前后，我研究了一些中国改革开放过程的史料，一点点力图去理解为何要搞金融贸易区。

中国改革开放初期的开发区是从出口加工开始的，建出口加工区、出口特区一直到1980年后期，广东省人大通过了经济特区的条例。当时的经济特区还只是试点，实行某些特殊的市场政策与市场环境来吸引投资。因为，整个中国的制度不适合外向型经济发展，所以搞经济特区、搞出口加工区。1984年以后扩大到沿海14个城市搞出口加工区。当时还是三来一补：外贸—赚钱—解决就业。

到了1989年之后，邓小平同志提出，要更加开放；中国发展要与世界接轨，参与世界经济竞争，不再单纯的帮别人加工。于是就产生了两个问题，第一，我们与国际经济交往的形态，仅仅是出口加工，三来一补，外贸赚外汇吗？当时，技术引进，以市场换技术的需求逐步显现，再上升就发现，不但要经济贸易，还有金融。所以，邓小平同志就提出了"金融很重要，是现代经济的核心……"这就使我们想到了上海过去是经济中心，今后要发展，要将经济的高级形态与世界经济接轨；这就想到了与国际竞争，仅靠几个画画圈的特区，靠三来一补的出口加工区、点状的东西是不行的，整个国家要从点到带，从带到片的开放。这时候就需要培养与国际接轨、能与国际竞争的国家队，不是给别人打工的国家队，而是要与别人竞争的国家队，这个国家队是谁？上海是一张王牌。

上海提出开发浦东，是从上海经济战略的角度考虑提出的，上海要振兴、要发展、要追赶南方。但是，小平同志等老一辈革命家又想到了另外一个问题，经济形态的竞争不能再依靠三来一补，参与国际竞争不能仅是点上或线上的，要形成一片，于是提出了以上海浦东开发为龙头，形成长三角以及整个长江流域这一大块面，所以浦东开发开放的时间目标是下个世纪（21世纪）；其内涵是经济的核心部分——金融；开放的形态要变为块状——长江流域，成为国家队。以上是作为公司总经理的我，需要领悟到的实质。

为什么要搞金融贸易区？只有悟到了这个实质，才能实施这一战略，才能在所有行为上迎合这一战略，而非就事论事地单纯去做一个开发公司。当时，我们就提出，欢迎全世界来共享这块黄金宝地。就我们而言，即使开发公司的钱赚得再多，而金融贸易区没建成，就等于没有成功。

此外，还有一个命题，这个命题当时在市委中心组学习时，赵启正副市长非常赞同。我们的任务是什么？如果，浦东好比一个花园，我们的任务就是把这片地平整好，将土壤、气候搞好，我们自己不是花，而是要让人家来种植，让这些花长得很好。这是一个认识的基础。

为什么要搞金融贸易区，先要把这个问题思考透彻，领悟了问题的实质，接下来就是如何去搞？这是我们的心路历程。将这个问题想清楚，就可以避免本位主义。在公司任务、利益与国家利益相冲突的时候，可以有明确的标准——站在国家战略的高度。如果，我们自己再成功，花开得再漂亮，是没有用处的。这些话，我和员工们也讲过好几次。我们不是花，而是花园的园丁，要让全国各地、外资企业在这片土地上种植各种各样的花，这样才算成功。因为我们是一个插口，是参与世界竞争的插口，我们是培养国家队的队员。金融贸易区要到国际上去竞争。这个地区的体制、机制、政策环境要越来越接近国际惯例，而其中的投资氛围要搞好。这个问题解决后，第二个问题就是怎么来做金融贸易区。

首先要定位好。既然要做金融贸易区——国家队，就要将代表金融贸易的、能够找到的投资企业与对象招进来，并以此为基准，对于不符合要求的、即使钱再多的也绝不引进。所以，才会有后来的定向招商。陆家嘴的定向招商力度在3个开发公司（外高桥、金桥、陆家嘴）中是最强的，也是最彻底的。金融方面瞄准内外资银行、跨国公司；贸易瞄准各部委，商业瞄准外资零售商业。盯着这些对象，请他们进来。

第二个很现实的大问题，开发的土地位置在哪里？陆家嘴这片土地如何下手？所以，才有如何做规划、如何做功能、如何布局、如何找土地的这些问题。我们当时做了大量的调查研究，后来形成了1.5平方公里启动地块、5.47平方公里批租地块等。这些都是按照前面的前提，有了功能目标，去寻找合适的开发土地，在合适的开发土地中，将最好的规划做上去。当然，这是集合了高层领导的智慧，向国际上征求规划设计方案，还有我们自己也提出了组团开发的思路。

第三件事就是动拆迁。我们在找土地的时候，不完全考虑动迁量的大小，而是从功能集合角度出发。朱镕基市长提出这么大的动迁量，金融贸易区到底放在哪里？最后，还是他自己回答了这个问题。我们也给他写信阐述了我们的理解：上海在过去30年代是金融中心，以后还是要继续延续金融中心的使命，所以金融中心应该放在外滩对面的陆家嘴！在动拆迁中，我们以秋风扫落叶之势、雷霆万钧之力，将"粮草工程"动迁房搞好，造金杨新村。这是非常壮观的阵地战，如同平津、辽沈、淮海战役一般，好在这个阵地战得到了广大老百姓的支持。

第四个任务就是找钱。我们有一系列找钱的做法，包括土地完全实行改革的方式。我们主动提出批租土地，只要有毛地带规划就可以做文章，而划拨土地就无法做文章。从土地批租开始，后来做上市公司、发行股票、债券，组织银团贷款，从小到大，包括土地滚动开发，都是在找钱这个题目下，做了一系列事情。

第五个方面就是人的问题，不仅要组织培养好一批能够打仗的队伍，同时也要设计好内部的机制。当然，当时的企业管理与现在的企业管理不可同日而语。要组建一支适合陆家嘴开发的队伍，需要我们自我教育、自我培训，一边组建、一边打仗、一边提高。

如何做开发公司，就是以上这些内容。首要任务是功能定位，找功能对象；第二个就是把土地找好，把规划做好；第三是动拆迁，把土地变为可以承接开发建设的土地；最后就是找钱、找人。这几个过程将开发讲清楚了，招商引资、动拆迁、国际规划、世纪大道建设都是这一总题目之下的，而总题目的核心就是为什么要建陆家嘴金融贸易区，这是国家战略，这是时代赋予我们的使命。这些问题弄清楚了，后续事情就一段段地顺着来做，所以我们目不斜视，只立足于陆家嘴这片土地，原因就在于，我们认为自己的主战场还没建成，没时间去考虑其他。这是开发陆家嘴前半段的主线条。

1990年4月30日，黄菊同志在上海市人民代表大会上作报告，有一项内容是关于浦东开发到底需历时多少年？提出了"5年打基础，10年出框架，30年基本建成"。在浦东开发10年之际，黄菊同志莅临陆家嘴调研，对浦东开发速度大为赞扬称，在第10年时，框架、形象、功能都有了，虽不健全，仍需完善。他还说，到开发开放15年、20年的时候，我还要来调研。

陆家嘴（集团）有限公司不是一个就事论事的开发公司，也不是一个光知道赚钱的公司。公司承担了开发浦东的历史重任，我们负重前行，要将我们的心路历程与公司的行为挂在历史使命的重任上。随着浦东开发的深入，我们更感到重任在肩，这不单单是荣誉，而是国家使命的所在。

包括动迁，要把老百姓千方百计地安置好，他们让出的土地是要建造世界级的金融中心，不能亏待他们。我们当时建造金杨新村的设计标准很高，比曲阳新村更好。当时，金杨新村唯一能够比照的就是曲阳新村，曲阳新村建筑总量80万平方米，金杨新村120万平方米建筑总量，我们的目标是全面比照曲阳新村，街道、商业各方面要有过之而无不及。金杨动迁基地的建设——浦东陆家嘴开发的粮草工程，显示了陆家嘴动迁的规模和决心。为了抢时间，我们先建了10万平方米的临时过渡房，把人安置下来。

另外还有一个小故事。上海证交所大楼基地开工定在了1993年的阴历正月初五，是迎财神的日子。由于上海证交所大厦开工是件大事，因此，许多老领导与老将军都会来参加。然而，由于动迁时间紧迫，到年初四的当天，现场的地面仍高低不平，待动迁的房子一片杂乱无章，谁都不相信在这块动迁还未了结的地块上能够举行开工仪式。结果，陆家嘴公司发扬连续作战的精神，动迁工作一直进行到拆掉最后一栋房，当推土机推平地面，铺好红地毯，将一个像模像样的会场呈现在众人面前时，已经是年初五当天的凌晨两点钟了。对于陆家嘴开发公司说得到、做得到，按时兑现自己承诺的作风，投资方之一的保利集团的领导不由得赞叹说，你们陆家嘴公司简直像一个作战部队，说什么时候拿下，就什么时候拿下。这就是"陆家嘴人"的速度、"陆家嘴人"的精神。

九六广场、证券大厦、金杨动迁基地的建设，都是陆家嘴速度、陆家嘴精神的体现，里面还蕴含着企业的文化。人民银行上海分行大厦是陆家嘴金融贸易区内的第一幢金融大楼，是个贴钱的买卖。建造金茂大厦同样也有小故事。1992年春节，外经贸部的领导到上海，站在延安东路隧道浦东出口处的人行天桥上，指定了现在的这块地，当时我们正好在做陆家嘴中心区规划，有高层集聚带的构想，定下了要打造中国第一高楼的目标。但考虑到动迁量大，提出过他们的大楼调整地方的想法。然而，外经贸部的领导就是要这个地方。地定好了，接下来就是谈价钱，价格不完全是我们公司定的，是一项沪、部合作的项目，价格定得很低。当时的上海肠衣厂是外经贸部的所属企业，提出在补偿的款项里冲抵一部分土地批租价钱，最后，我们公司硬是为建造金茂大厦贴了8000万元的土地动迁成本，这在当时是天文数字。但考虑到要建金融贸易中心，这个机会不能放弃，所以，哪怕贴钱我们也要全力以赴去造。

还有，建造环球金融中心大厦前，日方已决心要在上海造一个楼，但，是否要放在浦东陆家嘴，还在犹豫之中。我们觉得，当务之急是要让日方下决心，相信我们一定能够做好。他们看中了金茂大厦边上的这片地，要求我们在1994年前做好拆迁后再签约，结果，我们做到了；他们又向我们提出，在外方项目的公司注册前，要我们把世纪大道样板段做好，结果，我们也做到了；但是，他们仍一直不开工并提出要等到陆家嘴中心绿地建成后一定开工，当时，我们一口答应在1997年建成中心绿地。1997年，日本森公司董事长森稔先生与赵启正副市长在中心绿地里闲谈时说，自己3次输给了陆家嘴金融贸易区开发公司：动迁、修路、中心绿地这3个看似不可能完成的任务，现在都实现了，所以，他相信浦东的开发建设必定会成功。

浦东开发是以我们的真诚在进行开发，以浦东的速度、浦东的质量、浦东的气势赢得世界顶级投资者的信任。

（本文根据记录稿整理，标题为编者所加）

■ 王安德，1990年4月首批调任市政府浦东开发办的工作人员之一，曾任市政府浦东开发办政策研究室主任、上海陆家嘴（集团）有限公司（前身是上海市陆家嘴金融贸易区开发公司）首任总经理、上海市浦东新区管委会副主任、中共上海浦东新区区委常委、浦东新区人民政府副区长。

杨小明说浦东开发建设

改革、开放、创新，就要敢于在制度上和开发建设上做前人没有做过的事情。这一点，我觉得现在依然被多数人肯定，大家还是要创新，多一点理想主义，多一点激情，这是我们这个时代所需要的。因为，现在的浦东开发，不是一个功成名就的年代，不是说我们一切都尽善尽美了，可以躺在功劳簿上安度余生了，不是的！其实，我们现在面临的问题比1990年面临的问题一点不逊色，难度更大。

我认为，万事开头难，最伟大的时期是1990年前后，也是开发区最早起步的阶段。回想起来，这段时间是上海市陆家嘴金融贸易区开发公司［1997年变更为上海陆家嘴（集团）有限公司］最艰难的时期。要资金没资金、要经验没经验，从零起步。

和所有的宏大历史一样，浦东开发大幕开启之际，最先被改变的永远是个体的命运。记得1990年的4月30日，第二天就是"五一"劳动节，要放假了，我突然接到一个电话：你5月2日早上到外滩市政府大楼后厅去开个会。我问，开什么会？来电话的人说，他也不知道。

5月2日早上，我来到了市政府后厅。那时候，我去得稍微早了一点，房间里只有一两个人。一进门，我就问，今天开什么会？没有人知道，后面再进来一个人，也是这样子，到了9点多钟坐下来开会，主席台上有人宣布：今天成立两个机构，一是上海市人民政府浦东开发领导小组；二是上海市人民政府浦东开发办公室。会议一直开到12点多钟，满满一房间人，所有委、办、局的负责人都在。然后，我们在市政府的食堂里吃完饭后，弄了一辆面包车就一直开到浦东，就是现在的141号，这就算上班了。

上班那天是搬桌子，搬凳子。那个时候很困难，我记得我那个房间里面，一共才两三张办公桌，很老式的，是五个抽屉的。所以，还轮不到一人一张桌子，当处长的能轮到一个大抽屉。

在浦东上班的第二天，也就是1990年5月3日，浦东大道141号的大门口挂上了上海市人民政府浦东开发办公室和上海市浦东开发规划研究设计院两块牌子，由此正式拉开了浦东开发开放的序幕。

中国正在建立亚洲的金融中心，同时也在向全世界证明她未关闭对世界的大门。

门是开着的，源源不断的人涌向了浦东大道141号，而接待这些人，回答他们提问的正是当时负责浦东开发办新闻外宣的我——杨小明。

当时，一天都要接待十几批客人。各地的领导，外国的参观团，外商，新闻单位等，各种人都有。

一种问题是问，你这个浦东开发，中央给了一些什么政策。第二类问题就是觉得当时有点信心不足。你浦东开发究竟是真的还是假的，还仅仅是一个宣传活动。还有一类问题，就是产业方向，浦东未来要建设成一个什么样子，你的开发目标是什么的这一类问题。

我还接待过一个代表团，只有一个问题：你们现在搞土地批租，是不是跟当年的租界一样，这样会不会……

那个时候人们对改革开放的认识，还是有很多的疑虑，要去解释这些问题。

就在这时候，我开始酝酿职业生涯的主动转型。

1993年浦东新区管委会成立时，我转任新区组织部副部长，但到了1995年的时候，我就主动提出想到开发区工作。开发区是浦东改革开放和建设的第一线，第一线的工作，我觉得好像更有成就感，更有荣誉感，或者说，更多地能满足一些个人英雄主义，或者个人的成就感，所以，那个时候我提出来，希望有机会到开发区去工作。

1995年，我离开机关，到外高桥保税区新发展有限公司任总经理。1996年，被调到金桥开发区集团有限公司担任总经理。2004年，我被调到陆家嘴（集团）有限公司工作。

那时有个比较特殊的情况。我在外高桥新发展公司、金桥开发公司工作时，这两个公司都处于比较困难的时期，大规模的动迁、征地，投入量大，收入少、负债高、公司比较窘困。但是，陆家嘴（集团）有限公司在当时是最有钱的。

那时候，陆家嘴地区的基础设施已经全部完成，七通一平也已完成，土地开始升温，外界都看好陆家嘴，都争先恐后要来买土地。

记得，我到任时，陆家嘴（集团）有限公司、陆家嘴股份公司共有20多亿元的账面资金。但展望未来，以当时批租的速度，大概在一二年的时间里就能将土地全部批租完，虽然还可以收进不少钱，但，公司将何去何从呢？公司极有可能是兜里有钱，如同土豪，没有工作可做。我感觉，公司开始进入一种富人的生活状态，没有一种紧张的进取状态。公司到底怎么办？所以，我就提出了公司要持续发展，持续发展就是要让公司与开发区共同发展，共同成长。

我当时有个观点，有钱并不稀奇（当然有钱也很重要，无钱逼死英雄汉），但是，有了资金，如果仅仅是守着这笔资金，那没有太大的意义。毫无疑问，公司面临着一次重大改革。这是当时的一个情况。

第二个情况，在开发区内，并非所有的经济增长因素都来自卖地，有相当一部分企业，特别是外资银行，他们不买地，不买房。他们想要进驻陆家嘴办公，却无处可以进驻。当时的大部分土地是供应给某些部门自建办公楼，如工商银行、建设银行。但是，有大量的外资银行、外资企业总部并不想将固定资产投资在办公楼上，他们希望通过租赁办公楼的方式进驻陆家嘴。然而，可供租赁的办公楼极少。所以，我们想利用自身的优势建造办公楼提供客户使用，我们一有土地、二有资金、三有市场，为何不建造办公楼，以助推陆家嘴金融贸易区的招商引资？

我们第一个项目选择了现在的渣打银行大厦，这栋办公楼最初是陆家嘴（集团）有限公司与日本伊藤忠合资的，1995年打桩之后一直处于停工状态。公司与对方就股权收回一事展开了谈判并达成协议。项目完成后，对于公司来说，是信心的提升，租金收入可观。出售4个楼面的款项几乎可以抵扣建造的成本。后来，我们一直坚持建办公楼并长期持有，包括后续的星展银行、钻石大厦、大华银行等项目，只租不售。

我们重点围绕陆家嘴中心区、世纪大道两侧、软件园3个地区开展工作。

我第一次到软件园调研时，听说年租金收入是2000多万元，平均租金1.8元/平方米。我就提出，我们要有雄心壮志，将2000万变为2个亿。当时管理软件园招商的同志对这个目标忧心忡忡，如今这个目标早已实现。

长期持有物业对陆家嘴（集团）公司而言，积累了大量的经营资产，其实质是金融资产，特点是就地增长财富。

举例说明：如果购入一辆汽车，无论"宝马"与"奥迪"，一旦购进后再卖出就没有原先的价值了。但，房产则相反，一旦建成后就开始增值，因为房屋的固定资产对应的是货币价值，经济发展所创造的财富一定体现在资产价值上。

所以，从长期来看，房地产的增值是必然的。陆家嘴股份公司账上的房产成本在每平方米1万元左右，但现在的价值已超过3万元/平方米。一方面，每年收租金，租金就是利润，而其房屋的本身还在增值。因此，国外的会计制度就规定，此类房产要以投资性房产来记账，或者以金融资产来记账，每年要进行评估。

对于陆家嘴股份公司、陆家嘴（集团）有限公司而言，公司的资产价值在飞速上升。陆家嘴股份公司在陆家嘴中心区、世纪大道两侧、花木地区等地每年都有20多亿元的租金收入；新国际博览中心每年有9亿元租金收入。但，我认为，公司还有很大的增长空间。

从陆家嘴（集团）公司来说，这是一次很大的转型。

过去的陆家嘴（集团）公司是一个执行政府指令的成片土地的开发商，只生产一种产品——"七通一平"土地，是个"种粮食"的老农民。从2004年开始，从事"粮食深加工"，从"生产面粉"转为"制作面包"，而且，要做优质面包，能供应给最重要客户的面包。这样一个转型，对于公司的意义极大。

第一阶段，公司大多是在为政府创造价值，我们卖土地最便宜的不去说，最贵的是800~900美元/平方米，折合人民币不足1万元/平方米，但是，每平方米买卖所创造的价值，更多的是社会价值，对公司而言只是收入了几百元美金。转型以后，对社会的价值仍然存在，但，对公司的价值就截然不同了。我们每投资1平方米的办公楼，创造的价值较原始价值是数倍的增长。每年还有10%的租金收入。

美国"铁狮门"公司是现在美国最大的房产商，是洛克菲勒中心的所有者，克莱斯勒大厦的所有者。在纽约帝国大厦、克莱斯勒大厦、洛克菲勒中心3栋著名的大厦中，有两栋是"铁狮门"的，"铁狮门"的创始人夫妇两人被评为纽约最有影响力的夫妇，夫人还是林肯中心的主席。林肯中心是纽约市最大的艺术中心，包括朱丽叶音乐学院、大都会歌剧院，仅剧场就有24个之多。

我曾问过，为何要找她当主席。她回答，林肯中心一年要花费7亿元美金，折合40多亿人民币，相当于一天花费1000万人民币，但每年的收入只有3.5亿美元，入不敷出，所以需要在纽约找一个最有钱的出资人。但，最有钱并不等同于生意做得最大，因为随时都面临着破产的可能性，最有钱是指有固定收益的公司，"铁狮门"就是这样的公司，所以，他们每年要承担艺术中心的相当部分的开支。

我们陆家嘴股份公司也是如此，举个不恰当的例子，公司全体员工都可以放假，只要一个人上班收租，公司仍可以继续运作。转型以后，股份公司只要自己不犯错，就可以成为百年老店。

香港怡和集团前身是东印度公司，在香港经历了两次金融风暴，最后银行资产全部出售，剩下的就是7栋楼，但这保留的7栋楼较之前出售的资产更值钱。新华社写了一本香港怡和集团的百年历史。这样的公司在资产保值方面是最有力的。

陆家嘴（集团）公司的第二次转型是在2011年的下半年。

当时面临新的情况，我们已经预见到陆家嘴地区的开发工作不久将宣告结束，开发结束后怎么办，对于陆家嘴（集团）公司而言是很现实的问题。

当时正值世博会闭幕的时候，一方面，市政府在规划后世博开发；另一方面，浦东新区也在调整领导班子，新上任的领导在酝酿2009年浦东新区和南汇区合并后如何更加快速地发展新的区域，这是一个宏观的态势，给我们提供了一个千载难逢的机会。新区领导想要办的事情，正是我们的主业，我们已经积累了一定的经验，所以就有了前滩、有了临港的开发建设。这对陆家嘴（集团）公司而言，是一个极好的机会，遇到了一个天时、地利、人和的好机会。

改革、开放、创新，就要敢于在制度上和开发建设上，做前人没有做过的事情。这一点，我觉得现在依然被多数人肯定，大家还是要创新，多一点理想主义，多一点激情，这是我们这个时代所需要的。因为，现在的浦东开发，不是一个功成名就的年代，不是说我们一切都尽善尽美了，可以躺在功劳簿上安度余生了，不是的！

其实，我们现在面临的问题比1990年面临的问题一点不逊色，难度更大。

（本文根据记录稿整理，标题为编者所加）

■ 杨小明，研究生学历。是浦东开发开放进程中唯一拥有外高桥、金桥、陆家嘴3个主要开发区开发经历的企业领衔人。历任上海市科技党委副处长、上海市文化发展基金会办公室副主任；浦东开发办公室处长；浦东新区党工委组织部副部长、浦东新区劳动人事局副局长。外高桥保税区新发展有限公司党委书记、总经理；上海金桥（集团）有限公司总经理、上海金桥出口加工区开发股份有限公司董事长；上海陆家嘴（集团）有限公司党委书记、总经理；上海陆家嘴金融贸易区股份有限公司董事长等职。

陆家嘴地域历史的沿革

历史由来

明永乐年间，黄浦江水系形成，江水自南向北与吴淞江相汇后，折向东流，东岸形成了一块嘴状的冲积沙滩。由于明代翰林院学士陆深生卒于此，故称这块滩地叫陆家嘴。

清同治元年（1862年）后，英、美、法、日、德等国，在陆家嘴先后辟建仓库、码头、堆栈、工厂。同治十年，清政府建立轮船招商局，并在烂泥渡建北码头，在陆家嘴设立南栈房。英商在烂泥渡建太沽栈。在陆家渡有法商永兴栈，德商瑞记洋行火油池等。陆家嘴沿江先后建起英商祥生铁厂、日商黄浦造船所、日华纱厂、英商茂生纱厂、英美烟厂等。民族工商业也在此兴办天章造纸厂、荧昌火柴厂、鸿翔兴船舶修造厂等。

由此，烂泥渡地区商业渐趋繁荣，大宗家用器具、砖瓦竹木等建筑材料，各类土特产等均以此为集散地，逐渐形成商业街。抗日战争期间，该地域的商业由烂泥渡路和陆家嘴路逐渐移向东昌路。与此同时，自南向北，设立了陆家渡、烂泥渡8个舢板对江渡。后大部分渡口被工厂、仓库等所占，仅存东昌路、泰同栈、陆家嘴3个轮渡站。

新中国建立后，东昌路成为浦东地区最繁荣的一条商业街。有百年老店松盛油酱店、大鸿运酒楼、东方羊肉面店、德兴馆等名特商店，其他各类商店一应齐全。并新辟东宁路与陆家嘴集市贸易市场。

至1992年，陆家嘴地域内有市属工业企业26家，区属企业14家。

由于黄浦江将两岸交通阻隔，浦东长期以来只能依靠摆渡船与浦西往来，交通十分不便。部分上海人对浦东有隔阂感，民间有"宁要浦西一张床，不要浦东一间房"的传言。

（综合有关资料）

行政区划

从行政区划来讲，1949年5月上海解放时，那时的"浦东"并非地图上的名词，而是指以川沙县为主、同时包含南汇县以及原奉贤县东部和其他区县在黄浦江东岸的地区。

此时的浦东地界为上海3区（杨思、洋泾、高桥）2县（川沙、上海）和江苏省南汇县所管。

1952年，从杨思、洋泾区划出沿江一带设立东昌区。1956年，杨思、洋泾、高桥3区合并成东郊区。1958年，东郊、东昌2区合并成立浦东县；同年，南汇县和川沙县被划归上海市。此时的

"浦东地界"是属于上海市的浦东、川沙、上海、南汇四个县。

1961年，浦东县被撤销建制，其农村地区划归川沙县，并将沿黄浦江边的高庙地区划归杨浦区。1984年，再将沿黄浦江的塘桥、陆家嘴、洋泾一带划归黄浦区，把周家渡至杨思等沿江地区划归南市区。此时，浦东除沿江地区由上海市的南市、黄浦、杨浦三区行政管辖外，其他地区仍隶属川沙县、上海县（于1992年与闵行区合并）、南汇县行政区域管辖范围。区内的城市化地区是市中心向黄浦江东岸的延伸部分。由于相隔黄浦江，与市中心的交通联系主要依靠轮渡。20世纪七八十年代，陆家嘴成为上海市中心人口和产业转移的地区之一。产业经济除了川沙县的农业外，还有以造船、轻纺工业为主的第二产业，以码头运输业为主的第三产业，第二、第三产业主要分布在沿黄浦江一带。

1990年4月开发开放浦东后，陆家嘴金融贸易区是浦东开发的3个重点开发区之一，也是唯一以金融、贸易命名的国家级开发区。整个开发区域处于上海市城市内环线和黄浦江的环抱之中，与闻名遐迩的外滩隔江相望，地理位置得天独厚，区域规划面积31.78平方公里，占浦东新区的5.4%。1990年时，人口54万，占浦东新区的40%，区域开发具有旧城改造的特点。

1992年10月11日国务院批复：设立上海市浦东新区，撤销川沙县。浦东新区的行政区域包括原川沙县，上海县的三林乡以及黄浦区、南市区、杨浦区的浦东部分。

1993年1月1日，中共浦东新区工作委员会和浦东新区管理委员会挂牌成立，"统一负责浦东新区开发、开放的管理工作，履行国家法律所规定的地方国家行政机关应承担的行政管理职能。"

2009年5月6日，南汇行政区域划入浦东新区，这标志着浦东开发开放进入了"二次创业"的新阶段。

（综合有关资料）

1990年时的陆家嘴现状调查

陆家嘴有从大到小的三个概念。

一是陆家嘴功能区域，覆盖陆家嘴、潍坊、塘桥、洋泾和花木街道，面积42.77平方公里，总人口约65万人，其中户籍人口47.46万人。共有小区162个，居委会153个。

二是国务院1990年批准的国家级开发区——陆家嘴金融贸易区，31.78平方公里（四至范围：西、北濒临黄浦江，东到罗山路，南至龙阳路）。

三是陆家嘴中心区，俗称小陆家嘴，面积1.7平方公里。西北面临黄浦江，东面到浦东南路，南面到东昌路。除企事业单位外，1990年时居住居民16945户、居住人口49234人。

陆家嘴中心区的工业特点如下：

一、集中了较多的大型机械制造厂，生产特点决定了这些厂是1至2层的大跨度车间，例如：占地7万平方米的国棉十厂、建筑面积6.1万平方米的新新机器厂、4.2万平方米的烟草机械制造厂、2万平方米的上海钢球厂等，基地面积都很大。

二、集中了较多的具有专门生产流程的工厂，例如：利华造纸厂、酿造四厂、乳品三厂等。

三、临黄浦江有建筑面积45874平方米的立新船厂、建筑面积6788平方米的浦东水厂，具有较大的船台、修理平台与水池等，容积率低、占地较大。

陆家嘴中心区的建设拆迁量非常大，据1990年统计资料，北护塘路、烂泥渡路以西到江边，主要为工厂与仓库堆场。计有立新船厂、上海烟草机械厂、新新机器厂、导航仪器厂、浦东水厂等39家企业。上粮一库、纺织品原料仓库、储运公司仓库、毛麻四库等14家仓库，总共53家（连小型单位共250多家）。其余主要为居住用地。

除东昌新村为成片新工房，其余新工房皆零星分布在桃园一村、长田新村、市建三公司等住宅区内，显得比较零乱。旧式里弄建筑面积占居住面积总数的59%。

为了配合陆家嘴地区开发建设，需要各类动迁建设用地总计233公顷。其中，居住用地60公顷，工业用地89公顷。若按上世纪90年代的当时每户动迁户均60平方米的建筑面积测算，需要102万平方米居民住宅；居民和工厂的动迁费按当时的《动迁法》口径和时值测算，约需33亿人民币才能解决。若要集中开发陆家嘴中心区，不管怎么样，先要集中解决居民、单位动迁基地，建一个工业与加工服务区、一个居住区，并且实行重点工程的拆迁政策，利用经济和行政相结合的办法，调动各方面的力量，分批进行动拆迁。

（综合1992年12月12日《关于小陆家嘴1.7平方公里国际规划咨询会议简况及下一步工作设想的汇报》等资料）

陆家嘴金融贸易区开发初期的争论

浦东宣布开发以后，成立了上海市陆家嘴金融贸易区开发公司。但成立之初，陆家嘴的开发范围没有明确，只是从调研陆家嘴地区的房屋、企业和人口情况开始，逐步划定开发公司开发重点目标地块。在这个过程中，是有不同意见的争论，即：陆家嘴的开发是集中在陆家嘴中心区一个点上，还是按功能进行组团开发？

2014年，当我们站在高处放眼陆家嘴金融贸易区时，成片的银行与金融楼宇汇集在陆家嘴中心区内；东方路沿线的省部楼形成了陆家嘴的商贸和休闲板块；花木板块区域内的是行政大楼与文化中心。

陆家嘴为何会形成这样的格局？其实，在开发前有过一段插曲，即不同意见的争论。这中间包括了选址争论、功能布局的争论与如何开发的争论。

浦东宣布开发以后，很快成立了上海市陆家嘴金融贸易区开发公司。在那一阶段里，开发公司做了3件事，第一件事就是摸底。把事情摸摸清楚，到底有多难。第二个就是银行和投资者的需求到底是什么？有多少？对此进行归纳整理。第三就是准备启动地块实质性的开发。那时，每个人一天要工作16个小时，做很多调查。每一个地块上有多少面积、多少人、多少地上建筑，全部被摸清楚。北护塘路6公顷的面积上就有八百多户、16个单位，平均每1万平方米土地上有一百多户人家，这个动迁量不得了。

1990年11月27日，陆家嘴金融贸易区开发公司高层领导向朱镕基市长写信，向他汇报调查结果，并回答了他提出的问题。第一，金融贸易区还是要放在陆家嘴；第二，关于吸引内资和外资的关系，以及起步地价问题；第三，陆家嘴要统一规划、集中开发的问题。

关于第一个问题，陆家嘴金融贸易区开发公司认为：陆家嘴是浦东开发起步条件最好的地区之一，但有各种困难，主要有三难，第一难，历年开发凌乱，等级不高，占地不少，拆迁量大。第二难，地处要道，世人瞩目，议论多，要求高。第三难，金融贸易区要以第三产业为主，但当时全是工厂，而且第三产业政策敏感，当时开放尚无先例，可能会有很多波折。

然而，又有三个有利的条件，第一是大家对设立金融贸易区有兴趣，外资银行虽然观望的多，但是，内资银行肯来啃骨头的也不少，各省市的兴趣也不小。第二个有利条件是地下的管道基础好，管线、煤气都可以直接做。第三，虽然有不少需动迁的房屋，但是，开发相对集中，容易形成气候。而且，在黄浦江边，有利于树立浦东开发开放的形象。所以，金融贸易区应该在这里启动。

关于第二个问题，在投资的组成上应先内资后外资（先打中华牌，后打世界牌）。浦东开发以来，外资真正想马上掏钱搞大项目的并不多。但是，各个国内商业银行都从总行那里拿到了要搞大楼开分行的计划。各省市也都有实打实的项目。公司掌握了一批银行的投资意向，手上有7万平方米的投资意向，预估12.7亿人民币投资额。同时，还有10万多平方米、4亿多元投资意向正在落实。各省市、各部委也有约20万平方米、7亿元左右的建设意向。这笔钱在20世纪90年代初，是一笔不得了的天文数字。

当时，对陆家嘴的开发进度和规模的意见也不相同。有些人提出，三五十万平方米的建筑同时上，会房地产过剩，应5年到10年分期分批建设。陆家嘴金融贸易区开发公司就据理力争说，深圳10年建设九百多万平方米的建筑，上海内资办公楼基本状况是供不应求。整个浦东几百平方公里土地，怎么会消化不了几十万平方米的办公楼呢？而且，地价也要从低到高发展，对于中资银行和外省市及各部委，即使是非工业性的，抬高地价也是行不通的。对第一批人，如果叫喊着高地价，那后面还有谁来投资呢？所以，对前面参加启动的项目，地价要从优支持。先来者，要先得益，给他优惠。

后来，市里给浦东有一个"省部楼政策"。即，一个省、一个部建一座商务办公楼，可以用动拆迁的成本价在浦东拿一个楼的土地。安徽省当时是最困难的时候，发了水灾，全国正在赈灾。安徽省委书记和省长很有眼光，来浦东和公司讨论安徽省怎么利用浦东的平台"借船出海"。他们说，我们是内陆省，和国际交往比较少，怎么在浦东设立安徽省的窗口机构、借船出海呢？在浦东建一座楼，将来我们也可以借此出海了嘛。他们向中央领导报告，虽然正在赈灾，但，我们想在浦东搞一个楼，会不会有问题？中央的主要领导答复说：灾害总要过去的，安徽总要发展的，你们的想法应该得到尊重。但是有一条，不宣传。很快，在陆家嘴金融贸易区，安徽省的裕安大厦，江苏省的江苏大厦，浙江省的嘉兴大厦，山东省的齐鲁大厦和石油、化工、电信、煤炭等一批省部楼宇拔地而起。

关于第三个问题，建议开发必须统一规划、集中组织。1990年的陆家嘴已经是"百花齐放"了，但各方投资项目都没有统一规划、统一开发。如果从陆家嘴隧道口到花木行政中心，建立一条轴线大道，就像穿了西装有了领带一样，在今后城市发展历史上会有明显作用。对于世纪大道两边的区域开发，必须组织集中开发。地面上非工业的建筑和交通设施投资数额很大，如果大楼分散搞，多头开发，就很难形成合力和统一形象。

当时，为了如何开发陆家嘴区域，陆家嘴金融贸易区开发公司承受了很大压力。

1990年底，市浦东开发领导小组开会，决定金融贸易区还是放在陆家嘴。然后让陆家嘴金融贸易区开发公司赶紧启动陆家嘴的国际规划方案征集，陆家嘴金融贸易区开发公司把200万元的公司开办费，投入到了征集国际规划设计中去。

当时，讨论规划方案时，还就要不要搞轴线（今世纪大道）发生了争议。朱镕基市长坚持要搞轴线。浦东陆家嘴的道路因为黄浦江在此打弯的关系，形成沿浦东大道和浦东南路两个方向的走向，形成田字形路网。最宽的浦东大道只有四车道，双向两车道。这么大的开发量上去，交通肯定不行。需要建一条轴线大道，这就引出了两个争论：这条轴线要不要搞？是搞形态轴，还是搞视觉轴？这是一个很巧妙的说法，倘若把形态轴变成了视觉景观，那只是看看而已的东西。陆家嘴金融贸易区开发公司提出了要搞形态轴，要起实际作用的，要有100米的路幅，80米的道路宽度，边上各有10米宽的绿化。为此，就有人反对说，太宽、太浪费了。

1993年，朱镕基同志已经去国务院工作了，他回上海时还问：我的轴线大道呢？当时地图上画的是虚线，还没有拆迁，所以是虚线。其实，内部还是有反对的声音，因为，拆迁量非常大。到了1994年，陆家嘴金融贸易区开发公司搞轴线大道样板段时，1公里不到的长度，就拆掉了77个门牌号的工房。

1994年，陆家嘴金融贸易区开发公司向市领导和中央领导汇报时，画了一张"陆家嘴百楼图"，图纸上画了已经落户的和将要出现的100栋楼。这百余栋楼，百分之七十是国内投资的，当然，内资也是有和外资合作的。

当时还有一个争论，这么多楼来了，你怎么放？有人主张都放到陆家嘴中心区1.7平方公里上，等10年后，样子不是很好吗？但是，陆家嘴金融贸易区开发公司里的很多人，包括做规划的同志都不同意，坚持必须按照功能分类：金融性的大楼、跨国公司的大楼放在陆家嘴中心区；省部楼、商业性质的楼，放在张杨路、东方路；文化教育、行政管理的大楼都放在花木地区。

这就出现了一个问题，三个组团，每个组团相差2公里左右，楼宇分散了，这样出形象就慢了，必须先把道路地下管线打通，投资量大。但陆家嘴金融贸易区开发公司的观点是，城市是会成长的，都挤在一起，空间没有了，再要发展就慢了、难了。按功能、按等级分开建设以后，随着城市的成长，楼宇慢慢会连成一片，但是，功能会很分明。

那时，很多批评说：陆家嘴发展得慢，不出形象。其实，基地动迁量大，大楼基础工程周期长、不容易出形象是一个主要原因。今天，回过头来看，如果当时为了一时的政绩，陆家嘴金融贸易区建设不按功能分类建楼，从短期看肯定是合算的，但是，从长远的城市发展来看，肯定是有问题的。

若干年过去了，尽管当初承受了巨大压力，但是，实践证明，陆家嘴金融贸易区开发公司关于如何开发陆家嘴金融贸易区的设想与做法是对的。

1990年11月27日陆家嘴金
融贸易区开发公司向朱镕
基市长写信的原信影印件

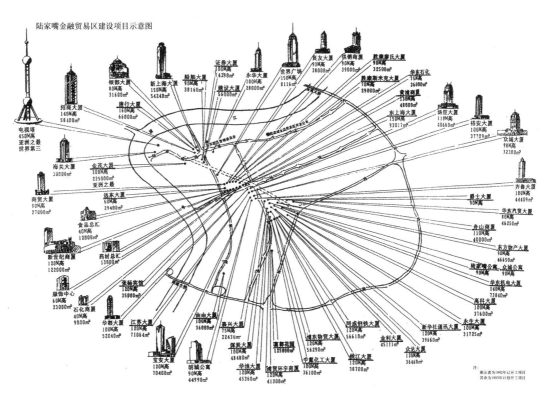

陆家嘴金融贸易区建设项目示意图

1994年陆家嘴金融贸易区
开发公司向市领导和中央
领导汇报时，用手工绘制
的一张"陆家嘴百楼图"，
图纸上画了已经落户的和
将要出现的楼宇。

建设功能分布清晰的陆家嘴金融贸易区

有这样的比喻："如果把中国的东部海岸线比作弓的话，长江便是搭在弓上的箭。位于整个海岸线正中间长江入海口处的上海就是在满弓上搭的箭的箭头。"这就是说，上海处于东部沿海地区的中间，浦东地区在东部几乎是唯一的结合部。其背靠江苏、浙江等强省，有苏州、无锡、常州、南京、重庆等各工业城市作依托。其经济发展的方向和目标地区不同于华南经济圈、环日本海经济圈，而是将整个亚太地区都纳入了其视野。

由此可窥见中国开发浦东的气概。从中也可以看出这样一种思路：20世纪80年代以深圳为中心开发中国南部，90年代开发上海浦东以及1997年香港回归等原因，把上海搞成国际金融中心的构想也就变得时隐时现起来，而陆家嘴的开发建设在浦东开发开放中的地位尤为引人注目，显得格外重要。

由于浦东开发开放是一项前无古人的宏伟事业，又是一场深刻的具有划时代意义的巨变。开发规模与资金的矛盾、开发速度与陈旧的市政基础设施的矛盾、迅速城市化的过程与农民以及被动迁居民的矛盾、新型的开发机制与传统的行政管理体制的矛盾、土地开发与陈旧的传统观念的矛盾都不同程度地制约着浦东开发开放向前推进。

由此而来，坚持高标准规划，建设国际一流城区，在开发伊始就坚持按建设现代化、跨世纪国际大都市的标准进行规划设计，同时，如何利用土地资源加速浦东开发开放，正确处理好土地开发与管理中的几个关系，在当时成了一个迫切需要研究与作出回答的问题。

为了建设一个功能分布清晰的陆家嘴金融贸易区，陆家嘴（集团）有限公司将开发地块划分为陆家嘴中心区、竹园商贸区、龙阳物流区、张杨路商业区、花木行政文化中心与其他功能小区，而且还以国际规划咨询的形式邀请英、法、意、日等国际著名的规划设计专家与国内的规划专家对陆家嘴中心区进行规划设计，中方专家根据咨询建议，又对规划方案进行了3轮深化，使这一规划方案具有国际一流水准。

这种通过引进国外智力，吸取世界最新规划设计成果和运用城市三维空间控制理论，综合考虑景观、绿化、交通、市政等城市综合功能来进行城市规划方案设计，当时国内尚不多见。

为了建设一个功能分布清晰的陆家嘴金融贸易区，陆家嘴（集团）有限公司主张：

一、坚持规划的高起点、高标准

根据陆家嘴金融贸易中心区与外滩连成一体成为21世纪上海的中心商务区的目标，在规划设计上组织国际咨询，引进国外智力，成功地借鉴国外最新的城市三维空间控制管理的经验，综合考虑景观、绿化、交通、市政等城市综合功能。这种方式对上海其他旧城改造和新区建设具有借鉴作用。

二、遵循旧城改造的规律，采用组团式开发

坚持按规划定用地性质，按项目性质给土地，形成沿江商务区、金融区、张杨路商业中心、竹园商贸区、龙阳综合区等功能小区，通过世纪大道和杨高路串联成一体，开工建设百余幢高标准的大楼。

三、充分利用土地有偿使用政策和级差效益，以市场方式组织开发

在经营方针上，既打"中华牌"，又打"世界牌"，实行内资和外资相结合；在经营方式上，逐步扩大符合国际惯例的招标比例，体现公平、公正、公开供应土地，使地价逐步有一个市场尺度，防止炒卖地皮投机钻营和"胡子工程"；在合同中，严格规定限制条款，在建设项目管理上则积极协调服务。

四、形成多元化集团开发格局

在陆家嘴（集团）有限公司的统一指挥协调下，坚持以公有制为核心，组建中外合资企业和具有专业特长的各类子公司，进行成片土地开发和配套开发服务。

五、城乡一体，共同发展

成立劳动服务公司，专门负责吸收征地劳力，培训上岗，赡养老人，还投资3000万元，与洋泾乡、严桥乡组建联合发展有限公司，在城市总体规划的指导约束下，共同开发近2平方公里土地，与农民兄弟共享浦东开发的成果。

这样一来，陆家嘴变成了一个全国的舞台、世界的舞台，所有的"演员"、最著名的经济界"演员"都可以到这个舞台上来发挥、来表演，一起来建设一个功能分布清晰的陆家嘴金融贸易区。

若要说，促使陆家嘴开发建设走向成功的原因，主要有三个创新。

一是体制和机制的创新。那时候浦东开发，很多人将信将疑。最主要的考虑是，如何让国际投资者或者国内投资者来，怎么让他们赚钱？我们认为，必须按照市场经济规则，按照国际通用的经济语言和法则行事。那时候，我们先砍自己身上一刀，拿政府的钱必须是负债，拿土地必须通过有偿批租的方法，不是划拨。在土地上进行基础创新，学习国际化运作，逐步打开了局面。

二是思想和工作创新。开发建设陆家嘴金融贸易区，钱从哪里来？人到哪里去？1992年国际咨询的时候，对陆家嘴的基础设施开发成本，国际专家有一个估计，仅基础设施开发就需要每平方米100美元左右，不包括动迁。实际上，这个数字还是小了，所以，整个开发是一个天文数字。当时浦东做了很多创新，如：不是完全卖地而是吸"钱"合作开发、组建上市公司等等。

还有，动迁后，人到哪里去？当时征地农民不是买断，而是用了9000多万元投资了56个不同企

业，培训上岗，把征地农民变成浦东开发的一员。先后吸收劳动力5798人，养老2240人。还有一个做法，按照规划征用土地以后，把土地的一部分返回给有关乡的集体企业，按规划进行建设，在浦东发展过程中共享浦东的开发成果。

三是政策和功能的创新，就是怎样贯彻"开发浦东、振兴上海、服务全国、面向世界"的16字方针。第一句话，老百姓说，是顺口溜，没有变；振兴上海，他们说是声东击西，以浦东开发带动浦西发展改造；服务全国就是打好中华牌；面向世界，就是打好世界牌。怎么打好中华牌？如：出台省部楼政策，出让土地采用成本价，带项目给土地，不炒地皮。世界牌怎么打？世界牌就要牵到外资领头羊。当时，陆家嘴金融贸易区，最大外资投资项目就是环球金融中心，这个公司是日本东京最大的房地产公司。

（综合有关资料）

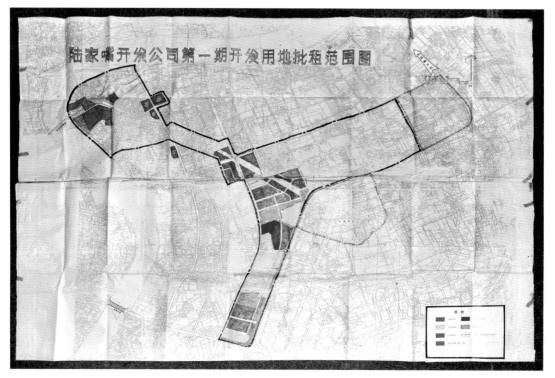

这是一张25年前陆家嘴金融贸易区开发公司工作人员用手绘制的陆家嘴金融贸易区开发范围图，这张被称作"翼"开发方案的图形像一架飞机：飞机头是以陆家嘴中心区为起点，机身是沿轴线大道向东南延伸的商贸综合区，机翼是沿杨高路向东与向南两侧腹地扩展，呈飞机两翼形状发展的龙阳小区、峨山路两侧的地块和泾南住宅区。当年跨世纪的宏图，如今已成为现实。

关于功能组团开发和项目聚集

前文说到，开发建设一个什么样的陆家嘴金融贸易区，是开发初期各种意见争论的焦点。那么，作为担负开发建设陆家嘴金融贸易区主力军的陆家嘴（集团）有限公司持什么态度呢？

显然，陆家嘴（集团）有限公司的主张与众明显不同。即，坚持要按规划定用地性质，按项目性质给土地，遵循旧城改造的规律，采用组团式开发，要建成一个以陆家嘴中心区为中心、向黄浦江两翼与世纪大道拓展，形成以世纪大道为中央轴线、以陆家嘴金融中心区—竹园商贸区—花木行政区为主干的21世纪上海浦东的中央商务区。

实际上，按照上述设想，到2010年，已基本完成了420万平方米的陆家嘴中心区规划建筑总量、300万平方米的竹园商贸区、280万平方米的花木行政文化博览区的规划建筑总量（见下表）。

按照这个设想，到2010年，陆家嘴地区也基本建成了面向国际的世界级、现代化、生态型的中央商务区，一个现代化的国际金融贸易中心的雏形已经屹立在黄浦江的东外滩，实现了陆家嘴金融贸易区建设分三步走的第二步阶段性目标。

陆家嘴金融贸易区形态开发计划完成建筑规模如下表所示：

单位：万平方米

年度 区域名称	2003年		2005年		2008年		2010年	
	数量	建筑面积	数量	建筑面积	数量	建筑面积	数量	建筑面积
陆家嘴中心区	24幢	163.65	6幢	85	12幢	100	5～8幢	20
竹园商贸区	26幢	132.23	6幢	24	10幢	63	15幢	90
花木行政文化博览区	12幢	50	10幢	40		40		
世纪大道中段						80		100

陆家嘴中心区的城市形态发展目标

在2002年底前已建成的以金茂大厦、银都大厦（人民银行大厦）、森茂大厦（恒生银行大厦）、证券大厦等为代表的24幢办公综合楼、建筑面积约163.65万平方米的基础上，加大加快中心区特别是沿银城西路与银城路之间的规划高层带的办公综合楼群跟沿银城南路与东昌路之间的高档公寓住宅楼群的建设力度与速度。

到2005年底前，上海银行大厦、正大总部、香格里拉酒店二期、花旗大厦（巴鼎世纪广场）、汤臣海景公寓、鹏利海景公寓、盛大金磐公寓一期、陆家嘴开发大厦等商办公寓楼群建成投入使用，建成办公大楼6幢，建筑面积57万平方米，公寓面积28万平方米。

到2008年底前，中融蓝天碧云大厦、深发展银行大厦、招商大厦、陆家嘴B4-2大厦（凯宾斯基大酒店）、平安证券大厦、新鸿基广场一期、富都大厦、东方国际大厦、超高层的环球金融大厦和盛大金磐公寓二期等建成投入使用，竣工大楼12幢，竣工建筑面积近100万平方米。陆家嘴中心区里沿银城路规划的200米高的高层带初具规模。

随着陆家嘴中心区规划420万平方米建筑楼群的全部建成和区域内金融保险证券服务区、跨国公司地区总部集聚区、旅游购物休闲区、高档公寓住宅区等功能的发展，为改善陆家嘴中心区内的交通、停车、高层楼群之间人群的风雨无阻的流动，推动陆家嘴中心区地下空间的综合开发和楼宇之间空中廊道的建设，在2004年至2010年之间的时间内，通过优化陆家嘴中心区地下空间和楼宇空中廊道的规划，实施陆家嘴中心区楼群之间的二层步行连廊工程，以人为本构筑陆家嘴中心区的立体交通系统，是陆家嘴金融贸易区新一轮城市发展的重要内容。从而用20年的时间基本建成陆家嘴中心区现代化的、生态型、最具有城市活力和充满无限商机的世界级的中央商务区（CBD）。

竹园商贸区的城市形态发展目标

在2002年底前已建成的以裕安、江苏、齐鲁、宝钢等一大批省部楼为主的办公综合楼和以香榭丽舍花园为代表的高档住宅区的基础上（即，已建成办公综合楼26幢，建筑面积132.23万平方米），加快竹园商贸区特别是沿世纪大道（东方路至杨高路段）两侧地块办公综合楼的建设力度与速度。

到2005年底前，东方希望大厦、浦东电力大厦、新港大厦以及香榭丽舍花园二期综合楼和占地约10公顷的竹园公园等大楼、大型公共绿地建成投入使用，建成大楼6幢，建筑面积24万平方米。

到2008年底前，华东汽贸大厦、2-1-1、2-1-2地块的东方金融大厦、2-4地块约20万平方米中高档酒店、商场等建筑楼群和2-11地块金磐大厦、2-13-1、2-13-2和2-13-3地块商住办公综合楼建成投入使用，建成大楼近10幢，建筑面积63万平方米；到2010年，2-11-5地块、2-13-4地块、2-15-1、2-15-3地块的商办楼和2-3地块约28万平方米的办公综合楼群建成投入使用，建成办公大楼15幢，建筑面积近90万平方米。标志着竹园商贸区约300万平方米的规划建筑量全部建成。

花木行政文化区的城市形态发展目标

在2002年底前已建成的以浦东新区政府办公大楼、上海科技城、青少年活动中心、商检大楼等一批以浦东新区政府为主的办公综合楼和世纪广场、世纪公园以及新国际博览中心一期5个展厅的基础上，加快花木行政文化区的建设。

到2005年底前，完成东方艺术中心、商会大厦、新区文献中心、土控公司办公大楼等建筑面积40万平方米的建设和新国际博览中心6～10号展厅的建设。

到2010年底，新国际博览中心20万平方米展厅和近23万平方米的其他配套设施，包括宾馆酒店、商务中心、购物中心等基本建成。此时的新国际博览中心可以说是当前亚太地区最先进，功能最完善的会展建筑之一。同时，推进并完成该区域内的联洋社区和世纪公园南侧的世纪花园、大唐盛世花园等高档住宅小区和配套公建项目的建设。

世纪大道中段两侧（含浦东大道两侧）的城市形态发展目标

随着陆家嘴中心区、竹园商贸区内的土地批租和开发建设的相继完成，规划的陆家嘴金融贸易区内约1000万平方米的办公会展综合楼等建筑总量的建成，陆家嘴金融贸易区作为21世纪面向国际的世界级中央商务（CBD）地区，其功能面积与纽约曼哈顿2700万平方米、伦敦金融城—卡纳利沃尔夫、东京银座—新宿等大型世界级的金融贸易区的功能面积相比，差距还很大。

因此，以世纪大道中段包括浦东大道（浦东南路至东方路）两侧的地区作为陆家嘴中央商务区功能区域的延伸是十分必要的。抓紧对已注入陆家嘴（集团）有限公司开发范围的世纪大道两侧约25公顷土地以及由陆家嘴（集团）有限公司开发的上海船厂周边地区约6.5公顷的土地开发。

上海陆家嘴（集团）有限公司开发的其他地区城市形态发展目标

陆家嘴（集团）有限公司除了承担一道三区的开发建设任务外，还承担了塘东总部基地和龙阳、杨东等居民住宅区和峨山路陆家嘴软件园区、御桥工业小区的开发建设任务。陆家嘴（集团）有限公司的开发范围得到不断扩大。

（资料来源：陆家嘴集团《把握历史机遇期，促进陆家嘴集团中长期发展》）

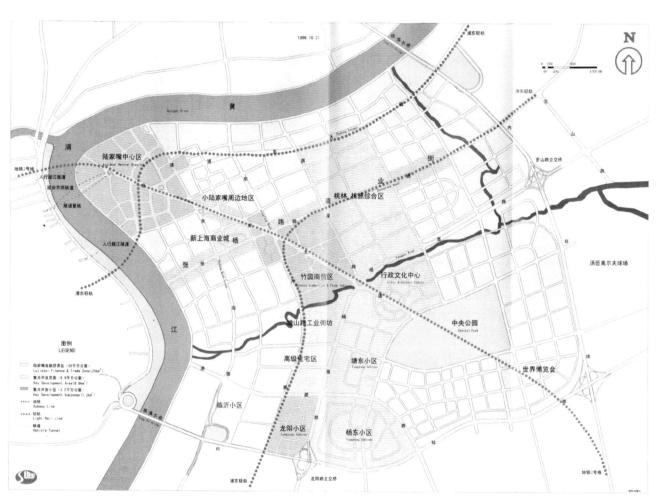

陆家嘴金融贸易区重点开发小区规划示意图

开发亲历者讲述开发背后的故事

25年前，当开发开放浦东、开发建设陆家嘴时，面临着极大的困难和压力，其中最大的问题是资金从哪里来；大动迁时，居民安置到什么地方去？还有，用什么方式和办法进行开发等等的一系列问题摆在陆家嘴金融贸易区开发公司的面前，急等着"陆家嘴人"去破茧，去解决。

然而，弹指一挥间，25年过去了，当初的那些艰难和焦虑，早已随着时间的流逝而烟消云散，如今人们看到的是气势恢宏、蒸蒸日上的陆家嘴新城区。其实，在这光鲜亮丽的背后蕴藏着许多鲜为人知的故事，虽然时隔20多年，但是，今天听起来，却恍如昨日。为了使读者对陆家嘴的开发建设有更多的了解，当年的开发亲历者向人们讲述了一些当年开发背后的故事。

肩负几代人的夙愿和嘱托

1990年4月18日，党中央、国务院宣布开发开放上海浦东。4月下旬，市委常委会决定抽调沙麟等几位同志筹组市政府浦东开发办公室，并在全市范围内抽调干部。当时，从人员决定到投入工作不足一个星期。我有幸也在这次被抽调的名单之中，从市土地批租办公室副主任、土地局有偿用地处处长转到了浦东开发办政策研究室主任的工作岗位上，投入了紧张的浦东开发政策编制工作。

这年的7月21日，我突然接到通知，要我下午去康平路开会，内容是黄菊副市长和市领导召开座谈会讨论浦东问题。我与黄奇帆同志匆匆赶到康平路时，已经迟到了。

我看到，黄菊同志、天增副市长以及其他一些市领导、市委组织部和浦东开发办的领导都在仔细地听发言，长桌子边上围坐了二十多位同志，后排工作人员的座位上也坐满了参加会议的同志。

组织部经干处的杨定华同志跑过来悄悄地对我说："今天黄菊同志出了3个题目：一是浦东开发过程中如何认识和把握与浦西的关系；二是浦东开发中第一、第二产业与第三产业的关系；三是浦东开发，眼前工作如何着手及其与长远发展的关系如何兼顾。要求每一个人都作发言。"这些问题，今天看来似乎都是比较明确的，但是，在当时要回答好这些问题，确实要站得高、看得远、想得深，并且有实践工作的体会才能讲出所以然。环顾四周，约有三分之一的同志是认识的，但也有许多不太熟悉的人，大家都在认真地听，认真地记，气氛虽然严肃，但发言却相当踊跃。

我因正在研究浦东的事，而且在浦东开发以前就参加过"浦东新区中外联合咨询小组"（市政府研究浦东开发的前任机构）和关于浦东开发的中外专家研讨会等工作，所以，根据自己的理解，就这3个问题认认真真地讲了自己的看法，其间，黄菊等领导同志作了插话提问。

这一天，大家的发言内容很丰富，有讲土地批租的，有讲城市基础设施改造和住宅建设的，还有讲外贸出口和港口开放、商业发展和社会服务的。记得，阮延华同志当时还在闵行开发区工作，所以就根据闵行的情况谈了浦东的问题。会议进行到下午5点多钟，黄菊同志作了一个简短的发言以后就宣布会议结束，似乎没有结论。但，正是这个会议，决定了开发浦东的几支主力部队的组成，从开发实体的层面上注入了建设浦东的有生力量。

事后大家才知道，这是市领导对干部的一次面对面的考试。为了尽快确立浦东开发重点小区的干部队伍。在市委组织部与各委、办、局考核推荐的基础上，市领导直接对这批优秀的候选干部进行了这样一次3个多小时的面试。"考试"以后，市委对原先的人事建议方案进行了局部调整。两天后，正式宣布了陆家嘴、外高桥、金桥3个开发公司主要领导干部的任命。我、余力、汪雅谷、郑尚武同志被任命为上海市陆家嘴金融贸易区开发公司的正副总经理，并调钱稼宏、葛惠忠同志参加办公室工作。等到7月27日那天报到时，我们一见面，都笑了：真是注定有缘！在"康平路"座谈接受面试时，尽管没有人安排座位，但我们6个人已经不谋而合地坐在一起了。

从这次"考试"后，我和我的同仁们肩负着几代人的夙愿和嘱托，踏上了开发建设陆家嘴金融贸易区的艰难征途，去接受一次次"考试"。我们用我们的心血和双手，营造起了一片又一片新城，队伍也变得越来越壮大。我们不断接受新的挑战，不断通过一次次新的考试，不断取得一个个成功和辉煌。今天想来，真是感慨万分。■ 王安德

钱从哪里来

陆家嘴早期开发阶段，最首要的问题就是钱从哪里来。

中央关于土地批租的政策是最大的优惠。这就是钱，越快实行就越有钱。

当时按1平方公里开发成本2亿元算，需要开发资金20多亿元。时任上海市市长的朱镕基同志说，1个公司给你3亿元，滚动起来用。过了几天，镕基同志又对我说，3个公司给9亿元不行，因为振兴改造上海也要花钱。这样吧，1个公司给1个亿，先张罗起来吧！

我回到开发办立即向大家作了传达。从1家给3个亿，砍到1家给1个亿，怎么办？大家感到十分为难。我对大家说，浦东开发主要靠土地增值，土地政策是含金量最高的政策，我们要利用好。

过了几天，朱镕基同志即将离开上海赴北京工作了。临行前，他又对我说："先少给一点，马上启动要多少钱？"我当时感到难以启齿。想了想后，我对朱镕基同志说："那就一个公司给3000万元吧！"

"能行吗？"镕基同志问。可能他也意识到，这一数字实在太少了些。

当时，我这么说，是经过深思熟虑的。浦东开发主要靠土地增值，土地政策是含金量最高的政策。实际上，我们已经把3个开发公司的启动资金从向政府要钱转到了向市场筹钱。

办法就是"财政投入，支票转让，收入上缴，土地到位"，俗称"土地出让，空转启动"。

"空转启动"的程序是这样的：由市财政局按土地出让价格开出支票给开发公司，作为政府对企业的资本投入；开发公司再开出支票付给市土地局，并签订土地使用权的出让合同；市土地局出让土地使用权以后，从开发公司所得到的出让金，再全部上缴市财政局。通过这样一个资金"空转"的过程，

达到"出让土地，启动开发"的目的。

当时，我对镕基同志说，土地空转，千分之四归中央，叫财政拿空头支票，土地局下拨土地，公证处公证，按60元1平方米算，4平方公里土地，财政拿2.4亿元出来。

"那就这样先搞起来吧。"镕基同志的话语中寄予了信任和希望。

我将这个情况在班子内进行了传达。

当时，年轻的浦东开发办副主任黄奇帆一听就来了劲，自告奋勇地请战，由他来具体操作。观念一新，土地也能变成金。3个开发公司有了这样一笔"土地空转"启动资金，就加快了实质性的启动步伐。

陆家嘴、外高桥和金桥三大开发公司正式亮相是1990年9月11日，三大开发区均由开发公司来运作。三家公司在刚竣工的由由饭店里各租了一层楼，把客房改建成为办公室。这个由由饭店，就是现在发展成29层的由由大酒店。

作为浦东改革开放的见证者，时任浦东开发办副主任的李佳能不止一次地感慨道："浦东发展的速度已经超出了当时的想象。最初我们的预测是，通过30年至40年的努力，达到目前的规模，就是5年起步，10年重点开发，再用20年全面开放。而浦东开发，实际上跨出的脚步整整快了10年。" ■ 昌基

人到哪里去

1990年开发建设陆家嘴金融贸易区时，除了钱从哪里来是个大问题之外，怎样安置这块土地上的动迁企业和居民，同样是一个大问题。

据1990年资料统计，在陆家嘴中心区这块约1.7平方公里土地上，居住人口4.92万人，居民2万余户。在陆家嘴中心区范围内还有39家工厂、14家仓库。工厂与仓库、堆场加在一起，有53家（把小型单位加在内，总共250多家）。这是一个不小的数字。

当我们听到若按当时每户浦东动迁户、户均60平方米的建筑面积测算，需要102万平方米居民住宅；居民和工厂动迁费按《动迁法》口径和时值测算，约需33亿人民币才能解决时，几乎瞠目结舌。当听到，若要集中开发陆家嘴中心区，必须先要集中解决居民、单位的动迁基地，建一个居民住宅小区与工业加工区，感到这更是不可能的事。

说白了，搞动迁，就是要解决人到哪里去的问题，安置好三类人员：一是工厂职工，二是城区居民，三是农村居民。

工厂企业的职工，还是比较好安排，由工厂企业自己去处理解决。怎么安排城区居民以及居住在农村地块上的农民，却是一个十分棘手的问题。

为了保证陆家嘴地区的开发建设速度和被动迁居民的居住房落实，公司经过研究，决定建造金杨新村居民动迁基地，让陆家嘴地区内的2万余户居民在金杨新村安居下来。这就是我们一直挂在嘴上说的陆家嘴开发"兵马未行"的"粮草工程"和"一号工程"。与此同时，我们还建造了10万平方米的临时过渡房，来安排居民临时的居住过渡，而且还购买了一些商品房来安置被动迁的居民。

1993年初，金杨新村动迁基地开工后，40多家施工单位、6000余人，在一块农地上日夜会战，经过3年的奋战，终于建设起了120万平方米的住宅和配套设施。金杨新村的建设，以高效、优质和配套齐全而成为上海市住宅配套试点小区，外界说"60年代看曹杨，80年代看曲阳，90年代看金杨"。有报纸评论说：陆家嘴金融贸易区开发公司在短短数年间动迁居民达10万之众，相当于搬迁了一座中等城市。

但，这还不算是什么大事情，要安置好居住在农村地块上的动迁农民，那才是大事情。

从浦东开发开放之初，陆家嘴（集团）有限公司就承担了区域开发范围内征地安置人员的管理工作。至2007年，吸收农村劳动力5798人，养老2240人。根据新区统一部署的政策，通过自谋职业、政策分流、进入社会统筹以及自然减员等渠道，也分流了一部分征地安置人员。

由于征地安置人员普遍存在着知识技能水平低、就业要求高、就业竞争力差等情况，管理工作难度很大。因此，做好征地安置人员的管理工作，不仅是对为浦东开发开放而离土的农民兄弟的最直接关心，也是营造和谐稳定的社会环境和良好投资环境的需要。

浦东开发早期，陆家嘴（集团）有限公司曾以"创办企业"的模式来解决征地安置人员的就业问题。在劳动力供需充分市场化的今天，公司仍在日常管理工作中注重引导，逐步帮助他们建立正确的就业观。同时，针对安置人员的特点，想方设法帮助他们寻找就业机会。

2005年至今，集团仍要求各下属投资企业将本企业内适合征地安置人员就业的岗位，主动用于征地人员的就业安置。集团还要求系统内各级党组织在推进此项工作时，要主动承担责任，要兼顾"两个原则"，一是坚持满腔热情、尽心尽责地主动创造条件，积极安排征地人员就业的原则；二是坚持实事求是的原则，既要防止漠视征地人员希望上岗的实际要求，又要防止不讲企业发展的客观实际，片面追求征地人员上岗数量的行为。

在这一指导原则下，通过与集团所属的陆家嘴软件园、陆家嘴物业、富都世界、东城六里、市政绿化、城建配套等单位的积极协调，集团系统累计创造了近700个相对稳定的就业岗位，安排征地人员上岗800多人（次）。集团在内部充分挖潜的同时，还先后和农工商、联华、家得利等大型超市联系，获得了一些上岗计划，帮助那些有上岗能力、有上岗意愿的征地人员获得就业机会。

集团工会还制订了《陆家嘴集团征地职工帮困救助办法》，每年对特殊困难家庭职工的急病急难，开展帮困互助。从2006年起，对征地职工中的困难家庭子女就学实施帮困助学金制度。在帮困救助上，陆家嘴（集团）有限公司努力坚持人性化的操作手段，为特别困难的征地职工开辟了解困的"绿色通道"。比如，东城、市政绿化公司有5名征地职工身患重大疾病，需要花费巨额医疗费。按制度操作的补助额，根本是"杯水车薪"，不足以解决其实际困难。为此，集团开辟了"绿色通道"，特事特办、急事急办，及时落实救助的措施，使得这些征地职工家庭暂时摆脱了困境。

征地安置人员的管理工作不是简单的企业行为。征地人员更不是市场竞争的产物，而是浦东开发开放的政策性产物，带有广泛的社会性。因此，陆家嘴（集团）有限公司从加强政治责任、社会责任入手，进一步提高认识，规范各项管理工作，尽最大努力实施征地待工人员的再上岗工作，加大帮困救助的力度和范围，把党和政府的关心落实到实处，把安置管理工作做得更好。■倪说

身无分文的开发公司召开银行行长会议

1990年8月上旬,我来到陆家嘴金融贸易区开发公司报到工作。

仅10天左右的时间,我就听到王安德总经理和其他3位副总经理已经描绘出了东方曼哈顿的蓝图。他们认为,作为金融贸易区的开发,必须有各大银行的支持,所以,决定召开一个由各大银行行长参加的招商会议,以明确他们在陆家嘴投资造楼的意向。这是公司成立后的第一个招商会议,当时公司没有一分钱,办公用的纸和笔都是浦东开发办公室给的。

开这样的会,着实让我们为难了一阵子。到哪里去开?租会场的钱在哪里?

说穿了,陆家嘴金融贸易区开发公司刚刚成立,开办费都是借的,哪里有什么钱去租会场。而且,公司成立时的钱,都是借来的。

在经过苦苦思索商量后,我们决定到汪总原来任职的友谊商店去开,采用会议费用先记账,今后有钱了再付的办法,这个办法得到了汪总原单位的谅解和支持。就这样,一分钱也没有的开发公司"穷光蛋",在友谊商店的如意酒家如意厅里,召开了上海滩最最有钱的银行"大老板"参加的招商会。这是公司成立后的第一个招商会。

8大银行的行长都来了。虽然当时浦东还是块沉寂的土地,当时,银行行长们相信党中央、国务院作出的决策,纷纷在会上表示支持,并在会后都与我们公司签订了要在陆家嘴投资建楼的意向书。各大银行的建楼承诺后来都变成了现实。同时,也给我们以启迪:事在人为。这个会议在陆家嘴(集团)有限公司的发展史上有着不寻常的意义。

那时,我们虽然一无所有,也根本没有估计到浦东开发的进程会这么快,但,内心还是充满了信心。那时,我们坚信,理想一定会变为现实。■ 钱稼宏

开发陆家嘴金融贸易区的一个重大决策

1990年成立时的陆家嘴金融贸易区开发公司,由于资金尚未到位,开发土地的规划也未落实,境况十分艰难。

公司曾打算在原黄浦区的浦东南路、浦东大道、张杨路、文登路(现改名东方路)一带选择10块资金投入较少、比较容易开发的基地先启动起来,以解决眼前的资金困难。但,由于这些地块比较分散,面积相对又比较小,每块基地只能容纳一幢或几幢大楼,虽然可以解决公司眼前的一些困难,却难以形成规模开发和宏大气势,不符合成片集中开发的思想。

公司领导经过反复讨论和研究,决定派出公司的主要力量深入到陆家嘴区域内的街道、工厂、生产队、村落作细致的调查。我们骑着自行车走遍了各个街道和生产队,抄户口、统计人数、踏勘一个个村落、记录各村落的农户数,在地图上标上村办厂、猪棚等位置,再到公司里将这些资料汇集起来。

在深入调查研究,取得大量资料的基础上,公司领导经过反复研究和测算,根据当时的朱镕基

市长关于陆家嘴区内开辟轴线大道的指示，初步确定了沿黄浦江、轴线大道和杨高路一线开发的策略。这个开发方案的图形像一架飞机：飞机头是陆家嘴中心区，机身是轴线大道沿线的竹园商贸综合区，机翼是沿杨高路的龙阳小区，峨山路两侧的地块和泾南住宅区。

陆家嘴花木地区的控制性详规作为浦东开发的一个重要的指令性任务，由规划院的一个规划小组在上海展览馆内的一个大办公室里开始精心设计。

当时，我被派往那里去做联络工作，把公司的开发策略思想传达给规划院，设计人员结合规划设计把这些思想反映在规划中；同时，也把规划设计中一些要与我公司通气的内容带回公司，让公司领导决策后再传给规划院。

我每天从浦东骑车到展览馆内的设计现场，有时因事情紧要来回骑车联系。公司创业初期很艰苦，小汽车还是借来的。当小车空着时，领导就总让我坐车到规划院去，这些情景至今历历在目，非常感动。

公司的领导也多次到现场与设计人员交流思想，还亲自起草了规划设计的部分说明。当时的规划院和规划局的领导也多次到设计现场关心此项工作。28平方公里的陆家嘴地区的总体规划只用了两个多月就完成了，我公司土地开发的策略思想基本上都反映在这个规划中，为我公司的土地受让和土地开发工作奠定了规划方面的基础，确定了我公司开发范围为5.47平方公里，首期开发地块为1.51平方公里。1991年3月，朱市长亲自召开专题会议，研究陆家嘴开发的问题。会后，发了"沪府办（1991）56号"文，批准了上述规划和公司第一期开发地块1.51平方公里的请示。

不久，在此基础上，又做了一些地块的详规并先行批租了裕安大厦、银都大厦两块基地，我公司的开发工作终于启动并进入了滚动开发，在以后的几年里取得了突飞猛进的发展。

现在，几百幢大楼在当年精心规划过的土地上矗立了起来，道路市政设施建设也令人耳目一新，一个恢宏的陆家嘴金融贸易区的气势展示在我们面前。■吕通森

划定5.47平方公里的开发范围

1992年末，在浦东开发热潮的影响下，陆家嘴金融贸易区开发公司先期开发的1.51平方公里地块相继到位；一批内外商投资项目也已安排落户；有近30个项目签订了土地转让合同或预约用地协议；还有近130多个省、部级单位以及中外房地产投资项目需进一步落实基地；公司也急需落实总体开发范围。这一切形成了当时的热潮。

之所以形成当时的热潮，主要有两个因素：一是中共上海市委、上海市人民政府确定陆家嘴金融贸易区作为上海市中央商务区的重要组成部分，将对历史起重要的作用，一定要开发建设好；二是及时落实公司总体开发范围，既有利于加快编制重点开发地块的详细规划，又有利于加强陆家嘴金融贸易区土地控制与管理。

1990年，浦东开发初期，上海市城市规划管理部门规划了陆家嘴金融贸易区"翼"型开发范围：

即以陆家嘴中心区为起点，沿轴线大道向东南延伸，至杨高路，并沿杨高路向东与向南两侧腹地扩展，呈飞机两翼形状发展。

然而，由于当时的开发机制与机构并未理顺等因素，在上述区域中，相当部分用地已被分解，乡镇土地管理失控，导致市政府"沪府办（1991）56号文"批准的陆家嘴金融贸易区5.47平方公里开发范围内，仅存2.79平方公里，不足部分相差达2.68平方公里之多。

为了贯彻市委、市府领导的精神，确定陆家嘴金融贸易区的核心区域，也为尽早落实公司的中长期开发区域，我和当时的规划工程部同志一起，对陆家嘴金融贸易区内的用地情况进行了梳理，并根据市规划管理部门对浦东新区总体规划的要求，结合陆家嘴金融贸易区的开发特点与功能定位，确定了陆家嘴中心区、轴线中段两侧地区、竹园商贸区和龙阳小区的发展主线；为继续保持沿主轴线两侧同步发展的策略，划出了桃林桃源和临沂小区两个区域，由陆家嘴（集团）有限公司与乡镇共同开发；为实现公司办公楼与商业同步发展的目标，我们将整个4.8公里长的张杨路商业街也划入公司开发范围；并从公司长远策略考虑，划出了塘东、杨东小区作为中长期土地储备基地。

至此，结合公司已取得的1.51平方公里启动地块，整个陆家嘴金融贸易区开发公司的开发范围共划定为5.47平方公里。

上述方案经公司高层多次讨论，并向当时浦东新区管委会副主任黄奇帆汇报后，确定了初步原则。接着我和公司的顾问花了整整一个星期的时间，计算征地面积，落实用地范围，数易其稿，画了近20张图纸。最后，配合公司办公室完成了公司开发范围方案的编制，并很快获得了上海市人民政府浦东开发办公室的批复。

陆家嘴（集团）有限公司5.47平方公里的开发范围得到最终落实后，我一直为自己能参与这样意义重大的工作而感到自豪。■陶建强

建造银都大厦的意义非同小可

每天早上，当客车驶出延安东路隧道浦东出口处时，映入眼帘的是一幢幢摩天大楼，但最使我感到亲切的是那幢位于浦东大道和浦东南路交会处的银都大厦。因为，那里留下了我们"陆家嘴人"的足迹。

银都大厦是中国人民银行上海分行的总部。早在陆家嘴金融贸易区开发公司刚成立之时，公司高层领导就以战略家的眼光意识到，要把陆家嘴建设成中国唯一的金融贸易区，必须首先吸引像人民银行这样的中央银行进入陆家嘴，那么国内其他专业银行与国内外的金融机构才会被吸引过来。为此，公司高层领导和人民银行的领导进行了几次洽谈后，中国人民银行终于同意在陆家嘴中心建造其总部，同时，也把建造银行"银都大厦"的任务委托给我们公司。

建造银都大厦的意义非同小可。陆家嘴金融贸易区是21世纪新上海的象征，因此，在这一地区建造的大楼，在建筑形态和功能标准上的要求都必须很高。在建筑形态上，要把西方古典建筑和中

国现代建筑相结合；在功能上，要求具有先进的计算机、通信、供电、空调等高智能化系统；在建筑装饰上，既要庄重典雅又必须具有时代气息。

为了达到这些目标，当时，工程分公司的员工都全身心地投入了这场建造大楼的战役中。工程分公司的经理从组织筹建班子到大厦方案的策划和审查以及合同谈判；工程各阶段节点与关键路线的布置；乃至最后大楼的竣工，无不显示出其在工程指挥中的才能。项目负责人更是脚踏实地翻熟了大楼每张图张，每层楼面、每个房间里都留下了他们的脚印。他们从设备供应商和安装单位的衔接协调到土建单位、安装单位、装饰单位之间的调度管理以及工程质量和进度的监督检查，都亲力亲为。后来，银都大厦的工程质量获得"优良"，其中就有他们的一大功劳。设备工程师更是身手不凡。银都大厦是智能化大楼，各设备系统复杂、技术先进。他们发挥各人专长，从方案选定、设备选型到设备的技术谈判和商务谈判、设备系统安装和调试的检查，都认真把关，使银都大厦的水、电、空调等各系统的设备一次调试成功。一位外聘的高工也和陆家嘴金融贸易区开发公司的员工一样，不甘落后，在银行营业大厅、多功能厅、贵宾厅等室内精装饰中，在装饰方案设计讨论、修改定稿到装饰工程施工质量的把关检查中，都留下了辛勤的汗水。后来，银都大厦的室内装饰效果得到银行业主和来宾的一致称赞。还有两位工程师也是老当益壮，他们在控制大楼建设投资估算时一丝不苟，对大楼每一张图纸、每一个预算子目、每一张现场签证都认真核对，登高层，钻地下室，施工现场到处留下了他们的身影。

经过4年的拼搏，陆家嘴金融贸易区开发公司的员工用自己辛勤的汗水，终于建成了陆家嘴地区"第一幢奠基，第一幢开工，第一幢结构封顶"的银都大厦。

1995年6月28日，在庆祝银都大厦落成的大喜日子里，市领导宣布："银都大厦的落成、市人行的东迁，向全世界与全国表明，陆家嘴金融贸易区已经形成，浦东开发已从形态开发转入到功能开发的一个崭新阶段"。当时，我内心无比的激动和自豪。因为，在银都大厦工程建设中也有我的一份力量。

每天，当我坐车经过银都大厦，看到许多摩天大楼紧紧簇拥着这幢大厦时，一种自豪感便从我心中油然升起：因为，我们"陆家嘴人"从事着一项前无古人、后无来者的事业，那就是在浦东陆家嘴建造东方国际金融中心。■陈崇娅

第一次与外资银行打交道

1994年上半年，浦东开发建设正处于高潮，浦东新区政府和陆家嘴金融贸易区开发公司都亟须大量的资金投入基础设施建设。为此，经新区安排，分别由陆家嘴、金桥、外高桥3家中外合资企业出面，申请外汇银团贷款。陆家嘴金融贸易区开发公司申请贷款的额度为5000万美元，由中国工商银行浦东分行担任牵头行。

当时，我是办公室文秘科科长，受命参加申请贷款工作小组的工作，并负责贷款可行性报告的

编写。

申请外汇银团贷款的文件与一般的可行性研究文章不同，由于要发至各外资银行，要求非常高，必须措辞得当、计算准确、解释合理、预测有据。在财务等部门的配合下，我花了近两个星期，反复核算，仔细论证，甚至为此熬了几个通宵，完成了初稿。这份文件后来受到了工商银行浦东分行的好评，并成为金桥公司和外高桥公司编写可行性报告的样本。

经过几次讨论修改，我公司的申请贷款文件印制成了中英文对照本，发给所有有兴趣参与银团贷款的外资银行。文件的发出，并不意味着万事大吉，可以坐收美元贷款了。按照国际惯例和外资银行谨慎行事的习惯，他们将对这份文件进行详尽的评审，并拟出评估意见向各自的总部报告。

由于我是贷款文件的主要起草者，在各外资银行评估期间的答疑工作将主要由我和财务部的同志来承担。文件中是否有漏洞？外资银行能否通过并给予贷款……我怀着忐忑不安的心情等待着。

到贷款意向截止日，日本富士、三菱、樱花近20家银行表示愿意参加银团贷款。有这么多的银行积极响应，既体现了外资银行支持浦东开发的热情，预示着此次贷款的成功率非常大，同时，也进一步增加了我的压力。

外资银行的评估师们都是具有丰富贷款经验的老手，加之他们对土地成片开发的程序和成本核算规程不如工业项目熟悉，因此他们来人、来电所提的问题真是五花八门，各家有各家的特点，既实在又苛刻。说实话，有些问题甚至比我在硕士论文答辩中要回答的问题更厉害！例如：日本富士银行国际部的有贺彩先生，他提出的问题从成本分摊、土地售价预期、利润预测到流动资金周转期等，几乎囊括了贷款文件中的所有内容。每次，他听我解释后都说："呵，明白了！"可过了一两天，他又有新的问题"不明白"了！就这样，经过我们近一个月的"答辩"，终于通过了这些外资银行评审，有十几家外资银行决定参加银团贷款。申请银团贷款真是好事多磨。事后，我和财务部的同事们都感慨地说："要用外国人的钱真不容易！"

1994年8月25日，我公司终于和各外资银行签订了以中国工商银行浦东分行为牵头行的银团贷款协议书。这件事情弹指一挥间，竟已过去了21年。■杨建一

上海钻石交易中心项目的谈判

上海钻石交易中心是浦东功能开发所需引进的大项目、大市场之一。作为浦东开发的一员新兵，我参加了该项目的谈判，得益匪浅。

1996年2月3日上午9时，我方代表在陆家嘴金融贸易区开发公司的会议室里接待了以色列来沪谈判的代表。

简单寒暄过后，双方开始讨论项目的可行性研究报告。

很显然，这份可行性研究报告是以方精心制作的，制作者对中国的法律十分了解。在谈到土地使用权付款方式时，报告却将付款时间安排在1998年～2007年的10年时间段里，而把房产预售安排在1998

年开始。很明显，这对我方无益，也是与我国有关法律不相符。

我方代表当场指出，根据我国法律，房产预售的前提是付清土地使用金，获得土地使用权证书，并已投入占总投资1/4以上的资金或已完成地下工程。

既然法律有规定，以方只得表示对付款时间进行修改。双方讨论了一天，在许多问题上达成了共识，但对一些实质性问题如地价等，因双方认识差距较大，只能暂时搁置起来。

第二天，双方开始讨论合同、章程。根据预先的日程安排，合同章程的讨论时间为一天。然而，讨论开始后，双方对每一条款都进行详细讨论，直到互相都认为可以了，该条款才能算通过，若有一方持不同看法，就得花很多时间进行讨论，有些条款甚至要谈2个多小时。

就这样，每次讨论都要持续到深夜，我有时回到家中已是凌晨1点钟。

一周后，谈判还没有结果，由于以方代表要回国，双方只能将有争议的条款搁置起来，有待今后进一步商洽。

为时一周的谈判虽然结束了，却留给了我许多感想。

每次夜深回家，汽车奔驰在浦东宽阔的马路上，看到道路两旁灯光通明、高楼林立，心中不由得升起对浦东开发先驱者的一股敬佩之情。这里的每一个项目，无不凝聚着先驱者的心血和汗水。作为浦东开发的一员新兵，实在是有许多东西等待着自己去学习，不仅要学习他们的钻研精神和奉献精神，还要学习以色列人对待工作一丝不苟的态度。

同时，还要看到，外国人来中国投资，对中国法律是非常关心的，也是非常尊重的。在谈判中，法律运用得当，可以不费更多的口舌而达到自己的目的。例如，在这次谈判中，以方主张先成立公司，但注册资金暂不到位。我方马上指出，根据我国法律，公司成立后，3个月内注册资金必须到位15%。以方看了法律条款后，无话可说。

我作为一名法学硕士，通过这次谈判认识到，学好法律知识对开发浦东是有益的。自己今后更应加倍努力，与时俱进地掌握国家的立法动态和最新立法，为浦东开发作出自己应尽的微薄之力。

■ 刘建法

把三个"领头羊"牵进来

20世纪80年代末，在浦东开发初期规划的时候，开始出现陆家嘴、庆宁寺等6个分区。到宣布浦东开发以后，在1990年政策研究过程当中，出现了金融中心区和陆家嘴商业中心这样的提法。到1990年7月，市委批复陆家嘴金融贸易区开发公司的文件上也出现了金融贸易区的字样。

为什么会设立一个国家级的陆家嘴金融贸易区？1991年小平同志说了一段话，"金融很重要，是现代经济的核心，金融搞好了，一招棋活，全盘皆活。""上海过去是金融中心，是货币自由兑换的地方，今后也要这样搞。中国在金融方面取得国际地位，首先要靠上海。"这些讲话点出了为什么要搞金融贸易区。国家级经济技术区，一般科技开发区，可以在全国很多点办，但金融参与竞争要聚合，聚合点在上海。所以在这样的情况下，上海开始建金融贸易区，打金融中心牌。

怎么打开这个局面？

第一步就是做规划。一个好的规划不止可以管一百年。国际规划征集，是真正有含量有水平的国际规划征集。但，有了好的开发规划，第二件事，就是把什么东西"种"在里面。里面都是密密麻麻的旧房子，谁相信你？怎么来推动？必须有一个"领头羊"。

第二步则是将领头羊牵进来。第一个"领头羊"无疑是中国人民银行上海分行。

既然是金融贸易区，没有中国人民银行怎么行？金融中心，人民银行不来，谁来？人民银行来了，其他银行才会来。因此，我们的第一个目标就是把人民银行请进来。经过各方面的工作，1991年6月8日，中国人民银行成为金融贸易区第一个签约进驻单位，同年12月18日，中国人民银行的银都大厦奠基。为了"牵"这个"领头羊"，陆家嘴金融贸易区开发公司在动迁成本和土地出让价格上补贴进去3000多万元，这是陆家嘴金融贸易区开发公司开办公司的注册资本金。当时，很多人骂我们是傻子。3000万元本钱全部贴进去了。但我们觉得，3000万存在银行里，这块地没有人来买，钞票再多，也没有发挥作用。而现在将3000万元投下去，将来收回的恐怕不只是3000万元。而招商银行、建设银行、国际投资信托公司看到人民银行签约了，也跟着签约入驻了陆家嘴。

中国人民银行落户陆家嘴，这是陆家嘴金融贸易区内的第一个项目，也可以说是浦东的第一个项目。中国人民银行落户陆家嘴的意义是不可估量的。

第二个"领头羊"是证券大厦。

上海证券交易所是根据浦东开发的政策成立的，刚刚成立时在浦江饭店，很挤。当时，我们找到交易所总经理，让他们搬过来，对方说没钱。我们说，我们帮忙一起找钱，结果找到一个大集团。当时，这家集团的老总非常支持浦东开发。一个有功能，一个有钱，他们想投资。现在的证券大厦是由两块地并起来的。1993年的农历年初五奠基，1997年正式迁入。两个领头羊来了以后，中银、交银、上国投、农业银行等纷纷进驻，包括招商局。深圳特区的一些主要领导也都来看，他们说，跟深圳初期差不多，放心干，他们也来，这给了我们很大信心。

第三个"领头羊"是金茂大厦。

金茂大厦是贸易功能的"领头羊"。所谓的金融贸易区，一个是金融，另一个是贸易，两者不可缺一。那个时候，全国的贸易是分割的，贸易公司只能做自己区域的贸易。但是，外经贸部有全国性的贸易公司。于是，我们做了很多服务工作，金茂大厦筹建时到全世界各地找了9个建筑师做方案，然后进行评选，结果，国内的外贸公司集资造金茂大厦，当时定的地价非常低，仅动迁费陆家嘴金融贸易区开发公司就贴了8000万元，但是，金茂大厦对区域开发所产生的作用是不能用地价来衡量的。大厦造好后，这些国家级的外经贸公司全部入驻金茂。贸易功能有了，金融贸易区站稳脚跟了。后来还牵了一个外资的商业"领头羊"进来，即第一八佰伴。

就这样，我们把金融、证券、贸易、商业的"领头羊"都牵了进来，放进了陆家嘴金融贸易区，社会示范效应就出来了，大家觉得这像一回事了。■岸的

第二篇

开发模式　运作机制

和其他省市实行的较为普遍的管委会体制不同，开发陆家嘴走的是一条开发公司体制之路，即：没有沿用由政府投资开发、统包统揽的行政主导型模式，而是选择了政府宏观调控，由开发公司全面担纲产业化开发的企业主导型模式。

有人把这种模式概括为：开发公司是政府推进开发建设的操作手。这正是陆家嘴（集团）有限公司开发模式的灵魂所在。这种将"政府的开发意志"和"企业的市场运作"有机结合，由开发公司主导开发区全部开发工作的模式，称得上是陆家嘴开发建设的一大特色，而且也是区别于当时国内其他开发区所不同的地方。

二十多年过去了，当初开发建设陆家嘴的故事依然在流传，被回眸。回眸激情与智慧，回眸模式与策略，那些破解难题、开拓创新、令人叫绝的干劲与聪明，如草蛇灰线，贯穿其间。

在开发建设陆家嘴金融贸易区的进程中，上海陆家嘴（集团）有限公司以其特定的地位扮演着重要角色，发挥着重要作用。上海陆家嘴（集团）有限公司的开发模式和作用无疑是浦东开发开放的一个成功样本，同时也是改革开放形势下，了解区域高速发展与迅速崛起的一个窗口。

为了使读者能够较为清晰地了解当年的开拓者是如何智慧、如何运作以及如何创新实践，本篇讲述了上海陆家嘴（集团）有限公司在推进开发建设陆家嘴金融贸易区进程中的开发模式、运行机制、策略与做法，同时也向外界展示了"陆家嘴人"在贯彻实施国家战略历史使命进程中所担当起的社会责任以及区域开发建设的主体责任。

"陆家嘴人"在陆家嘴这块土地上满怀激情、披荆斩棘、艰苦奋战，走过了一段极为艰辛的开发建设之路。在经历了常人无法想象的磨砺的同时，也积累了常人所没有的毅力、勇气和开发经验，无论怎么评估，这都是一笔宝贵的财富。

上海陆家嘴（集团）有限公司开发模式特点

上海陆家嘴（集团）有限公司的开发模式不同于其他开发模式，具有以下几个特点：

一、依托浦东开发开放的国家战略

毋庸置疑，陆家嘴金融贸易区的开发和定位一直是紧紧围绕着浦东开发开放的国家战略而展开的。正是由于开发开放浦东的国家战略决策，所以才有了陆家嘴金融贸易区的定位，才有了陆家嘴金融贸易中心区的开发和金融城的概念。这说明了陆家嘴金融贸易区的开发，不是一般性开发区的开发，而是实施贯彻国家战略层面上的一件重大事情。

二、围绕上海城市功能定位确定区域功能和形态规划

在"国际规划方案征集"的基础上，博采众长，形成了陆家嘴金融贸易区的规划定位；在上海提出市级中央商务区（CBD）规划和发展概念之后，陆家嘴金融贸易区和中央商务区浦东部分形成了地域空间和城市功能的叠合；在上海提出"四个中心"的城市定位之后，上海陆家嘴金融贸易区又和上海国际金融中心形成了地域空间和产业功能的叠加。

三、形成政府主导下的企业联合开发主体

陆家嘴金融贸易区的开发是在市、区两级政府主导下，以陆家嘴（集团）有限公司土地一级开发为主，并与国内外房地产开发公司形成的若干个企业联合开发主体。通过联合开发，吸引资金，学到了理念，得到了经验，引进了投资企业，缩短了时间，迅速形成了金融功能的集聚。

四、实行土地空转成片滚动开发

在实施浦东开发开放国家战略的初期，在国家、地方政府和开发企业都缺资金的情况下，创造了"土地空转、批租实转、成片规划、滚动开发"的新模式。承认土地开发的初始价值，组建国有开发公司主导开发，将开发风险转给市场，实现了毛地向净地的转换；没钱向有钱的转换；土地资本向货币资本的转换；土地开发向楼宇开发的转换；形态开发向产业功能的转换，而相应获得的实际收益却远远超出土地成片空转折算的几十亿土地出让金。

五、利用多种方式筹集开发资金

陆家嘴金融贸易区的一次开发是政府以"土地空转"的方式将未开发和动迁的土地有偿批租转让给开发公司，并通过公司负债和股权折价，政府获得转让土地所折算的公司权益及锁定价格的今

后收益权；开发公司持有土地使用权通过拆迁和基础性投入后，进行"以地抵押"、"以地合资"、"以地上市"、"以地招商"；开发公司在用上述几种方式获得的大量开发资金后进行土地滚动开发。实践证明，这种时间短、见效快、能滚动的办法在浦东开发的初始阶段，有效地突破了发展瓶颈，解决了开发资金短缺的困难。这是其他开发区与开发公司所不拥有的。

上海陆家嘴（集团）有限公司开发模式简析

按照开发区各种职能的承担主体不同，可将我国开发区运作模式大体划分为五类：管委会主导型、公司运作型、管委会协调型、中外合作型和委托管理型。在这5种运作模式中，除政府主导型没有设立开发公司外，其他4种模式都设有专门的开发公司，只是开发公司所承担的职能范围不同而已。

上海陆家嘴（集团）有限公司（前身为上海市陆家嘴金融贸易区开发公司）的开发模式与一般开发区设立的开发公司的开发模式有着深刻不同。

国务院新闻办公室主任赵启正撰写的《浦东逻辑》影响颇大，该书用8个字"空转启动，滚动开发"概括介绍了这种开发模式。也就是说，浦东开发不是靠一般意义上的对公共设施的财政投资，而是基于公有土地资产的市场运作收益。

"空转起动，滚动开发"的开发模式可以解释为基于土地的公有制，评估出租土地使用权（毛地开发权）的收入，作为开发公司的国有股，一旦有这个非货币资本投入形式"空"的国有股以后，开发公司就可以向银行贷款，可以吸引外资。因此说，第一轮开发是"空转启动"。而一旦开发以后，土地价格就会上升，国有股可以从中取得收益。滚动开发，通过国有股分红的形式，使土地增值收益用于进一步开发，直至陆家嘴金融贸易区建成。

在陆家嘴金融贸易区的开发建设过程中，陆家嘴（集团）有限公司贯彻政府意志，成为浦东开发战略和上海"四个中心"核心功能区建设的承载者、执行者与公司主导开发模式的示范者。

由此说来，与外省市当时较为普遍的管委会体制相比，陆家嘴（集团）有限公司之所以创立，也是基于当时特殊的历史条件，开发公司的体制决定是一个不二选择。

一、国家开发战略确定后的浦东是一片处女地，这片土地既是开发建设的热土，同时也是体制、机制创新的试验田。在当时这样的大背景下，如何设计开发区的体制，客观上需要有一些创新的思路。

二、开发公司的设立也是浦东"小政府、大社会"行政体制的需要，开发公司突破了行政级别、行政编制的制约。

三、更为重要的是，当时的浦东，政府财力有限，开发投入不足，借力于公司体制，可以更好地撬动金融资本、社会资本，推动区域开发。

有媒体做了一份调查，通过选取《人民日报》《解放日报》《新民晚报》3份报纸作为研究对象，随机抽取其1990年1月1日至2010年3月31日所有标题含"浦东"的862篇报道，综合分析报道标题与内容中的关键词，在2040个关键词中，抽象性名词频次位居前四的依次为：规划、政策、环境、改革。它们占到此类词汇的48.2%，恰好代表了浦东开发开放各个历程中的发展重点。

这其实表明了陆家嘴（集团）有限公司开发模式的精髓之处是规划先行，大处着眼，在"土地资源—土地资本—货币资本—更高层次的土地资本—更大的货币资本"独特发展模式中，开发公司作为区域开发先锋和融资主体，为浦东建设立下了汗马功劳，自己的队伍也得到了发展壮大。

开发公司是政府意志的体现者。区别于行政事业单位，陆家嘴金融贸易区开发公司从一开始就被确定了清晰的企业身份，如何使政府的开发意志在开发公司里得以贯彻，需要有一些制度安排，包括公司的治理结构，干部管理体制和考核体系创新等等。陆家嘴金融贸易区开发公司的首任老总曾兼任浦东新区管委会副主任，公司治理结构简约化，考核体系则以功能建设指标为重点等等，另外，新区建设初期，开发公司也被赋予了区域规划，项目建设管理协助及投资者服务等部分行政职能。

这种模式不同于传统意义上的"一套班子，两块牌子"，而是通过功能嵌套和机制创新，既确保开发公司按照政府指引的航向驶行，不至于偏离航线，也能腾出最大的空间来进行市场化运作。

二十多年前，开发区开发建设首当其冲的是要解决"资金从哪里来"的问题，政府举债比较复杂，远不如开发公司便捷有效，通过土地滚动开发，开发公司可以灵活地进行多渠道融资。启动后的开发公司的资金融通渠道开始多元化，可以通过与金融机构组成联合投资公司进行融资，也可以通过发行债券进行融通资金，或者通过上市IPO搭建融资平台，上海陆家嘴金融贸易区开发公司在20世纪90年代初就拥有了自己的上市公司。正是拥有了巨大的融资能力，所以保证了陆家嘴开发建设的惊人速度。

另外，能相对有效地进行成本控制和提高绩效也是开发公司的优势所在，如：开发公司可以集约化、专业化对资金进行管控和利用，从而最大限度降低资金使用成本，提高资金使用效益。开发公司的企业基因和企业化组织决定了其效率会高于政府直接运营模式。

另一方面，就功能开发而言，开发公司任重道远。无论是金融、航运核心功能区的建设，还是科技创新功能的打造，开发公司都面临新要求、新挑战，需要新一轮的版本升级，比如：从招商到选商、育商；从为项目提供空间产品到为产业集群提供系统配套；从引进项目、资金，到主动出资搭建功能平台；从解决餐饮、居住、交通到打造城市高端品质等等。开发公司的生命力在于不断提升能级，丰富能力，从开发商转型为服务集成商。

应该说，在"二次创业"的征程中，开发公司的开发模式也迎来了新的生命周期，可以有更大的作为，而要做到这一点，切实需要一个自我提升的过程，需要版本升级。包括"构建新型契约关系，实行板块分类，重点突出企业核心竞争力的提升"。

不可否认，开发公司的挑战在于需要统筹协调"政府的开发意志"和"企业的市场化运作"二个导向，并努力实现"加法最大化"。一方面，政府在传递"开发意志"的过程中要建立"契约化"模式，特别是要规避"先开枪后瞄准"的现象。另一方面，开发公司要努力成为低成本、优质量的契约型供应商，切不可随意挂账，调节成本。

　　在履行政府开发意志的同时，开发公司要培育更强的市场竞争能力。新形势对开发公司的要求更高，必须做到两手都要硬。开发公司可以探索形成系统内的板块分类，有些板块是高度市场化的，就要强化赢利导向，构建与市场化相适应的治理机制，薪酬激励机制；有些板块是以承载政府功能任务为主的，就要在契约化的前提下，努力做到低成本和高效率。另外，必须提升核心竞争力，增强赢利能力。

　　毫无疑问，陆家嘴（集团）有限公司的开发模式要在第二次创业中真正发挥引领和先导作用，必须提升市场竞争能力，提高赢利水平，只有企业自身具有了市场化的赢利水平，才有能力更好地成为"政府开发意志"的承载者，从这个意义上说，未来的陆家嘴（集团）有限公司应该是具备成熟市场化能力的"政府开发意志的承载者"。

（综合《浦东开发模式研究》等资料撰写）

陆家嘴二层连廊俯瞰

坚持先规划后开发　以规划指导开发

陆家嘴金融贸易区开发规划和启动方案

规划先行是土地开发与管理不可动摇的一条原则，也是我们将要建设一个什么样城市的基础工作。不坚持这一点，没有一个既考虑现在，又看到将来的高水准的城市发展总体规划，调门再高、口号再响，我们的城市建设将永远落后于国外。陆家嘴金融贸易区开发公司成立后，立即把规划工作放到重要位置，坚持先规划后开发，坚持以规划指导开发。

1990年11月27日和29日，上海市副市长倪天增两次召开市浦东开发领导小组会议审议陆家嘴金融贸易区的开发规划和启动问题。12月20日，朱镕基市长、黄菊副市长和市委、市府有关领导同志听取了对规划与启动问题的汇报，12月26日，倪副市长又专门召集会议，研究了陆家嘴的开发规划问题。

一、关于开发规划问题

经过专家论证和领导多次审议，陆家嘴金融贸易区沿两个轴线开发的规划原则已经明确，开发范围共5.47平方公里，包括3个部分：

一是陆家嘴中心区1.7平方公里的核心地区。即东昌路浦东南路和黄浦江所包围的地带，这一地区密布工厂和居民，但与现市中心一江之隔，又是隧道、城市东西轴线，现有的浦东南路、浦东大道和将来地铁的交会地，是待改造的黄金地带。

二是沿城市东西轴发展地带。上海城市的东西轴到延安东路外滩为止。根据专家和领导的意见，通过延安东路隧道把城市东西轴延伸至浦东陆家嘴金融贸易区，并以轴线依次建立金融区—内外商业贸易区—市政中心，真正使浦东与浦西的城市功能相衔接。沿东西轴开发，对树立浦东开发形象和形成以第三产业为主的陆家嘴金融贸易区具有重要意义。

三是沿杨高路开发走廊发展地带。杨高路是浦东新区交通干道，1990年六七月份，市政府确定了沿杨高路开发的构思，重点开发陆家嘴金融贸易区、金桥出口加工区和外高桥保税区。在陆家嘴金融贸易区中，杨高路是南浦大桥、杨浦大桥、内环线和东西轴线四位一体的轴心，又是将来市政中心的主要依托，沿杨高路开发势在必行，对市政中心的建设也会起重要的支持作用。

5.47平方公里金融贸易区的规划开发范围将由陆家嘴金融贸易区开发公司统一规划、统一开发、集中投资、形成效益。其中，包括陆家嘴中心区1.7平方公里与其他大部分尚未征用的农地。除少量用地，按新的规划需与已征地的单位协调外，其余与现有各开发单位并不矛盾。此外，张杨路商业购物服务中心和洋泾工业小区仍由原开发单位继续按批准规划进行开发，电视塔、导航中心等仍按现批准的计划实施。

二、关于陆家嘴开发启动问题

一是关于银行综合楼的开发选址。到1990年底，人民银行、中国银行、建设银行、农业银行、工商银行5家银行明确签署了建楼意向，资金均由他们自筹，另有交通银行、上海投资信托公司和市保险公司也在进行中。其中，人民银行上海分行已向总行汇报并得到大部分资金支持。中国银行的项目已有日本第一劝业、香港东亚和法国里昂银行讨论可能参与投资。

银行选址方案经市规划部门和有关方面专家反复酝酿，曾提过六七个方案，考虑到陆家嘴中心区还要做国际规划征询以及留有余地的原则，首选浦东大道、浦东南路交叉口方案（称第一方案）。1990年12月20日，市委、市府领导提出在1.7平方公里内向江边发展的设想后，又做了烟台路、陆家嘴路西侧（国棉10厂技校、烟草机械厂等）基地（称第二方案）和陆家嘴路南侧（立新船厂等）基地（称第三方案）。综合3个方案比较，专家的意见是：

1. 形象和景观问题：以第三方案从浦西看较为醒目，但由于浦西、浦东防汛墙增高，以及沿江建立超高层对后排建筑视线的阻隔，同时从浦东隧道出口来看，没有效果，所以，有些专家持不同意见。第一方案从浦西看，可以看到大楼形象，从隧道出口来看，则有更好效果，是"浦东、浦西都可以看到的建筑"。第二方案基本同第一方案，但与电视塔较近，构筑物与建筑物之间关系较难处理。

2. 建设投资问题：就项目而言，主要承担基地拆迁和红线内市政配套，按有效用地面积计算，第一方案实得基地7.66公顷，拆迁费为每平方米土地2843元，第二方案实得基地8.58公顷，每平方米土地为2780元，第三方案实得基地13.24公顷，每平方米土地为2843元。红线外大市政配套第一方案初步估算6110万元，其中，地区电话局房投资4000万元，拟由市话建设费垫付，将来可逐步回收。第二、第三方案增加了道路拆迁和市政管道长度，比第一方案多安排市政投资2000万元左右。这些建设项目的计划进度均需在3年之内完成。

3. 关于动迁建设进度问题：第一方案动迁对象是上海船厂招待所、公交5场和6个小单位以及1228户居民。其中，B块地基只要房源落实即可动迁。第二方案涉及国棉10厂技校与7个小单位，居民618户，工厂单位建筑面积1.6万平方米左右。工厂单位拆迁如按先建后搬，停产补偿原则一般需要至少2年（因还要再征工业动迁基地和该基地的拆迁），需请市有关部门予以配合。其中，烟台路基地有一定的实施可能性。第三方案涉及5家大中型企业，包括有岸线的立新船厂等3个厂生产受中央有关部的计划指令，并都有一些非通用大跨度厂房，工业建筑总面积达15万平方米以上，这些厂的迁建难度将会很大，又涉及岸线利用调整问题，如果要保证二三年内拆搬完，必须由市里面牵头成立指挥部，协调各方的关系和落实计划、资金、拆迁基地与企业停工损失、劳动力过渡等一系列大问题，否则在三五年内难以保证见到开发效果。

4. 关于地区交通组织和市政建设问题，不论选用第一、第二、第三方案，由于电视塔、导航中心等项目已批准开工或即将开工，加上拆迁和银行项目建设，陆家嘴隧道口的地区交通组织应及早研究。同时，安排大市政同步实施，保证建成大楼时同步投入运行，这样对改善投资形象，增加地区价值都会有重大作用。

总之,关于银行启动基地,大部分专家倾向于第一方案,认为可以兼顾各种条件和要求。启动项目应尽可能避开大量工厂动迁,宜从居民动迁着手。在确有把握的条件下可选用第三方案。第二方案部分避开了第三方案工厂搬迁量大的问题,但没有摆脱沿江市政设施建设周期较长的问题,与电视塔较近,视觉效果难说。另外,为解决动迁建设进度,在启动实施上,也有一部分专家建议选择第一和第二方案相结合的办法,即先启动第一方案的B块基地和第二方案的烟台路基地,以尽快树立起开发形象。

二是关于轴线建设问题。陆家嘴地区开发前3年的重点应在银行集中区。在各银行单位资金落实的情况下尽快把项目定下来,与此同时,建议在东西轴后半部少量组织启动项目,以支持市政中心的建设计划和东西轴的逐步实施。以东方路、张杨路交叉地为中心发展,一方面与已批准实施的张杨路商业购物服务中心开发相衔接,另一方面文登路(后改名为东方路)沿线市政条件较好,可以接近启动项目的市政要求。计划在二三年内,陆续组织几个项目作为内外贸易和商业流通机构的集中地区,把轴线的一部分开发带起来,并且改变市政中心附近的环境条件。

三是关于动迁基地和动迁房源的问题。由于启动项目时间要求紧迫,在批准启动方案时,需尽快对动迁基地和房源作出安排。市计委、市住宅建设指挥部等有关单位都十分支持,并明确三项措施:

1. 市计委批准给浦东3个开发区各有一定数量的动迁基地和房源计划,并立即组织实施。

2. 陆家嘴银行启动地块动迁房源,1991年先按6万平方米紧急调剂,根据"成本加管理费"的定价原则,请有关单位支持落实以保证1991年动迁一批,使首块基地在年底能试桩开工。

3. 市建委、计委和有关部门帮助调剂一部分具备市政条件的已征基地,并在"八五"、"九五"年征地计划中,再分别划出一批动迁房和住宅基地,以保证后续开发的进行。

(资料来源:1991年1月17日《关于陆家嘴金融贸易区开发规划和启动方案的汇报》)

面向21世纪精心组织规划工作

按照城市功能定位,陆家嘴金融贸易区将建设成为金融、贸易、信息等城市中枢性产业集聚的现代化中心城区;按照城市未来发展和功能定位,作为区域开发的承担者,陆家嘴金融贸易区开发公司深感责任重大,又深切体会到,一个好的先进的规划,对城市的未来发展起着决定性的导向作用,城市的形态规划既是城市人口、经济、社会、环境发展的载体,又体现了城市经济社会发展在时空上的战略布局。黄浦江对岸外滩的建筑反映了上海的风貌。陆家嘴的开发建设更代表了历史的意义。

为此,陆家嘴金融贸易区开发公司成立后,就把规划工作放到重要位置,坚持先规划后开发,坚持以规划指导开发,在内部组织机构上设立了规划工程部。1992年底公司机构调整,设置了职能专一的从规划的组织到编制的实施管理部门:规划—开发部,并设有规划科负责落实具体规划工作。

公司又筹划成立了陆家嘴规划设计事务所，专事规划设计、城市设计、环境景观设计。从组织体制到人员的编制，保证了规划在开发中的龙头作用。

按"21世纪上海"发展目标组织陆家嘴中心城市规划

1992年5月，陆家嘴金融贸易区开发公司出资200万元参与了由法国政府公共工程部与上海市人民政府联合举办的"上海市陆家嘴中心区规划及城市设计国际咨询"，经过半年的准备，于1992年11月在上海召开了上海市陆家嘴中心地区规划及城市设计国际咨询会议，5个设计单位分别提交了各具特色的咨询方案。会后，公司多次组织了本市有关方面的领导、专家讨论了陆家嘴中心地区的规划方案。其间，市委、市政府与浦东新区领导多次来到陆家嘴金融贸易区开发公司，对深化陆家嘴中心区的规划作了明确的指示。

1993年1月，陆家嘴金融贸易区开发公司牵头借调了市规划院、华东设计院、同济大学的设计人员，同时，调集了总师室、电脑室、开发部等主要骨干，集中起来开展深化陆家嘴中心区规划工作，组建了由赵启正副市长任组长的深化规划领导小组，市规划院叶贵勋院长任召集人的专家小组和陆家嘴金融贸易区开发公司副总经理余力（1993年4月后由新区综合规土局局长杨德锦接任）任组长的工作小组，明确了下一步陆家嘴中心区深化规划的技术要点、工作计划，并开始组织规划的编制。

2月中旬，完成了3个比较方案。3月上旬，在陆家嘴金融贸易区开发公司召开了一次小型国际研讨会。5月6日，规划小组向黄菊市长汇报深化方案。根据市领导指示精神，工作小组对方案作了一些调整、修改。5月中旬，规划小组分两组赴英国、法国、新加坡与中国香港地区考察交流，广泛征求外方专家的意见。

在陆家嘴中心城市规划编制过程中，根据陆家嘴中心区的规划要面对现实、博采众长，体现大手笔的要求，陆家嘴金融贸易区开发公司注重在规划中体现4个结合：

一是浦东和浦西的结合，陆家嘴中心区是东西结合要求最高，结合条件最好的地区，为上海中央商务区（CBD）的一个重要组成部分；

二是中国与外国的结合，通过国际规划咨询和规划研讨、考察活动，吸收国外一些好的构思、建议，完善了规划的设计，同时把国内一些好的城市规划结合了起来；

三是历史与未来的结合，在规划的编制过程中，细致地考虑了实施和操作的可能性；

四是领导和小组人员的结合，深化规划工作一开始便成立了由领导小组、专家小组、工作小组3个层次组成的工作班子。

根据上海城市总体规划，陆家嘴中心地区是上海中心商务区重要组成部分。占地168.12公顷，可开发土地80.12公顷，分布在69个地块上。规划以金融、贸易、办公、会展、信息中心为主，结合办公、旅馆、公寓等建筑，设置商业服务、购物设施，并强调环境、绿化，设计建筑容量为418.27万平方米。

陆家嘴中心区规划是一个跨世纪的规划，该规划的原则是指导陆家嘴中心区20世纪末至21世纪初的开发建设。深化规划方案设计从形态布局、环境绿化、道路交通、基础设施4个方面反映其特色：

在形态布局上，将上海市的纵轴线在陆家嘴中心区得到完善和加强，结合黄浦江的河湾地理特点，沿江规划一条高度为200米左右的高层建筑带，既体现浦东开发的形象，又与浦西外滩遥相呼应。在陆家嘴中心区的核心部位，规划以金茂大厦为先期开发的3幢超高层组成的核心区。

在环境绿化上，以"滨江绿地+中央绿地+沿发展轴绿带"的旷地系统作为结构布局的基本要素，组成占地约34%的绿地系统，构成绿化空间包围核心建筑群的格局。

在道路交通规划上，一是加强越江交通，除现有延安东路隧道与复线外，增加泰同栈隧道，有轨交通方面规划地铁、轻轨线各一条，行人过江除改造原有3个轮渡外，增加3条过江人行隧道。二是以双层单向环路为基础，建立区内无红绿灯的高效完善综合交通体系。

市政基础设施，原则上以400万平方米总容量为基础，留有30%余量统一规划配置。区内沿发展轴、高层带规划一条全长2.83公里、覆盖范围占85%的共同沟，除雨污水、燃气管外，其余管线均置其中。同时，在4个地铁站与核心区地下商场之间联成地下共同层，形成规模达20万平方米的地下城，结合过江人行隧道的出口组织4～5层地下商场。

在功能布局上，除了办公、商贸外，适当分布一些文化娱乐和少量的高级住宅，以提高该地区的城市活动力，创造一个具有生活情趣的现代化城市综合功能，以适应21世纪的人、自然、空间的组合。

按照规划形态的超前性和适应性完善规划编制

在重点抓好陆家嘴中心地区规划的同时，对陆家嘴金融贸易区开发公司开发范围内的其他地区，以多层次的规划管理来带动和指导开发实施。

首先，通过控制性详细规划的编制，对区域的使用性质、人口、用地规模、布局结构和建筑容量、市政设施等提出控制性要求。

其次，在控制性详规的基础上深入编制可操作的实施性详规，对规划区域内的建筑群体、空间组织、内部通道、公共绿地等进行具体布置，并对市政、公用设施及管网进行综合安排，以此指导开发建设。

为了达到多元发展、整体协调，陆家嘴金融贸易区开发公司根据开发的现状和国外的成功经验，提出了在实施性详规基础上再增加一个层次：城市设计。通过城市设计，解决区域内功能布局、形态布局、楼与楼之间的联系与变化、区域内部空间的处理和景观绿化设计，对单体项目的实施进行更为具体的指导。这样做，不是去束缚单体项目的建设，反而发挥了各单体项目在一个完整协调的整体中的作用，成为一个有秩序的城市空间环境。

因此，陆家嘴金融贸易区开发公司每一个待开发的地块，规划上都经过控制性详规、实施性详规、城市设计这3个大的阶段。每一幅转让地块，根据城市整体协调的要求都编制了土地利用设计要求，作为土地合同的一个重要组成部分，每幅批租地块土地使用条件一般包括土地面积、建筑容量、主楼位置、地下空间组织、建筑物退让红线、绿地率、覆盖率、交通组织以及一些土地利用的特殊要求，如裙房联结、公共通道和公共设施等。公司规划由于地块分散，点多面广，工作量非常大，到1993年10月为止，完成了控制性详规18个，总占地面积1402.9公顷，总建筑容量2243.8万平方米，完成实施性详规7个，总占地面积115.8公顷，总建筑容量512.9万平方米，完成批租转让条件编制48幅。

（资料来源：1993年10月12日《尊重历史，面向未来精心组织规划工作》）

陆家嘴规划建筑设计所的第一项规划成果

1993年10月起，我参加了陆家嘴规划建筑设计所的组建工作。就在我们一面招聘人员，一面申办规划证书的时候，传来了公司急需编制塘东、杨东地区实施性详细规划的消息。

为了使该规划有新意，公司提出在正式委托编制实施性详细规划前，先实行规划方案的招标工作。为此，我所也积极向公司请缨，要求参加规划方案投标。很快，公司同意了我所在内的4家有资质的规划设计单位（院校）一起参加规划方案的投标工作。

这是一项占地面积2.1平方公里的大型规划设计项目，内容复杂，工作量也相当大。当时，我作为设计负责人，带领着几位刚毕业的学生和未接触过规划工作的设计人员参加规划编制工作，这在客观条件上的确存在着很大困难。但是，我们凭着激情和积极性，在当时全所上下不足10名员工的共同努力下，不分专业、不分你我，采取边熟悉电脑、边设计的工作方法，同时虚心请教市规划院的有关同志，我们不仅按时完成了规划方案的投标工作，而且在公司组织的专家评审投票表决中获得了第2名。

公司根据4家投标单位的实际情况，正式委托我所在吸取其他投标方案优点的基础上，用3个月时间编制《塘东、杨东小区实施性详细规划》。我们又以更强的责任心投入到了编制工作中去。在整个规划设计过程中，一方面分阶段、分层次地向公司与浦东新区规土局等有关部门汇报进展情况和存在的问题，以便迅速取得各方面的指教；另一方面，在精心设计、竭诚服务的精神指导下，全体设计人员发扬不断进取、精益求精、踏实苦干的工作作风，对规划图纸、内容不厌其烦地一遍遍地进行修改调整。

特别值得一提的是，当时上海规划系统还未普及应用电脑绘制整套实施性详细规划图纸，我们决定以高起点、高标准来要求自己，采用电脑辅助设计完成全套规划图。虽然，设计人员既要钻研规划知识，又要学习电脑辅助设计，时间又相当紧，但是，全体设计人员互帮互学，共同提高，时间不够，加班加点，终于按照设计任务书的要求，按时完成了全部规划图纸和文本资料。

通过编制这一大型规划项目，我们不仅出了规划成果，而且还锻炼了一支既承担规划设计，又能较好掌握电脑辅助设计的骨干队伍。优良的规划质量和图纸质量，不仅受到了公司和浦东新区规土局的好评，一次性地通过了规划的报批工作，而且，该设计成果在上海市规划局1995年全市规划系统的规划质量检评工作中，被评为仅有的3个表扬单位之一。这年的3月25日，我和所长一起出席了全市规划系统检评交流和颁奖大会，捧回了奖状和奖品，这是我们全所的荣誉，也是公司的光荣。■ 蒋孔浩

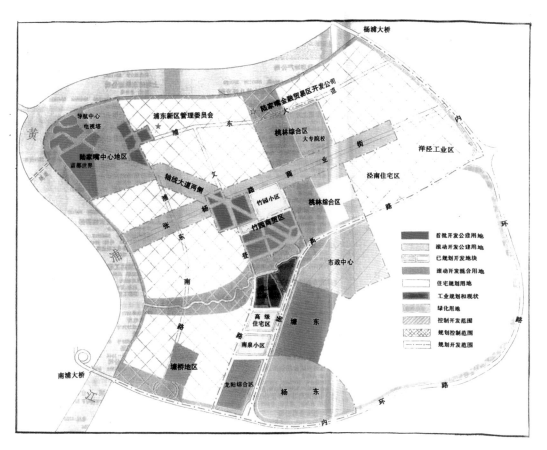

陆家嘴金融贸易区开发公司规划示意图

大规模旧城改造与动拆迁

开发建设陆家嘴，涉及数以万计的居民与企业的动迁安置。从1990年至1993年底，陆家嘴金融贸易区开发公司动迁了7500多户居民，而在1993年一年里就动迁了6000多户。1994年动迁了5500多户。1995年以后，随着旧城改造任务的加大和大规模的开发形成态势后，动迁工作的难度越来越大，安置任务也变得越来越艰巨，而浩瀚的大动迁，也使得无数居民告别了世代居住的棚户简屋，住进了按现代住宅标准建设的新房里，生活质量得到了彻底改善。

让居民笑着告别陆家嘴

如果就全球而言，浦东开发是世界级的开发，那么，陆家嘴金融贸易区的崛起，则属于世界级的崛起。为了这一世界级的崛起，上海市陆家嘴金融贸易区开发公司专门组建了承担陆家嘴金融贸易区建设前期动拆迁重任的上海陆家嘴城建开发公司，近百名员工勇当"开路先锋"，奋战在这片热土，创造了浦东开发动迁史上的奇迹。

据统计，1990年至2000年，共完成了滨江大道、中心绿地、世纪大道、金茂大厦、竹园商贸区等60余幅土地的拆迁交地任务，累计动迁居民2.6万余户、企事业单位630余家，拆除地上建筑物200多万平方米，为陆家嘴金融贸易区的成片开发和滚动发展提供了持续的原动力。

开发前的陆家嘴地区由于特定的地理环境和历史积淀的缘故，区域内工厂林立，棚户密集，与一江之隔的浦西繁荣景象反差极大。1990年时候的陆家嘴中心区——浦东南路以西、东昌路以北的沿黄浦江区域内共有居民20000余户，除20世纪80年代初建的东昌新村等少数新工房外，其余的都是1949年新中国成立前后建造的旧式里弄与以后陆续搭建的简易棚屋，人口高度密集，没有煤卫设备，居住条件恶劣。居住在这里的居民难道永远与马桶、煤炉相伴吗？

浦东开发给这些棚屋的主人带来了新的希望。据不完全统计，自1991年启动基地动迁至2000年，动迁居民户均住房建筑面积已陆续增至70平方米。特别是由陆家嘴金融贸易区开发公司开发建设的金杨动迁住宅小区，成为上海市文明小区和动迁户的理想住地。

新居虽好，但毕竟故土难离。从陆家嘴到新金杨尽管只有8公里，但居民在心理上需要迈出一大步。1994年底龙阳基地动迁，这一带原属于严桥镇，由于处在市郊结合部，农民大都将自己多余的住房出租给外来人员居住，这样可以赚一笔不小的收入，而动迁后，非但失去了租金这一经济来源，还成为征地工，切身利益受到影响，这是动迁的一大难题。动迁工作人员上门做工作时常被人用扫帚赶出来，甚至被绑起来以"贼"论处；有的居民每逢协商时都要录音，以便今后"对簿公堂"。但动迁工作人员没有放弃，知难而进，提出了"不怕骂、不怕赶，坚持上门做工作"的口号以情感人，终于使20余户居民首批签约。在这些居民的带动下，剩余的200多户居民也顾全大局，陆续办理了搬迁手续。

在金茂大厦基地动迁时，正值酷暑季节，居民多达1200余户，而动迁工作人员只有13档26人，平均每档要负责90户居民，动迁工作人员天天"九进九出（从上午9点上班，忙碌到夜晚9点下班）"，除了吃饭、上厕所，几乎没有休息时间。有些心情迫切的居民一直与动迁工作人员聊到凌晨3点多，每天晚上当送走最后一批居民后，动迁工作人员便和衣躺在椅上休息，一连几天不回家，这让看到这一幕的动迁居民感动得落了泪。

陆家嘴中心绿地是上海市区最大的一块敞开式公共绿地，需动迁居民约3500户。从1996年8月1日动迁启动到1997年7月1日香港回归前全部建成并对外开放，动迁时间紧、任务重，为了让动迁居民满意、放心，笑着向陆家嘴告别。陆家嘴城建公司党支部与陆家嘴街道杨家宅居委会党支部以陆家嘴将与浦西外滩共同组成上海最富有活力的中央商务区、上海国际金融贸易中心以及最大的公共绿地将在这里崛起为主题，共同组织了一场为了上海美好的明天，这里有着你们的贡献的党课，并由此拉开了整个动迁基地的帷幕。在党员动迁户的带头下，第一个月的居民签约率就达到了85%，创下了日签约196户的纪录。

那时候，由于持续高温、动迁工作强度大，仅3天时间，动迁组就有12人次吊盐水、9人次打退烧针。为此，公司领导特地请了东方医院的医生出诊来到动迁现场，预防意外事故发生。那时候，动迁工作人员"左臂吊盐水、右手写协议"的场景已经不算什么新鲜事。有位动迁工作人员一次因脱水昏倒，送到医院治疗苏醒后的第一句话就是"我手上还有6份文本，今天一定要做好"，坚持回到了动迁基地上班工作。有位动迁工作人员不顾自己年逾七旬、疾病缠身的困难，每天晚上在送走最后一批居民后，还继续与经办人分析动迁进度。一天晚上，他病情发作，双脚发抖发软，就悄悄对身边的动迁工作人员说："万一我不行了，你帮我顶一顶。"就这样，他一直坚持到当月工作结束。

家住北杨家宅16弄的一户周姓居民，一家四世同堂10个人挤在一只"鸽子笼"里。周妻与其弟媳虽然同住屋檐下，却视如陌路人。此次动迁，妯娌俩出于各自的利益，都提出要三室一厅，且不抚养老太。此外，周姓居民的儿子还要一套二室一厅。这样的话，大大超过了标分面积，违反动迁政策。但，妯娌俩互不让步，不停地来动迁组吵闹。这户人家的老太太也来动迁组哭诉。面对这一场家庭风波，动迁工作人员积极走访周家，召开了7次家庭协调会，终于感动了这户居民，最后顺利签约。这户人家迁到云台小区，分到了3套房，居住面积达114平方米，比以前宽敞多了。多年的家庭矛盾得到化解，这户居民的母亲激动地说："没想到这辈子还能住上宽敞舒适的新公房，这是托共产党的福呀。"

　　动迁工作人员不仅靠嘴皮子上的"功夫"做说服工作，而且心里还装着对居民的感情。动迁户中有一位老太中风多年，行动不便，子女在外地又无暇回来。为了让老太满意，动迁组人员几次搀扶着老太到新居看房，而且还根据实际情况，将其住房从3楼调至1楼。老太十分感动，之后时常在居民中现身说法，成了动迁的义务宣传员。

　　中心绿地动迁后期，浦东新区领导多次来到动迁基地召开协调会，新区机关55位干部还赴现场鼎力相助。有两位新区财税局的同志负责动迁海兴北路段的张姓居民，然而，张姓居民迟迟未签约，且避而不见经办人。他们在多次上门、打电话未果，眼看限迁书马上就要下来的情况下找到了他的妹妹。当得知张某去向后，就从陆家嘴赶到闵行，又从闵行赶到淞南9村，终于在那里找到了张姓居民，与他和风细雨一直交谈到深夜11点钟，连晚饭都顾不上吃，最后终于使张某愉快地接受了"先腾地、后解决"的方案，很快搬离了老房子。

　　陆家嘴的开发不仅给居民带来了乔迁之喜，也使"光棍汉"喜结良缘。西杨家宅的沈某一家三代10口人挤住在3间矮平房和1间旧阁楼里。由于住房拥挤，两个儿子人到中年都未能成家。这次动迁中，一家人分到了4套房子，其中2套2室1厅，2套1室1厅。41岁的三儿子分到房子后很快找到了对象，并筹办婚事。他逢人便高兴地说："过去没有房子讨不到娘子，如今有了房子找到娘子了。"

　　1996年12月23日，陆家嘴中心绿地基地提前7天全部拆迁完毕。在翌日召开的动迁表彰会上，有关领导同志高度评价说："有了你们这样的动迁队伍，政府放心，百姓安心。"

　　紧接着，市政重大工程——世纪大道建设正式启动，前期3600余户居民和80余家单位的动迁工作又交给了城建公司。世纪大道是国内第一条以景观为主要功能的道路，上级公司要求将世纪大道动迁工程作为一项政治任务来对待。为了确保动迁政策落到实处，上级公司领导放弃元旦休息，组织动迁工作人员学习动迁政策，邀请市房地局专家到场讲解指导，使得每个人都掌握政策。

　　潍坊路240号是商品房，居民们都是1989年、1990年从市场上购买房子后入住的。商品房要市政动迁，城建公司还是头一遭碰到，居民们的心里更是没有底。68岁的贝先生由于看中了浦东的发展前景，倾其多年积蓄在这里购买了4套商品房供子女居住与养老。动迁公告张贴后，贝老先生心理极不平衡。公司动迁工作人员到他家收产权证、户口本等资料，正逢贝老先生身体不适卧床，保姆架着中风多年的贝老太太上厕所使不上劲。动迁工作人员见此情景，连忙上前帮助搀扶，此举感动了老人。两位动迁工作人员马上拿出动迁方案请贝老先生与子女商量，之后又拿出房源给贝家看房，贝家很快签约。老人搬家时，指挥部的领导和动迁工作人员还特地带着鲜花和蛋糕前去送行。

　　为了进一步方便居民，公司还请新区房管所、土地所、房产处等到现场办公，提供一条龙服务，使居民签约、退租、进房等手续，在一天内可以全部办完。

　　为了确保世纪大道基地动迁如期完成，上级公司派来了10位青年员工支援动迁一线。为了便于与居民协商沟通，动迁基地全部实行中班制上班，而10位青年员工在总公司的工作也亟须处理，所以，他们都是每天上午到总公司上班，下午来到基地参加动迁工作，每天要工作10多个小时。两个月下来，他们的人瘦了、黑了，但也成了精通业务的骨干，所以，受到了上级公司领导的称赞。■ 王宁　晓晨

千言万语话动迁

陆家嘴金融贸易区地处浦东新区黄金地段，是中外投资者投资的理想风水宝地。然而要在这里建造高楼大厦，铺设一流的交通设施和市政道路并非容易，这要花大量精力，克服许多困难，化解不少矛盾才能实现，而我们"陆家嘴人"就是在社会各界和广大居民的支持理解下打阵地战，攻克了一个个堡垒，度过了一个个难关，取得了举世瞩目的成就。现在，一幢幢高楼在陆家嘴金融中心区拔地而起，竹园商贸区的大厦像雨后春笋般地耸立，实现了党中央对浦东开发开放的宏伟目标。"陆家嘴人"也为此付出了自己的汗水和辛勤劳动。

陆家嘴地区是浦东人口最密集的地方，这给动拆迁工作带来了巨大困难。在这片土地上，有的居民世代居住于此，对旧址有着深厚感情；有的是为了支持浦西改造刚搬迁过来的，短短的两三年中又要他们重新搬家，而且地段一次比一次差，这需要做大量的思想工作。

承担此项艰巨任务的是我们城建分公司的广大员工。员工们在分公司领导的带领下，夏天冒着火热的太阳，冬天顶着刺骨的寒风，走街串巷、挨家挨户做深入细致的调查研究，宣传动迁政策，碰到一时不能理解的居民还要挨骂受气，吃闭门羹……但他们任劳任怨，一次又一次地做说服工作。他们放弃了休息时间，星期天坚持上班，有时还要接待居民到深夜。动迁组的同志有的家住得较远，到半夜都无法回家，就以办公室为家，睡在躺椅上，天亮后又继续工作。由于广大员工日日夜夜的辛勤工作，大大加速了动迁的速度，1993年一年就动迁了6000多户居民，占新区动迁量的60%。这样的动迁量，动迁速度，可谓是一个奇迹。

陆家嘴中心区居民搬迁

在动迁工作中会碰到各种各样的矛盾，有要求分户居住，有要求地段房型好，更多的是要求房子分大一些的。面对合理的或不合理的要求，动迁组的同志们区别对待，动之以情，晓之以理，耐心细致地做解释工作，使居民一个个满意地签了协议。有些动迁户为了达到自己过高的要求，悄悄地向动迁组的同志塞红包。面对金钱，动迁组的同志毫不动心，坚决把红包一个个的都退了回去。

在浦东开发开放的进程中，"陆家嘴人"不知洒下了多少汗水，但我们无怨无悔，因为能直接参与浦东这块热土的开发和建设，是我们的光荣和骄傲。■蔡云飞

建设一号工程——金杨新村

金杨新村，是陆家嘴金融贸易区开发公司成立以后最先建设的动迁住宅小区，同时也是浦东地区最大的动迁基地。建造金杨新村的目的是配合陆家嘴地区的土地开发，将陆家嘴中心区地块动迁出来的约6万名居民妥善地安置下来，使得陆家嘴中心区的开发建设工作能够得以顺利进行，因此被冠以"兵马未行"的"粮草工程"和"一号工程"

为了保证陆家嘴地区的开发建设进度和被动迁居民的生活安置，陆家嘴金融贸易区开发公司于1992年底成立了金杨新村建设指挥部。1993年初开工后，四十多家施工单位、六千余人日夜会战在一块农地上，历经3年艰苦奋战，建设起了120万平方米的住宅和配套用房，铺设城市道路近6公里，铺设各类市政管线近20公里，种植绿化38公顷，建设完整的公建配套设施共30万平方米。

金杨新村的建设以高效、优质和配套齐全而成为上海市住宅配套试点小区，在社会上形成了"60年代看曹杨，80年代看曲阳，90年代看金杨"的良好口碑。有报纸说：陆家嘴金融贸易区开发公司在短短的数年时间里动迁了10万余居民，相当于搬迁了一座中等城市。这是浦东开发开放进程中两个文明一起抓的成功典范。

在决定建造金杨新村后，公司的人员组织、征地动迁、规划设计、前期"三通"等工作迅速高速地运转起来。3个月后，在一片农地上打下了建造金杨新村的第一根桩。指挥部里充满了紧张的会战气氛。8个月后，第一批住宅——六街坊竣工。建设规模也迅速扩大。建设指挥部的20多位同志在极其简陋和艰苦的条件下，面临着各种严峻考验与挑战，但是，他们从来没有怨言，心里想的只是早日完成任务。

公司的高层领导非常重视动迁基地的建设，提出了"树爱民思想、建爱民工程"的口号。因为大批动迁居民为了响应党中央开发开放浦东的号召，从陆家嘴搬迁到了金杨新村，有些居民甚至已经是2次动迁。无疑，他们为陆家嘴金融贸易区的开发建设作出了巨大贡献。

金杨新村的建设是在完整规划的基础上进行科学实施的，各类公建配套设施和施工质量都得到了可靠保证。水、电、气、电信等配套工作因为市政资源和施工力量缺口较大、配套工期紧而困难重重，公司积极创造良好的施工条件，争取各有关方面的支持，千方百计地满足居民的需要。金杨新村住宅建筑的质量在同类小区中也是优秀的，质量验收一次合格率达100%，出现了一批获"市十

佳建筑"、"白玉兰杯"、"东方杯"称号的高品质建筑。配套完备程度达到市住宅发展局住宅配套试点小区的要求。

公司为动迁居民的生活方便做了大量的工作，包括引进公交线路，安排集贸市场、商业网点、卫生医疗，加快电话、有线电视的开通；维护小区的治安等。高标准建设起来的中、小学和幼托都对外接受生源。大面积的绿化使得金杨新村呈现出勃勃生机。

广大动迁居民对金杨新村是满意的。金杨新村的春天是美丽的，大片的新建住宅取代了农田，新种的悬铃木托起片片绿荫，各种花草争相斗妍。宽阔洁净的杨高路、张杨路、云山路使这里原先连拖拉机也开不进去的历史得到了终结。金杨新村以她与陆家嘴地区开发建设的重要关系和建设过程，给到过金杨新村的人留下了难以忘怀的记忆。■史根荣

全力做好动迁居民的回搬工作

2010年1月22日前，陆家嘴的御桥地区最后一批居民集中回搬工作终告结束。462户居民中有459户签约，签约率超过99%，提早4个月完成了阶段性目标。

此次居民回搬，为陆家嘴（集团）有限公司历史上最大的一次居民回搬规模。涉及居民，占御桥地区动迁总量的42%；涉及安置配套房1022套，总面积达12万平方米。

为使居民们能够赶在2010年元旦前入住新居，陆家嘴（集团）有限公司采取了各项有效措施，精心部署回搬方案。在北蔡镇政府、御桥小区居委会和派出所的大力支持下，整个回搬过程环环相扣、组织有序，有条不紊地达成了预期目标。

首先是想居民之所想，严把房屋质量关。此次回搬的所用房源是陆家嘴（集团）有限公司外购的商品房。在距离交房不到半年的时间里，集团多次派员，现场勘查动迁配套房的建设情况，站在用户的角度先后提出了3000多条整改意见，为入住居民严格把好质量关。根据现场进度，集团督促建设方提早4个月交房，为元旦前实现回搬创造了有利条件。

其次是积极化解矛盾，做好前期预案。居民回搬，历来是动迁矛盾集中爆发的导火索。因此，陆家嘴（集团）有限公司提早做好准备工作，在回搬前对400多户居民逐户分析，找出矛盾焦点和需要重点关注的对象，挨家挨户，主动上门做好安抚化解工作，最大限度争取他们的支持。回搬当日，陆家嘴（集团）有限公司特别委派了有经验的同志，专门负责接待积怨较深的几户居民，确保了回搬现场安定有序。

三是加强现场组织，回搬快速推进。在具体实施工作的投资企业中，上至集团高层领导、下至普通员工，全部参与回搬现场的组织工作。近百名员工齐心协力，仅仅4天时间便使98%的住户顺利完成了验证、登记、验收、签收等11个环节的回搬手续。

经过细致深入的工作，陆家嘴（集团）有限公司成功地使452户居民在自己的家中安定、祥和地度过了2010年元旦佳节。剩余的居民中，也有7户在陆家嘴（集团）有限公司的帮助下，克服了生活

和经济上的各种困难，于1月回搬入住。

（资料来源：2010年1月22日《保民生、促和谐，全力做好居民回搬工作》）

企业的动拆迁

为了"加快陆家嘴金融贸易区形象和功能开发建设的步伐，使之成为上海新三年大变样的重要标志"，1996年5月，在陆家嘴金融贸易区内实施"四个一"工程的企业动迁工作开始了。

陆家嘴金融贸易中心区内的企业，通过动拆迁实现了产业结构调整升级。这些企业将动拆迁与重点项目招商引资相结合；将动拆迁与产业结构优化、改善生产条件、转换经营机制和深化国企改革相结合，给企业的发展带来了生机。

滨江大道一期全长1500米，涉及立新船厂、烟草机械厂、上粮一库、肠衣厂、利华造纸厂、新新机器厂、联合毛纺厂、国棉十厂、第一锁厂、天主教协会10家单位，除天主教协会外，9家企业涉及土地面积412206平方米，建筑面积达34.45万平方米，职工15550名（包括退休职工）。其中，大多为中央部属和市属国有大中型企业，并以修造船、纺织、机械、日用五金等老产业为主。由于受宏观经济和产业结构调整的影响，大部分企业面临职工下岗、产品老化、厂房陈旧等诸多困难，效益不理想。而企业寻求突破和发展又缺乏足够的资金，第一锁厂、利华造纸厂等个别企业已处于停产状况。

陆家嘴（集团）有限公司在实施动迁过程中，针对动迁企业的现状，在国家动迁政策的范围内给予合理的补偿。沿江企业以"四个一"工程为契机，利用补偿资金，进行产业结构优化、改善生产条件、转换经营机制与深化国企改革，实施第二次创业。

上海新新机器厂是航天工业部下属的集军、民品生产为一体的大型国有企业，占地面积61444平方米，建筑面积63904.7平方米。该厂运用动迁补偿费在漕河泾工业区投资建成了目前航天工业系统最具现代化的军品科研基地，于1994年底竣工投入使用；与北蔡镇联营成立的上海汽车空调器厂，又成立了东区实业公司、东大公司，先后与北蔡联办金厦机械厂，并利用外资搞合资经营项目，既安置了一大批人，又促进企业的发展。厂领导高兴地说："原来我们在螺蛳壳里做道场，现在拓展了空间，有了发展条件。"

毗邻东方明珠电视塔的上海第十棉纺厂是成立于1931年的老企业，占地7万平方米，有3000多名职工，女工占68%，平均年龄40岁，退休工人3000多名，企业负担很重。该厂以此次动迁为企业发展的契机，通过兼并濒临倒闭的上棉二十八厂，利用该厂的先进机器设备，打破原来纯棉纺织产品的单一格局，生产深加工、附加值高的与汽车工业相配套的化纤产品，在完成产品更新换代的同时，也为工人们重新上岗就业创造了条件。同时，该厂将原来的旧机器设备转移至外地投资办厂，利用当地的资源和劳动力，拓展新市场。

创立于1981年的上海联合毛纺织厂，是上海第一家中外合资企业，也是上市公司。签订动迁协议后，为了帮助这些为浦东开发放弃寸金之土的单位尽快度过动迁难关，陆家嘴（集团）有限公司为联毛选新址，几次踏勘比较，该厂终于决定选址在配套较完善、排污设施到位的顾路工业小区，仅排污一项就为厂方节约开发资金200多万。此时为期15年的合资协议到期，该厂成立"新联毛"，在顾路建设了现代化厂房，添置了新的机器设备，同时根据市场需要，"新联毛"适时调整营销政策，将原来以外销为主改为内外并举，使企业生产跃上了新台阶。

上海烟草机械厂、上海利华造纸厂在动迁后，也纷纷利用动迁补偿资金，增加投资量，抓紧优化产业结构，提高产品技术含量，扩大生产规模，促进了国有资产的保值增值。浦东开发给这些企业带来了新的生机。

付给动迁公司的动迁资金到位及时，而且设身处地为动迁单位着想，服务细致到位，这一做法得到了动迁企业的一致好评，从而使动拆迁工作得以顺利进行。仅15个月时间，10家单位全部签订了动迁协议，未耽误陆家嘴中心区形象工程建设。

昔日低矮的棚屋、坑凹的泥路已经成为历史。一个举世瞩目的迈向21世纪的陆家嘴金融贸易区开始屹立在世界的东方。■ 王宁　晓晨

上海钢球厂搬迁情景（1995年）

列车工程与农民工安置

浦东开发初期，上海市陆家嘴金融贸易区开发公司以其影响大、实力强、管理好等优势，发挥"火车头"的作用，与被开发地区的乡村共同建立经济实体，按规划要求，共同开发、共享利益。联合开发产生的开发合力，形成了利益统一、规划统一、进度统一和管理统一。这种以点带面、促进区域统筹协调发展的联合开发方式，从管理体制上打破了城乡二元分割界限，带动了周边乡镇的发展，促进了农村经济组织共同发展，推动了城乡一体化进程，因此被称作"列车工程"。

注重城乡一体 联合开发 共同发展的原则

陆家嘴金融贸易区开发公司在实施陆家嘴金融贸易区开发建设的过程中，十分注重城乡一体、共同发展的原则，通过与周边地区乡镇的联合开发，既加快了陆家嘴金融贸易区内重点小区的开发建设步伐，又有力促进了周边地区农村城市化的进程。

在陆家嘴金融贸易区开发公司成片开发的范围内，农村化地区的土地主要涉及洋泾乡和严桥乡，为了取得当地政府对开发浦东大局的理解和支持，共享改革开放的成果，陆家嘴金融贸易区开发公司将成片开发范围内的桃林桃源小区与临沂小区拿出来，分别与洋泾乡和严桥乡联合组建了上海陆洋经济联合发展有限公司和上海南城经济联合发展有限公司，一起对桃林桃源小区与临沂小区进行开发建设。

陆洋公司成立于1993年2月，是由陆家嘴金融贸易区开发公司与洋泾乡广洋企业发展总公司各出资1500万元人民币联合兴办的国集联营股份制企业。公司以"联合开发，共同发展，共同繁荣"为宗旨，承担了对整个桃林桃源小区93公顷土地的成片开发工作。

经过几年的发展，陆洋公司成为了一个拥有11家下属企业、上亿元资产规模的企业。下属企业不仅吸收安置了大批农村劳动力，同时带动了乡镇经济的发展。

南城公司由陆家嘴金融贸易区开发公司与严桥乡实业总公司联合投资组建，公司注册资金3000万元，其中，陆家嘴金融贸易区开发公司投资1650万元，占投资总数的55%。严桥乡投资1350万元，占总投资的45%。该公司成立于1992年底，主要开发位于南浦大桥浦东北堍区域的临沂小区，共完成8幅土地的批租工作，转让建筑面积15.4万平方米。短短两年来，严桥乡从该公司获得近400万元的回报。同时，公司还发展了3家经济实体，进一步推动了乡镇经济的发展。

总结"列车工程"的实践体会有三：

城乡一体 取长补短 共同开发

洋泾乡、严桥乡两家乡镇认为，陆家嘴金融贸易区开发公司影响大、知名度高、对外接触面广，在项目洽谈、资金、技术、规划管理等方面有较强的优势，通过联合开发，陆家嘴金融贸易区开发公司切实发挥了"火头车"作用。

通过陆家嘴金融贸易区开发公司的帮助与支持，陆洋公司与浦东新区规土局、市规划局等部门反复协调，合理调整了桃林桃源小区的规划，提高了建筑容积率，为陆洋公司今后的发展打下了坚实的基础。另一方面，乡镇的优势是熟悉当地的土地和农民状况，在征地、动拆迁、落实动迁房基地等方面可发挥其优势和长处。

求大同存小异 妥善处理各方利益

浦东开发，不仅仅是土地开发，而是一项综合性的社会开发。

在这一开发过程中，原有的利益格局被打破了，利益重新组合，各种新问题、新矛盾会不断产生。联合开发使双方具有一致的目标，投资双方在确保浦东开发这一共同目标的前提下，对重大问题充分协调，相互理解，相互退让，求大同存小异。同时，合作公司在力争创造良好的经济效益的同时，注意保护农民的利益，使其安居乐业。由于洋泾、严桥地区靠近中心区域，农民经济收入较高，思想比较活跃，在征地后，农民的经济利益发生了改变，必定会产生一定程度的心理不平衡。在解决这些问题方面，联合公司有其长处和好的做法，如陆洋公司，一方面积极创办工业企业，安置征地工；另一方面及时根据物价变化，提高临时过渡费，确保被征地农民的生活。因此，公司较好的效益使被征地的农民的思想、生活基本稳定。

锻炼人才 培养新型干部

浦东开发需要一批新型的综合管理人才，他们既要有丰富的基层工作经验，又要具备良好的专业知识和素质。大公司的人才素质比较高，但一般对农村情况缺乏了解；乡镇企业干部的实际工作经验丰富，但综合管理水平欠缺，这两者的结合形成了互补。

所以说，这种联合开发的形式使来自投资双方的干部获得了一个互相交流、互相学习、共同提高的机会，培养了一支过硬的干部队伍，为公司各项业务的发展提供了坚强保证。

（综合1995年4月5日《城乡一体、联合开发、共同发展——陆家嘴金融贸易区开发公司联合周边地区乡镇开发纪要》等资料）

我做农民工的安置工作

随着浦东开发开放的进程，陆家嘴金融贸易区作为重点开发区之一，发生了日新月异的变化，一幢幢高楼拔地而起，一批批客商奔波往返。也许，有人会简单地认为浦东开发就是造高楼、辟新路、办企业。事实上，这只是浅薄的理解。

在陆洋公司工作的经历使我强烈感受到：浦东开发不只是项目开发，而是全面的社会、经济开发；陆家嘴金融贸易区开发公司不仅在完成自身的开发任务，实际上也带领着周边地区的乡镇与企业共同登上了浦东开发的列车。

1992年底，我受公司委派前去筹建陆洋公司。陆洋公司是由陆家嘴金融贸易区开发公司与洋泾乡共同投资创办，承担我公司在洋泾地区93公顷土地的开发。

洋泾地区农业人口密度大，人均收入高，动拆迁和征地工安置难度很大。当时，陆洋公司的在编员工不足35人，却要承担600余名征地工的安置。

当地农民普遍认为，浦东开发没有给他们带来实惠，因为征地后，独门独院的小楼房变成了二房一厅、三房一厅的新村住宅；征地前靠卖房、出租房每月可收入不少，征地后只能靠每月生活费度日；即使被安置了工作，却又缺乏一技之长，不适应规范严谨的企业管理制度。因此，部分农民经常到公司来发泄不满情绪。

我和有关同志在工作中坚持贯彻"城乡一体、共同发展"的原则，一方面在企业建设上向总公司看齐，加快房地产开发，增强企业实力；另一方面在征地农民工中大力宣传浦东开发的深远意义，积极兴办企业，妥善安置征地工，并对征地工进行岗位培训。

辛勤的劳动换来了丰硕的成果，陆洋公司经济效益逐年递增，年创利一千余万元人民币，成为浦东新区的税利大户，被洋泾乡称作联营企业中的"航空母舰"；同时，公司建成了第一个居住街坊，第一批动迁居民住进了环境整洁、优美的小区，用上了管道煤气、电话、有线电视，享受到居委会、物业公司提供的便民服务；200余名征地工第一批被安置进了新办企业，有了稳定的收入，不仅医疗、养老有了保障，还掌握了工作技能。曾经的农民终于感受到自己也是浦东开发的受益者。■朱琴英

巧妇能为"南城"无米之炊

"巧妇能为无米之炊"似乎是不可能的，然而，不能做到的事，却在我们手里做成功了。

1993年初，我作为陆家嘴金融贸易区开发公司的派出人员，前往南浦大桥浦东桥堍北块的"南浦商贸城"做开发工作。当时这个公司总共不足10人，规划待开发的21公顷土地上，大小企业有303家，居民有近千户，还有拥挤的自然村落、交错的暗流河洪以及遍地的坟墓杂草。开发的地块处于城乡结合部，原属南市区管辖，村落田地却属严桥乡管辖，浦东开发后被划入浦东新区。

作为陆家嘴金融贸易区的一个组成部分，这块土地的含金量大为提高，而肩负这一艰巨任务的

南城公司注册资金3000万元，实际到位资金只有1000万元。更为艰难的是，在开发地块的重要部位上，南市区和金星村正在建造8幢多层住宅，如不及时制止并迅速采取措施尽快拆除这一住宅项目，南浦商贸城的开发建造将成为泡影。

为此，公司经过大量艰苦的协调工作，终于拆除了这些不该在这块土地上出现的住宅建筑，但公司付出了1150万元的补偿金额，这使得公司不得不负债经营。公司刚成立就遇到这样的难题，真可谓雪上加霜，也将我们逼到了"巧妇无米也要做炊"的境地。

在公司董事会的领导下，南城公司敢于向传统挑战，喊出了"无米也要做炊"的豪言壮语。

做炊，首先要支好"锅"，即在土地和规划的使用上如何用足政策。大家起早摸黑，马不停蹄，跨过浦江，穿越隧道，去市里找有关部门；有时为了求得某个部门的理解和支持，白天机关找不到人，晚上就守候在弄堂口和马路边。累了，倚墙打个盹。饿了，在摊点上吃碗面，一直等到要找的人为止。真是精诚所至，金石为开，南城公司的规划优化方案终于获得批准，建筑容量明确为70万平方米，做炊的"大锅"终于支起来了。

紧接着是找"米"，除了依靠浦东改革开放的政策，依靠上级部门和有关单位的支持外，重点是在招商引资上下功夫。公司将目标瞄准了国内外大企业，一步一个脚印地去争取客户，还用真诚细心、朴实的作风去创造良好的谈判招商氛围。当客户提出要看投资地块时，我们除了尽量提供详尽资料外，还处处为客商着想。有一天，气象预报有雨，我们特地买了十几双套鞋和几把雨伞提供给日商客户使用，这让客户大为感动，他们说："与这样服务细心周到的公司打交道，还有什么不放心的呢？"

据说，日商就是以小见大，从这一把伞、一双套鞋上，坚定了在我地块上投资的意向。正是这样的经营作风，使得我公司在房地产市场举步维艰、土地批租市场疲软的情况下，招商引资一举引来了两只凤凰：日本松下电工株式会社与韩国极东建设株式会社。3年来，我公司累计批租出8幅土地，转让土地面积达5.1万平方米，仅1995年1年就累计完成6幅土地的批租，转让土地面积38800平方米，完成经营收入12502万元，税后利润1600万元。"无米之炊"变为了"有米之炊"。■张红云

弘安公司二三事

因工作需要，我被调动到弘安公司工作。对于这样一个以吸纳养老、安置征地劳力为主要工作内容的新型企业，对于我来讲是全新的，我深感工作难度与责任的重大，而弘安公司在我脑子里留下的印象是：职工文化素质、思想素质相对差一些，干部队伍、经营管理人才匮乏。面对这批特殊群体，经济效益从何谈起……

然而，随着岁月的流逝，我有幸看到了一批默默无闻的无私奉献者在陆家嘴开发建设的热土上，忍辱负重，为社会稳定和确保陆家嘴开发建设顺利进行，贡献着自己的微薄之力，这里采撷一二。

那一年年终，弘安公司接到了陆家嘴金融贸易区开发公司关于下属客运公司作价入股、归并至

东大众有限公司的决定，一场硬仗立刻开始了。在配合资产评估机构对实有资产进行公正合理的评估，以及实物移交结束后，人的移交却成了工作重点与难点。

为了缓解弘安公司职工严重冗员的现状，经公司多方努力，我们向东大众有限公司据理力争，争取到了1比3的车与人的搭配比例。按此计算，我方可向东大众有限公司输送135名征地劳力。但是，要动员135名劳力离开弘安公司，绝不是一件易事。征地安置工中的多数人是带着土地被征、财路被断的扭曲心理进入弘安公司的，加之安置政策的"终身制"与"铁饭碗"的体制，引发了他们"生为弘安人，死为弘安鬼"的想法。据向这些征地安置工初步摸底，几乎是百分之百的人，都不愿去东大众有限公司。

为此，弘安公司召开专题会议，研究职工的思想动态与对应措施，为了消除职工去东大众有限公司的种种顾虑，我们推出了"保险带"方案。

但是，此方案从出台到完全被职工接受，经历了好多次回合。曾记得，多少个夜晚，弘安公司的楼内灯火通明，会议室内坐满了人和一张张带有明显倦意的脸。也记不清在客运公司的楼内出现过多少次交锋激烈与情绪抵触的场面。也记不清多少个职工家里留下了公司工作人员的多少个足迹。但，我们动之以情，晓之以理，最终化解了一个又一个矛盾。酸甜苦辣是工作人员全部的感情体验。在集体智慧和工作人员的全身心投入下，第一批归并人员终于准时到岗，确保了东大众中巴线路的畅通。第二、第三批的归并，虽然会出现反复，相对来讲，工作的难度降低了。

总之，在归并过程中，我们流下的汗水与倾注的心血，是难以用笔墨形容的。

■ 唐静慧

■ 弘安公司创办于1991年10月，是上海市陆家嘴金融贸易区开发公司的全资子公司，成立之初的主要任务是承担总公司开发范围内的征地农民的吸劳养老工作，以安置、培训就业来达到社会稳定的目标。弘安公司成立之后，本着"以安置求稳定"的指导思想，创办了大批安置企业，实现了平稳过渡，获得了良好的社会效益，为陆家嘴的开发建设奠定了稳定的基础。

市政基础设施建设

陆家嘴金融贸易区开发公司受政府委托进行成片土地开发，在将土地作为资源，按城市规划要求，通过雨污水排放系统建设与道路建设；电力、通信、供水、煤气管网等建设，使土地获得升值，然后再将土地的收益滚动用于城市基础设施，使城市建设不仅进入了一个良性循环，而且得到了极大的改观，同时也改变了在计划经济条件下单一依靠财政拨款进行城市建设的模式。

陆家嘴金融贸易区的市政建设特性

市政设施是指在城市区、镇（乡）规划建设范围内设置、基于政府责任和义务为居民提供有偿或无偿公共产品和服务的各种建筑物、构筑物、设备等。城市生活配套的各种公共基础设施建设都属于市政工程范畴，是城市生存和发展必不可少的物质基础，也是提高人民生活水平和对外开放的基本条件。比如常见的城市道路、桥梁、地铁。比如与生活紧密相关的各种管线：雨水、污水、上水、中水、电力、电信、热力、燃气等，还有广场、城市绿化等的建设，都属于市政工程范畴。

陆家嘴金融贸易区市政基础设施建设中的"七通一平"是指与土地（生地）通过一级开发后，使其达到具备通给水，通雨、污排水，通电力，通电信，通道路，通天然气或煤气以及场地平整的条件，使二级开发商可以进场后迅速开发建设。

城市基础设施的项目建设，短则1年，长则3至5年，而这些设施的使用年限往往长达几十年甚至上百年或更长。在这漫长的使用过程中需要对这些设施进行不间断的养护、维修和管理。电力、通信、供水、燃气等管网设施的管理和养护，一般由专业管线单位负责，其费用一般是列入运行成本中，即向用户收取。而市政设施（雨污水与道路、桥涵等）的管理和养护则由城市建设部门负责，历来是实行财政拨款，以计划经济的模式来进行管理和安排。

浦东开发开放后，城市基础设施的投资主体发生了变化，既有政府投入，也有开发公司投入。而陆家嘴金融贸易区的开发，更多的是由陆家嘴金融贸易区开发公司直接投资进行建设。

陆家嘴金融贸易区开发公司受政府委托进行成片土地开发，在将土地作为资源，按城市规划要求，通过雨污水排放系统建设与道路建设，电力、通信、供水、煤气管网等建设，使土地获得升值，然后再将土地的收益滚动用于城市基础设施，使城市建设不仅进入了一个良性循环，而且得到了极大的改观，同时也改变了在计划经济条件下单一依靠财政拨款进行城市建设的模式。

一、市政建设的必要性和重要性。陆家嘴金融贸易区功能的形成需要一流的硬件设施，而一流的硬件不仅仅是指一流的大楼，更要有一流的市政设施与之配套。试想，无路可走，一流大厦便是空中楼阁；没有充足的电力，大厦就没有了动力；没有现代化的通信网络，大厦的智能化就无法实现。如果不抓紧市政建设，今后的建设就可能出现"水到渠未成"的尴尬局面，因此如何搞好市政建设，为区内大楼建设提出配套服务，是再创业历程中至关重要的一步棋。

二、市政建设的先行性决定了其迫切性。首先，对于项目建设来说，市政建设属于前期工程中"七通一平"的内容，具有先行性；对于整个区内建设来说，由于是滚动开发，市政工作不是绝对地先行，不可能一次性全部到位，而必须是有计划地先行。如何有计划、抓重点地坚持"市政先行"，是搞好市政建设的关键。只有这样才能创造良好的投资环境，提高土地的含金量，吸引更多的投资。其次，从投资的角度来看，"市政先行"可以很大程度地节约投资。区内市政建设和项目建设的关系，市政设施越完善，对项目建设越有利，而随着大量项目建设的开工，使得市政工程的工作面越来越狭小。同时，对建成建筑的保护措施，将需要追加更多的额外投资。但是，若对并不需要发挥功能的市政工程盲目地先行，将使有限的资金闲置，造成投资的浪费。所以从投资角度看，也要求有计划的市政先行。

三、市政建设有其独有特点与难点。陆家嘴金融贸易区的市政建设是环网建设，建设周期长，往往需要分段实施，难以做到一次到位。同时，市政建设和市政的先行性也有一定的矛盾，市政建设投资额大，本身并不直接产生效益，作为滚动开发中的一个环节，大量资金必须先投入到市政建设中去，而这笔投资的效益产生具有滞后性和不可预见性，这就给滚动开发中资金的正常滚动带来一定的风险。市政建设不同于项目建设，具有相对的开发性，牵涉面广，协调工作纷繁复杂，工作竣工后，仍有养护、服务配套等工作处理。

（综合张征《投身在创业工程，再创陆家嘴青年新形象》等资料）

在"北护塘路下立交"市政建设的日子里

一、工程建设的背景

1995年3月，上海市重大工程项目的延安东路隧道复线工程正在紧锣密鼓地进行着。由于运用了从国外引进的盾构掘进机（泥水平衡式），延安东路复线隧道工程克服了操作技术上的难点，通过了浦东段地下极为复杂的障碍物的重重阻拦，正在江中向浦西推进着。为了抢回前期的延误工期，隧道工程公司一改以往隧道施工的顺序，随着盾构的推进，一并实施隧道盾构内的车施行道结构工程。

这样一来，"北护塘路下立交"成了穿越隧道的地道工程，由于是随着隧道复线工程进行的，因此，"北护塘路下立交"暗埋段（过新、老隧道）必须在隧道复线实施过程中实施。另外在下立交的两侧敷设公用管线，而这些工作都必须随着隧道复线工程的"翻交"而同步翻交。现场狭小，又有三个工程在同时实施（新隧道实施、收费口广场、下立交工程和公用管线），因而施工时相互干扰特别大，还相互牵连。

二、区域规划 工程设计的协调与实施难度

根据1993年10月市政府批复同意的《陆家嘴中心区开发规划》方案，该节点处的市政交通设施

工程规划极为复杂：地铁2号线与轻轨规划在地下3层和4层通过，隧道复线在地下2层通过，并在此需建跨越隧道的上行立交桥。根据1994年浦东新区委托、市政院编制的《陆家嘴中心区市政、交通、公用综合实施性规划》，该处也需建上行车行立交。

然而，从现有上海市区内的上行车行立交桥对周围景观影响情况来看，在跨世纪的中央商务区与主要高层带的区域，规划建设如此规模的上行立交的方案不妥。为此，组织了参与"隧复"与地铁2号线设计工作的上海市隧道设计院的有关人员进行专题咨询。

经过精心计算，反复论证，提出了两个跨越地铁2号线并穿越延安东路隧道复线与老隧道的工程方案。鉴于"中信"公司专营隧道范围与地铁2号线影响范围的制约，陆家嘴金融贸易区开发公司专门通过"市重大办"与他们协调，经过多次反复商议，最后确定了在隧道底板下、地铁2号线区间盾构隧道顶板上的夹缝中穿越的《北护塘路、烂泥渡路车行立交工程》设计方案。

尽管方案确定了，但是在实施中却碰到了更大的困难。根据"隧复"竣工日期和我市政分公司对该段地道工程实施的周期，"市重大办"提出，要求我市政分公司对该段地道的工程必须于9月1日前开工。然而，由于方案论证、各方协调分析已花费了大量的时间，开工前，甲方的工作只有1周时间。即，甲方在1周内完成施工前的三通一平与该段工程的施工设计图，工作难度可以想象。另外，结合工程还需实施过路的四大管线工程。这些工作的准备时间也仅有1周时间。

在"市重大办"等有关部门的积极支持下，陆家嘴市政分公司的有关工程人员全力以赴工作，感动了"中信"隧道公司的领导，取得了他们的大力支持，在规定的时间里，完成了施工单位（隧道工程公司）提出的要求，确保了"市重大办"与"中信"隧道公司提出的开工日期如期执行。另外：

当时北护塘路的设计施工图还没有全部完成，只能边设计边施工。按常规工程进行到什么程度，图纸就应超前提供，这就需要甲方及时掌握工程进度与设计的配合问题，且要注意工程的预埋件，为今后的实施创造条件。下立交南端封头连续墙距离陆家嘴路的800毫米的雨水管很近，当时组织了各有关单位开会讨论解决保护雨水管的方案，最后请设计单位变更设计，总算解决了管线保护问题。

由于几家施工单位均在该地域实施各自的工程，所以现场的场地就显得特别狭小，致使施工单位进场施工的前期条件在短时间内无法解决。公司决定该工程由隧道公司来实施，这样就能解决临电、临水和临时设施等问题，而且施工场地也可以统一安排。我们在实施逆作法下立交时，想方设法挖掘潜力，充分发挥施工单位的积极性，给下立交与隧道复线的同步"翻交"创造了条件。

该工程本身难度也很大，具体表现在现场的不明管线很复杂，这主要是由于新老隧道的实施，新管线和废弃管线就特别多，而且资料不全，这就给下立交工程实施带来了困难和危险。同时，也要求甲方工作人员在实施的关键部位（连续墙施工）要进行全过程的跟踪，及时判断和处理管线，并做到准确无误，即使资料中反映的是废弃管，在破坏废弃管之前，也要有些措施，做到万无一失。举例来说：中信隧道公司在施工收费口广场时，由于疏忽，损坏了电视、电台的通信电缆，而我们在连续施工时，对周围的管线先调查了解，而后提出一系列有效的保护措施，操作时又能贯彻落实措施，加强观察和监护，这就确保了公用管线的安全。

"北护塘路下立交工程"牵涉面较广，协调工作量大。下立交是在隧道复线施工范围内进行操作的，中信隧道公司同意我们实施下立交的先决条件是，要求必须随着收费口广场的"翻交"而进行下立交翻交，不允许影响隧道复线的工期，同时在施工过程中不得影响老隧道的交通与新隧道施工所需的通道。

这样短短的42米地道连续墙要分三段来实施，给施工协调带来了不小的困难。由于时间紧，任务急，这就需要甲方工作人员更积极主动地与各有关单位协调，争取下立交实施的时间和空间。另外，影响下立交"翻交"的最大困难是隧道5线电车架空线必须随着下立交的"翻交"而移位，前后共需移位3次，每次移位必须在晚上12点钟到次日凌晨4点半前完成，时间相当紧张。这就要求甲方必须在移位前把准备工作做得特别充分。有些工作，电车供电所无法实施，比如立电杆，限于现场条件，吊车不能进场，甲方的施工单位只能用土办法来完成，还得注意交通安全。

在逆作法段下立交施工连续墙时，有一个废弃的800毫米雨水管道横连续墙，在施工过程中不慎挖断了该管，大量的水涌进连续墙的沟槽中，破坏了泥浆系统护壁，工程无法进行，许多大型施工机械也只得停下，我们请来潜水员确定封堵方案，再进行水下封堵雨水管。由于甲方的及时配合，次日中午完成了封墙，使得连续墙继续施工，给推进工程朝前走创造了条件。

三、战胜困难取得建设工程的胜利

由于"北护塘路车行立交"、延安东路隧道以及复线工程与"隧复"工程关系紧密，相依相存，随着"隧复"工程的翻交，四大管线的敷设及其对周围现有地下管线的影响以及东、西联动主要干线交通的影响，使得我们在施工时碰到了区域内其他工程所没有的重重困难。

可是，市政分公司打的是团体赛，我们首先与中信公司协调，取得了下立交施工的可能。其次，与交警总队、隧道交警大队协调，解决了"翻交"的时间，主要问题得到了解决后。再与交警总队、隧道交警大队协调，解决了翻交、围场等场地问题。

在公司全体员工的艰苦努力和相关部门的配合支持下，该段的地下车行通道于1995年5月9日通过验收。完成"北护塘下立交市政建设工程"靠的是集体力量和智慧。■沈文新　王明章

奏响陆家嘴中心区市政工程的前奏曲

随着浦东开发的深入，陆家嘴中心区的开发进入了白热化的阶段。浦城路工程是整个陆家嘴中心区市政工程全面开发的前奏。

该工程是当时市政分公司实施项目中规模、投资最大的一个，计划总投资约1.5亿元。该工程既有深基坑施工，即五百六十多米的车行地道，又有22万伏、35千伏电缆及重要的光纤通信电缆、煤气等各种重要的专业管线保护工作，也有确保陆家嘴路、轴线大道繁忙交通的翻交施工的工序、工期的难度，更有实施过程中大量的外围、上层工作的协调和众多施工专业单位的管理和协调指挥。综合管理难度是以往工程难以比拟的。

如何开展该项目的实施并且保证达标，是实施市政项目的重要环节和内容。在实施过程中，设计科、工程科、综合科与分公司的领导都亲临施工现场，各有关部门急工程所急，协调落实各项工作，打破了部门工作界限，充分发挥了各级员工的工作积极性和主动性。

许多员工为了确保浦城路工程的完成，放弃了周日与节假日休息，主动参加值班，甚至在晚上得知工程发生了问题，都连夜赶到工地。在工程管理方面，由于该工程涉及的面和内容较广，包括施工、专业、监理及外围的协调工作，客观上对建设单位的协调管理提出了更高的素质要求。

在项目管理中，为了有效地控制和协调指挥，重点强化了现场管理，既有效、及时地解决了实施过程中出现的问题，更有效地控制了项目实施的各项环节工作，使浦城路市政工程取得了预期的进展，达到了目标。

市政分公司顺利地完成了各标段的翻交前的深基坑地道结构施工；陆家嘴路北侧48孔重要通信电缆的保护、割接与煤气、上水、排水等管线的安全保护工作以及附属泵房等工程主体基本完成，整个工程的质量得到了有效控制，预期的轴线大道以及陆家嘴路的翻交目标也得到了完成。■俞招海

御桥小区市政配套中的两件事

市政配套工作作为小区开发的一个重要组成部分，既要担任小区建设的"前锋"，又要当好小区建设的"后卫"，工作之艰辛，任务之重要，可想而知。

水、电、气、卫、污水排放、通信等配套工作，打交道的对象都是一些朝南坐的"衙门"，其工作性质注定了每进行一次工程，都必须经过艰苦的努力与协调。这就要求从事这一工作的员工具有高度的工作责任心和任劳任怨的工作态度，并且要从公司的整体利益出发，以极大的耐心和灵活的方式去取得这些单位的支持和配合，这里有两个例子很能说明问题。

其一，公司创建初期遇到了自来水配套难以到位的难题，由于上海市自来水公司的供水管网到不了御桥地区，而北蔡的川杨河水厂又不能满足整个小区的供水量，前期工作的同志经多方努力最后找到了康桥开发区。康桥开发公司虽然答应向御桥小区供水，但要求我陆家嘴金融贸易区开发公司必须支付4000多万元的配套费，虽经多次协商，仍没取得实质性的进展。于是，公司转向，通过有关部门直接与南汇自来水公司达成了协议，结果为公司节约了几千万元的巨额投资，南汇自来水公司的供水网络进入了该小区。

其二，在小区通信配套工作上，也是这样。由于得到了电话局的支持，陆家嘴金融贸易区开发公司同电话局签订共同开发御桥小区的协议后，为公司节约了大量的资金。以"民乐苑"为例，建筑面积同"三林苑"相近，但"三林苑"的通信配套费是500多万元，而御桥的"民乐苑"仅100万元。

从以上两个例子说明了一个问题：小区的开发建设是一个系统工程，其中的每一个环节都有"文章"可做，紧一紧可以省下几十万甚至上百成千万，松一松，其结果会完全相反。

陆家嘴金融贸易区开发公司从初创时的借债经营，发展到今天拥有上百亿资产的大型集团公司，

完全离不开公司全体员工的共同努力。其中包括，经过努力节省下了大量资金。这就要求每一位同仁都要以公司的利益为重，在政策允许的范围内去赢得最大的经济效益。■刘志华

为2-1地块接通电源

有许多事会随着时间的流逝在记忆中慢慢淡化甚至消失，然而，在整治2-1地块（张杨路东方路口）中碰到的供电一事，却给我留下了深刻的印象。

记得，有一天上午接到任务，2-1地块要搞环境整治，内容包括绿化、广告灯、泛光照明、喷泉、围墙等工程。其中，所有供电工作必须在2周内全部完成。如此短的时间，具体的供电工作有哪些，连最起码的需用电量多少都不清楚，又怎样能通电呢？

当天下午，我马上进行现场踏勘，寻找电源点。地块内有两台箱变，一台是张杨路灯变，另一台是原"东政项目"施工时的箱变，能否从这两台箱变中接电呢？据了解，张杨路灯变原有富达的50千瓦容量给张杨路的广告灯所用去了，这显然不行。而"东政箱变"还在，但是，供电所把电给拉了，原因是该变压器原工程费未付，而我又得知，"东政项目"已转给了汤臣公司，要恢复用电必须由汤臣公司出面申请，并且得到供电所的认可，难度极大。

是否还有其他办法呢？附近低压电网离2-1地块较远，工程量大，更何况到供电所办理申请，其内部环节有近30个，按以往经验，起码需两个月，此方案显然行不通。怎么办？我被迫只能走"汤臣"路线。

我立即与汤臣公司取得联系，向他们说明情况，但对方回答3个字"不同意"。事到如今，我不能让对方把唯一的方案再否定掉。于是，我再一次地约见汤臣公司的管理人员，要求双方把思想统一到整治环境的意义上来。最后，汤臣公司表示理解和同意，但须得到供电所的认可。

第二天上午，我马上赶到供电所找所长。供电所所长感到很突然，说，自己思想准备一点没有。况且，供电所在抓管理，制定了许多制度，所长不能带头违背。

这天下午，正好遇上公司的领导与市东供电局的领导碰头，我趁这个机会向市东局局长反映了此事。局长说，下周给答复。但，等到下周，时间不行，而且，万一落空后会影响整个工程。

于是，6天后的上午，我再一次来到供电所，找到几位所长，再次要求他们支持配合。供电所终于在晚上11点时同意从汤臣箱变接出电源，这才使我大松一口气。可接下去的具体工作还有许多，包括：我公司要与汤臣公司签订供电协议；汤臣公司出面向供电所申请箱变恢复供电；箱变恢复用电，需做一系列电气试验的工作，而且都必须争分夺秒地进行。

我帮汤臣公司代拟了书面协议和申请报告。供电所内部所有各个工作环节也都一个紧接一个地去办理……最后，终于在不到半个月的时间里顺利接通了电，灯、喷泉也调试合格。■朱家驹

公司主导有偿用地与成片开发

"土地空转"、"有偿用地"、"成片开发"是陆家嘴金融贸易区开发公司早期土地开发的基本做法和成功经验。政府在未对开发公司注入大量开发资金和仅用少量资金实现农用土地变性征用的情况下，由开发公司负责主导成片土地开发和有偿转让，在短短的时间里迅速募集了大量开发建设资金；迅速形成了开发规模；迅速在特定区域里形成了形态转换、企业集聚和功能定位，实现了"空转—规划—开发—批租—再滚动"的循环，从而完成了国家战略的基础发展空间。

改革开放以前，我国的土地使用制度一直是由国家计划调拨使用。改革开放以后，上海浦西地区也曾实行了部分土地的有偿转让，但"双轨制"依然存在。而浦东开发伊始就坚持一步到位，所有的土地全部实行有偿转让原则，就这样，浦东的土地有偿使用的范围渐渐得到扩大，从开始时的重点小区成片土地的批租出让，发展到中外投资者直接的宗地批租；从对外销商品房、花园别墅补地价，扩大到内销商品房补地价；从对三产用地的有偿出让，扩大到全部经营性用地的有偿使用。

在陆家嘴金融贸易区开发的进程中，政府以"土地空转"的方式把未开发的土地使用权成片转让给陆家嘴金融贸易区开发公司，而开发公司在获得转让土地锁定价格的今后收益权与土地使用权证后，开始筹集大量开发资金，投入动拆迁与基础设施配套，随后再以净地出让的方式，将回笼的资金投入后续开发（滚动）。实践证明，这种时间短、见效快、能滚动的办法在浦东开发的初始阶段，有效地突破了发展瓶颈，是其他地区的开发公司所不具备的。

土地实行有偿出让是对国有土地使用制度的一项重大改革，也使土地作为一种资源的价值得到确认，促进了这一资源的合理使用和配置，并为陆家嘴金融贸易区的成片开发提供了宝贵的资金。

陆家嘴第一阶段的开发建设，就是用这个办法解决了"钱"这个大问题。

土地空转的创新模式

所谓的"空转"，就是陆家嘴金融贸易区开发公司从向政府要钱（开发启动资金）转到了向市场筹钱。办法是：财政投入，支票转让，收入上缴，土地到位，俗称"土地出让，空转启动"。

土地空转的背景

按照国外开发区的一般经验，每平方公里土地的市政基础设施的投资约在1亿美元左右，而浦东新区作为一个人口密度高、规划层次高的地区，其人口、企业的动迁量远高于其他开发区，土地基础开发的单位面积的成本已接近甚至超过亚太地区的部分开发区，兼以浦东新区身负长江经济带

"龙头"和20世纪90年代中国对外开放枢纽的重任，必须建设支撑其功能地位的国际航空港、国际深水港、国际信息港等，以及大桥、地铁、轻轨、隧道等越江交通工程，更需要巨额投资，由于国家财力有限，不可能依赖国家财政支持土地开发，这就要求浦东新区必须在开发初始就实行土地有偿使用制度，走以地集资的滚动开发之路。

土地空转的运作

借鉴深圳和虹桥开发区土地使用制度改革尝试的经验，陆家嘴金融贸易区开发公司成功地将其运用在陆家嘴金融贸易区的开发建设中，创造性地实施"土地空转，滚动开发"策略。

其操作程序为：

一、财政投入。政府为实现开发区的开发目标，以土地的出让金总额作为国家股本投向陆家嘴金融贸易区开发公司，以扶植企业启动。

二、支票转让。陆家嘴金融贸易区开发公司在得到政府以土地出让金总额作为股本的财政投入资金支票后，就将这笔资金用于受让土地使用权，待合同签署后，就以刚从政府那里获得的这张支票，通过背书交付给政府职能部门（土地管理局）。

三、收入上交。土地管理部门把土地使用权出让后收缴的出让金（支票）上交给财政部门。

四、土地到位。陆家嘴金融贸易区开发公司通过"空转"得到了虽未开发但具有开发权的土地。此时的土地是有价值的土地，经过"七通一平"的开发可以转让、出租和抵押。

空转示意图如下：

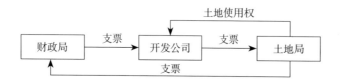

空转时的那一张支票价值，随着转动时的不同阶段，发生着不同价值与不同权益的变化。上海市财政局将支票交给陆家嘴金融贸易区开发公司时，是政府对国资企业的资本注入；陆家嘴金融贸易区开发公司将支票交给上海市土地局时，是土地受让金的价值体现；而上海市土地局将支票交给上海市财政局时，表明土地使用权已经出让给了陆家嘴金融贸易区开发公司，土地已为陆家嘴金融贸易区开发公司所拥有，而土地局将出让收益上缴给财政。

实际上，土地空转也不是真正在空转，而是陆家嘴金融贸易区开发公司"借鸡生蛋，以蛋造鸡"的一种负债经营办法。通过这样一个"空转"的过程，达到了"出让土地，启动开发"的目的；通过土地空转，滚动开发，积累了土地滚动开发的建设资金，以土地的有偿使用突出了土地的资本价值，从而引起了国内外大量投资者的开发兴趣，不但以土地吸附浦东开发亟须的大量资金，而且集聚了一大批规模可观的长期投资项目，通过实施确立重点、区分功能、有限目标的开发指导战略，集中规划，建设区位好、综合效益高的地段，使这些地段的土地得到最好的基础设施配套，并由重点小区集中开发经营，实行了土地实转、批租空转、成片出让、滚动开发的启动开发的战略。

土地"空转"与土地划拨的最大区别在于，划拨的土地不能够有偿转让、出租和抵押。有偿批租的土地却能够经过开发后进入土地二级市场。

土地空转的意义

"土地空转，滚动开发"这一创举，实现了陆家嘴区域全方位土地批租，从而形成支撑陆家嘴金融贸易区土地开发的三大机制，即形态开发与功能开发相结合的规划先行机制；土地资本与金融资本相结合的滚动开发机制；点与面开发相结合的集中建设机制。

土地空转的主要意义在于使国资开发公司获得了土地资本，凭借土地资产可通过合资、招股和招商，获得土地开发所需的巨额资金，推进重点小区基地的建设，使一大批旧城区和农村用地转变成城市建设用地，再通过土地有偿转让引进一大批中外建设项目，从而在国家对重点小区的开发不直接投入或很少投入建设资金的情况下，推动了浦东新区的形态开发和功能开发。

（综合2012年10月18日马淑燕《土地空转 滚动开发》等资料）

滚动开发的创新机制

陆家嘴金融贸易区开发公司在开发初期缺乏建设资金和市场经验的条件下，探索出了一条土地快速滚动开发的创新机制。这一机制，对承担国家战略任务和上海国际金融中心的建设任务、对陆家嘴金融贸易区的开发与建设、对整个浦东的城市形态产业功能的形成，都产生了决定性的影响，同时也为其他开发区与开发公司提供了土地成片快速滚动开发的创新经验。

陆家嘴金融贸易区的土地开发是在建立规范的土地市场的框架下，将土地资本与金融资本、社会资本、产业资本大规模深层次地结合，形成了"以土地吸附资金→以资金提升土地价值→土地更大规模吸附资金→不动产迅速升值→土地开发快速推进"的滚动开发机制。弥补了投资开发与土地转让回收投资之间的时间差（投资风险克服）。

土地滚动开发机制的主要特征（初期——以形态开发带动功能开发）是：土地滚动开发机制的启动特征是土地资本与金融资本、社会资本相结合。

作为城市土地，当它不能作为商品在土地市场上流通经营时，尚不具有生产要素的特征。因此，必须赋予它可有偿使用的经营属性，并且在投资开发中实现增值。陆家嘴金融贸易区的开发，从初期就致力于变土地划拨为土地有偿使用，变农业用地为城市建设用地，变政府投资开发为委托开发公司滚动开发。政府作为城市土地的掌管者，以土地"批租"的形式，使陆家嘴金融贸易区开发公司拥有了有价值的土地资本和土地的开发使用权。

拥有土地资本的国资性质的陆家嘴金融贸易区开发公司为实现自我积累、自我发展，创造了支撑土地滚动开发的几种模式：以地合资，以地集股，以地招商，以地抵押。

一、以地合资。公司以其土地资本作为注册资本与中外银行等合资，走出了一条土地资本和金融资本相结合的新路子，从而获得启动开发资金。最显著的是，与中外金融机构组成联合开发公司。

1991年10月，陆家嘴（集团）有限公司的前身——上海市陆家嘴金融贸易区开发公司与中国人民保险公司、中国人民保险公司上海市分公司、香港泽鸿发展有限公司、香港上海实业有限公司合资成立上海陆家嘴金融贸易区联合发展有限公司，注册资金9800万美元，成片开发区内69.56公顷土地。

二、以地集股。开发公司以拥有的土地资本以及合资单位注入的资金发起组建股份公司，大量吸收社会资金。其特征就是股票融资，在海内外公开上市。

1992年8月，陆家嘴金融贸易区开发公司与上海市投资信托公司作为共同发起人，成立了上海市陆家嘴金融贸易区开发股份有限公司，注册资金7.15亿元人民币，成片开发区内1.51平方公里土地。股票在海内外公开上市发行，从而获得了扩大开发规模的资金。

三、以地招商。陆家嘴金融贸易区开发公司对其拥有的土地资源进行"七通一平"的基础设施建设后，直接面向中外产业投资者招商引资，即开发公司将开发后的净地转让给中外投资者，获得土地滚动开发源源不断的后续资金。而中外产业资本以支付批租费的形式，不仅获得了产业发展的使用空间，而且拥有了可再转让的土地资本。这就是土地转让融资，吸引中外产业资本（以地招商）。

四、以地抵押。土地开发具有投资量大、周期长、风险高的特点。土地在转让之前，大规模的征地动迁和基础设施建设需要巨额的资金投放，仅靠一块一块的土地转让收入，尚不足以支撑土地开发的进度和强度。因此，要向银行借贷获得开发资金。根据有关法规规定，土地使用权经抵押人提供，并经抵押权人认可，可设定为抵押权，开发公司以土地成片受让方式获取合法的土地使用权后，就可以争取银行的抵押贷款，进行房地产开发。

陆家嘴金融贸易区开发公司以拥有的不断增值的土地资本，以土地抵押、企业担保等方式，从中外金融机构获得了大量抵押贷款和银团贷款后，投入土地开发，再以土地转让收入偿还借贷，弥补了投资开发与土地转让回收投资之间的时间差。

（综合马淑燕《土地空转 滚动开发》等资料）

实现土地开发二级循环的三个结合

上海市土地局将各功能区域以"毛地空转"的方式出让给开发公司，再由开发公司根据区域功能性质，编制规划，划分地块，投入大量的征地、动迁和市政配套建设资金，将"生地"开发成"熟地"，再进行土地二级市场转让，并运用转让的收入进行再投入，再转让，直到区域的建成。而要形成这样一个良性的土地开发循环系统，筹措大量的建设资金是首要解决的问题。开发公司运用市场规律进行土地开发，着重进行了三个结合的试点。

一、实现了土地资本与金融资本的结合。1991年至1992年初，陆家嘴金融贸易区开发公司成立之时，就以从浦东新区政府受让的土地估价后作为注册资本投入，银行金融信托机构和保险公司均不同程度出资参与开发公司的组建。既反映了土地作为一种特殊的资本得到了价值体现，又为初期的土地开发筹集了建设资金，实现了土地资本与金融资本相结合。

二、实现了土地资本与社会资本的结合。在现代企业制度试点作用的推动下，陆家嘴金融贸易区开发公司以拥有的土地资本以及合资单位投入的资金发起组建股份制公司，大量吸收企业、个人等社会资金，形成了土地资本与社会资本相结合。股份制公司挂牌上市后，扩大了融资的渠道，提高了企业的知名度和国际认同性，为初期的土地开发快速集聚了大量的资金，保证了土地大规模开发的资金需求。

三、实现了土地资本与土地使用权抵押的结合。开发公司利用土地产权与所有权分离的特性，以土地向银行金融机构进行抵押贷款，盘活大量土地存量，用于土地开发，一旦土地进入二级市场交易转让后，用土地转让金收入偿还贷款，弥补了土地开发的资金投入与土地转让收回地价之间的时间差。

浦东新区的土地开发，就是在建立规范的土地市场的框架下，将土地资本与金融资本、社会资本以及产业资本之间大规模、深层次的结合，逐步形成土地开发、地块转让和资金回收的二级循环系统，力求通过土地的二三级市场以及房地产交易市场的积极作用，解决土地开发中面临的资金短缺问题，实现浦东新区土地开发的持续发展。

（资料来源：1998年1月，陶建强《土地开发模式与浦东新区的形成和发展》）

陆家嘴金融贸易区一二期开发记

陆家嘴金融贸易区正式投入开发启动的时间为1991年6月22日。

按照土地开发3年为一个周期计算（即从土地规划、征地、动拆迁到基本市政配套、转让的过程），到1993年底，公司一期累计开发土地102公顷，其中转让土地53幅，面积41.6公顷，规划建筑面积260万平方米，吸引投资额145亿元。

一期开发，主要集中在陆家嘴中心区和竹园商贸区的范围内，区内在建项目41个，建筑面积205万平方米。3年中，公司用于开发建设的投入资金总额为20.8亿元，累计转让收益38.9亿元。

从以上的数据分析可以看出：陆家嘴金融贸易区开发公司经过3年的积累和开拓，已形成相当规模。一大批有实力、有层次项目的进区，为区域城市功能的构成、产业结构的导向和市场机制的形成奠定了基础；同时，高起点的规划和城市设计，为提高整个区域的综合经济价值创造了条件。在分析这些优势的同时，开发过程中出现的一些矛盾和问题，归纳起来主要有以下几方面：

—— 开发相对超前，致使资金投入周期拉长，造成部分开发资金沉淀。

—— 一期开发沿核心区展开，"黄金"区位过早的大面积启动，必然产生潜在的地价流失。

—— 功能开发尚不平衡，基础性配套设施建设相对滞后。

陆家嘴金融贸易区

—— 开发成本高、建设周期长，使投资回报弱化，导致项目投资分流。

针对一期开发中出现的问题，二期开发把"控制开发总量、强化开发功能、实施外围开发"作为基本指导思想。

控制开发总量——就是把土地开发的计划与不同区域的土地开发现状以及房地产市场的需求状况结合起来加以研究，从而设定出合理的开发量；

强化开发功能、实施外围开发——就是以"外围开发保中央区域的建设"，即通过外围开发，达到2个基本目标：

一、争取用3年的时间，逐步完善一期开发区域内的基础设施和综合功能，从实质上缩短"东、西"间存在的差距，使开发由基础期向稳定期过渡。

二、以龙阳等"外围"低成本区域的开发扩大和争取市场，实现整个开发的滚动，为后续开发步入良性循环创造条件。

（资料来源：1994年6月，上海市陆家嘴金融贸易区开发公司开发部《关于开发龙阳小区的几点思考》）

多元筹资与开发运作

1990年浦东开发开放后，上海市陆家嘴金融贸易区开发公司、上海陆家嘴金融贸易区联合发展有限公司、上海陆家嘴金融贸易区开发股份有限公司作为陆家嘴金融贸易区开发建设的核心力量，曾以"三块牌子，一套班子"的多元筹资形式，主导驾驭了陆家嘴区域内的土地成片开发和滚动开发。这三个不同的公司，有着三种不同的定位，有着相对独立的开发范围与区域，发挥着三种不同的作用。这既是一种体制创新，又是一种运作机制。

多元筹资的主要方式分为5种：一般贷款、借助外资、吸收社会资金、银团贷款、国资注入。

开发公司承担与政府之间的沟通协调与契约责任

和其他省市实行的较为普遍的管委会体制不同，陆家嘴走的是一条企业主导开发区体制之路，即：没有沿用由政府投资开发、统包统揽的主导型模式，而是选择了政府宏观调控，由开发公司全面担纲产业化开发的企业主导型模式。

这是上海在总结改革开放以来，我国南方和沿海城市对外开放的经验后决定采用的一种新的开发机制。灵活的公司体制不仅适应多元化的市场环境，在实际操作中能够得心应手，运转自如，而且，国资性质的开发公司在政府职能部门和项目建设开发、投资、管理主体之间能够主动承担起沟通和协调作用以及与政府之间的契约责任。这正是陆家嘴（集团）有限公司（前身是陆家嘴金融贸易区开发公司）开发模式的灵魂所在。这种将"政府的开发意志"和"企业的市场运作"有机结合，由开发公司主导开发区全部开发工作的模式，是陆家嘴开发建设的一大特色，也是区别于国内其他开发区所不同的地方。

浦东开发起步需要大量资金。在当时国家财政资金十分紧缺的情况下，国家安排的主要是贷款资金，而贷款资金是要还本付息的，这就决定了浦东新区的开发必须建立新的机制进行运转。即：首先要明确谁是债务人？将来如何归还这笔资金？

这样一来，成立开发公司或控股公司，以一个法人身份向银行融资、贷款，统筹资金来源，使经营运转起来，成了顺理成章的事情。而且，由于开发公司是经济实体，有经济责任，在组织资金滚动开发方面，更加注重投入产出，更加重视经济效益；区域的开发计划紧紧围绕市场需求而制定；投资决策比较谨慎，比较符合实际；企业化的开发运行机制与国际接轨，与国内外投资者拥有共同语言，能够在互相之间建立起经济实体之间的合作关系。

经上海市人民政府批准，上海市陆家嘴金融贸易区开发公司于1990年8月29日成立，其主要职能是在浦东开发开放的国家战略环境背景下，对全国唯一以"金融贸易区"命名的国家级开发区——

陆家嘴金融贸易区实行综合经营开发与土地滚动开发，从而完成国家的战略任务。

上海市陆家嘴金融贸易区开发公司从成立那一天起就是负债经营，第一笔款是向工商银行借贷的200万元启动资金；第一批到职的是来自各个系统单位的均无开发区工作经历的6个人；第一个招商会是在没有一分钱的情况下，借了友谊商店如意餐厅举行的银行行长会议；第一块批租的地块是安徽裕安大厦；第一块开工的地块是中国人民银行的银都大厦；第一次向员工发工资是在1992年以后，之前一年多的员工工资都是由原单位发放的……

上海市陆家嘴金融贸易区开发公司按照市场经济的机制和规律进行开发运作的概况如下：

1990～1991年为借贷起步阶段。上海市陆家嘴金融贸易区开发公司向工商银行贷款200万作为开办费用。通过上海市投资信托公司注入3000万元注册资金，启动了银都大厦、裕安大厦的开发。

1991年7月，上海市陆家嘴金融贸易区开发公司与上海市投资信托公司、建行上海市信托投资公司、中房上海公司共同发起成立国内第一家房地产上市公司——上海众城实业股份有限公司。1997年，成功实施股权转让。

1991年10月28日，上海市陆家嘴金融贸易区开发公司与中国人民保险公司、中国人民保险公司上海分公司、香港泽鸿发展有限公司、上海实业有限公司合资组建了上海陆家嘴金融贸易区联合发展有限公司，注册资金9800万美元。该公司对陆家嘴地区的早期开发有着重要历史作用。

1992年5月开始，上海市陆家嘴金融贸易区开发公司转制为上海市陆家嘴金融贸易区开发股份有限公司，先后于6月和11月向社会发行A、B股。

1992年7月18日，国家工商行政管理局核发"上海富都世界发展有限公司"企业法人营业执照。上海市陆家嘴金融贸易区开发公司以土地入股，与香港富泰（上海）有限公司合资组建富都世界发展有限公司，注册资本3000万美元。"富都世界"作为陆家嘴金融贸易中心区的重要组成部分，按规划开发建设世界一流的金融、贸易、购物、娱乐中心，形成与浦西外滩遥相呼应的21世纪东上海新外滩。

1997年12月10日，上海市陆家嘴金融贸易区开发公司变更为上海陆家嘴（集团）有限公司。

上海市陆家嘴金融贸易区开发公司按照市场经济规律，以建立开发公司的形式进行开发；以土地批租等作为获得土地并且筹融资的手段；以多种经济成分形成开发的动力，如中外合资公司、上市公司、集团公司、内联公司、农民吸劳为主的集体所有制公司，在职工持股会基础上成立的职工持股企业，还有直接投资的企业以及和农村乡镇合作的企业，这些企业形成合力，在市场规律的作用下运转。这表明，多种经济成分在陆家嘴金融贸易区的开发早期就已存在。

上海市陆家嘴金融贸易区开发公司在陆家嘴金融贸易区的开发建设过程中贯彻政府意志、成为浦东开发战略和上海"四个中心"核心功能区建设的承载者、执行者与主力军，而且还作为陆家嘴金融贸易区的开发实施者、担当者和公司主导开发模式的示范者，承担了政府交与的各种任务，在多元筹资、土地转让和批租、房地产开发经营以及区内基础设施建设方面，以市场化方式开发运作，获得了巨大成功。

经过14年的艰苦奋战，到2004年上半年，已初步建成了一个现代化的国际金融贸易中心城。

上海市陆家嘴金融贸易区开发公司（后改制为上海陆家嘴（集团）有限公司）的历史作用有三：

一是打造了中国唯一以"金融贸易"命名的国家级开发区；

二是为中国开发区提供了土地成片快速滚动开发的创新经验；

三是确立了国有房地产企业在中国房地产业界领航者的地位。

《2007年浦东新区统计年鉴》载述："截止到2006年为止，上海陆家嘴（集团）有限公司作为金融贸易功能区域内唯一的土地一级开发商，共开发土地15.37平方公里，开发总量为251.05平方米，其中住宅145万平方米；金融办公57.63万平方米；商业20.80万平方米；研发楼17.62万平方米；会展建筑10万平方米。在上海陆家嘴（集团）有限公司的带动下，到2006年底，整个陆家嘴功能区域内已开发土地面积14.5平方公里，固定资产投资额99.66亿元，批准签约项目金额折合约176.23亿美元。"

上海陆家嘴（集团）有限公司的目标是在2020年前将陆家嘴建设成为全国乃至面向世界的现代化金融贸易区。

二十多年来，上海陆家嘴（集团）有限公司（陆家嘴金融贸易区开发公司）抓住浦东开发开放的战略机遇，依托上海市和浦东新区两级政府提供的资源条件，胜任了上海中央商务区的土地一级开发的重任，实现了中低端商品房的历史转型，在物业管理面积、土地开发面积、高端商务商业楼盘、上市融资规模、企业资产规模、开发人才储备等方面，均走在国内房地产企业的前列。

（综合2008年5月《陆家嘴集团发展战略研究》等资料）

组建联合公司弥补建设资金不足

根据浦东新区规划要求，陆家嘴地区将建设成以金融、商业、贸易为中心，集社会服务、信息咨询、办公、高级住宅为一体的金融贸易区，形成近悦远来、万商云集的繁荣景象。要完成这一开发建设任务，必须投入大量开发资金。然而，由于开发资金的不足，无法满足从征地动迁到基础设施配套的实际资金的需要，将会严重影响浦东新区规划的实施和浦东的开发速度。

因此，引进国内战略投资合作者，通过组建合资公司，弥补启动建设资金不足，加快陆家嘴的开发速度具有重大意义。另外，可以充分利用浦东新区的各项优惠政策，促进土地使用制度和房地产市场的改革，为开发积累更多的资金；还可以引进境外先进技术和科学管理经验，促进和带动国内企业的技术与管理水平的提高。

浦东开发初期，上海市陆家嘴金融贸易区开发公司以毛地投入、土地一级开发为主，积极寻求与国内外公司的合作。这种对方以现金投入的形式与我方成立合资公司、联合开发陆家嘴金融贸易区的方式，是一种筹措开发资金，解决开发初期资金短缺的好方法。这样一来，既学到了理念，学到了经验，招进了企业，又缩短了时间，迅速形成了金融企业的集聚。

1991年9月6日，陆家嘴金融贸易区开发公司最大的负责成片土地开发的中外合资企业——上海

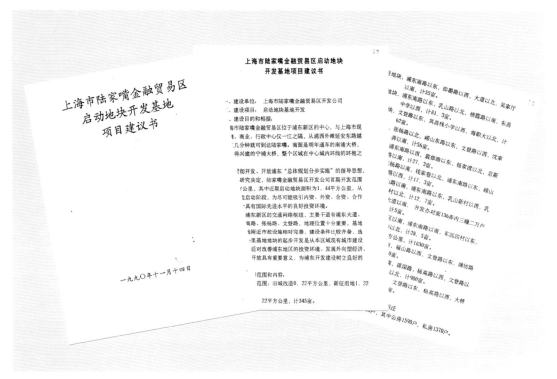

建议书影印件

1990年11月14日，上海市陆家嘴金融贸易区开发公司对上海市陆家嘴金融贸易区内首期开发的5.47平方公里地块作出了详细建议。上图为《上海市陆家嘴金融贸易区启动地块开发基地项目建议书》的影印件，原件共有5页。该文件以建设单位；建设项目；建设目的和根据；建设规划范围和内容；环境情况；投资估算；资金来源共七大主题，阐述了陆家嘴金融贸易区建成后对改善浦东地区的投资环境、发展外向型经济、推动浦东开发和开放具有重要意义。

陆家嘴金融贸易区联合发展有限公司举行5方合资合同、章程签字仪式。10月28日，经工商行政管理局登记注册，取得企业法人营业执照，上海陆家嘴金融贸易区联合发展有限公司正式成立，一期注册资本为13000万元。公司二期合资的合同、章程于1992年8月19日获外经贸部批准，10月26日取得企业法人营业执照，注册资本9800万美元，合资期限50年。

合资公司共由5方股东组成：上海市陆家嘴金融贸易区开发公司（甲方）、中国人民保险公司（乙方）、中国人保上海市分公司（丙方）、香港泽鸿发展有限公司（丁方）、上海实业（集团）有限公司（戊方）。

成立上海陆家嘴金融贸易区联合发展有限公司的主要功能就是引进战略投资合作者，实现开发融资。当年共获得开发资金4410万美元（人民币23730万元），使区域开发的初始启动资金得到了保证。因此，该公司成为陆家嘴金融贸易区开发初期的主要动力源泉。

公司的经营范围：1.从事区内基础设施建设；2.从事区内房地产经营；3.参加区内项目投资，兴办国家产业政策允许的各种企业；4.从事区内工程承包与为投资者提供咨询服务。其中，甲方以69.56公顷土地使用权折价约4851万美元和现金约539万美元共投入5390万美元，占55%；乙方投入现金980万美元，占10%；丙方投入现金980万美元，占10%；丁方投入现金1470万美元，占15%；戊方投入现金980万美元，占10%。

上海陆家嘴金融贸易区联合发展有限公司负责开发上海市陆家嘴金融贸易区开发公司转让的69.56公顷土地，具体是：

第一区域：浦东南路以西，陆家嘴以北，杨家宅路756弄以东，浦东南路334弄以南，面积为2.84公顷；

第二区域：文登路以西，崂山东路以东，海港新村以南，潍坊路以北，面积为13.54公顷；

第三区域：福山路以西，张杨路以南，潍坊路以北，面积为7.91公顷；

第四区域：源深路以西，文登路以东，潍坊路以南，浦电路以北，面积为32.77公顷；

第五区域：源深路以西，浦电路以南，张家浜浦东电车场以北，面积为12.5公顷。

（综合《关于审批上海陆家嘴金融贸易区联合发展有限公司项目建议书的请示》等资料）

转制股份公司广泛吸收社会资金

由于大规模的成片开发，需要投入大量资金，因此，上海市陆家嘴金融贸易区开发公司通过转制、组建股份制公司，将公司的一部分股份以发行A股、B股股票的形式推上市场进行交易，然后用交易得来的钱，继续投入开发。这种广泛吸纳社会资金的办法，既提高了公司的透明度，增加了大众对公司的信心，又解决了资金的短缺问题，提升了公司的开发速度。

1992年，邓小平南行讲话后，不仅全国迅速形成了新一轮的改革开放和建设发展高潮，浦东的开发建设也进入了建区以后的第一个高速发展阶段，中央各部委和一些省市纷纷参与浦东开发开放，投资浦东的房地产和新兴产业。

1992年5月开始，上海市陆家嘴金融贸易区开发公司着手进行公司转制的准备工作。

1992年8月30日，上海市陆家嘴金融贸易区开发公司整体转制，更名为上海市陆家嘴金融贸易区开发股份有限公司。

1993年6月28日，公司A股在上海证券交易所上市交易；1994年11月22日，公司B股在上海证券交易所上市交易。

1994年12月31日，随着公司B股的顺利发行，上海市陆家嘴金融贸易区开发股份有限公司变更为上海陆家嘴金融贸易区开发股份有限公司，名称中少了一个"市"字。

从企业重组、发展和融资的角度来讲，上海市陆家嘴金融贸易区开发公司改制为股份公司是必要的。1992年到1996年期间是陆家嘴金融贸易区开发股份有限公司一个资产快速扩张时期。1996年的公司资产总额和净资产分别是1992年的4.9倍和4.8倍，为77.52亿元和37.95亿元，年均增长分别是48.8%和48%。

发行A股的实践

将上海市陆家嘴金融贸易区开发公司改制为上海市陆家嘴金融贸易区开发股份有限公司的目的是：

一、通过向社会筹措资金，可以弥补建设资金的不足。

上海市陆家嘴金融贸易区开发股份有限公司的资金来源构成如下：

上海市投资信托公司投资3000万元；土地使用权出让金6.7亿元（上海市财政局核准）。

土地出让金需通过土地开发并转让后才能逐步实现。由此可见，土地出让金是尚未实现的潜在的资金。而公司却面临着开发范围大、投资项目多、投资时间紧的现实。

开发范围大，是指公司一期开发面积为1.51平方公里，是虹桥开发区面积的2倍。

投资项目多，是指区内将广泛吸引国内外投资者投资兴建金融、贸易和各类第三产业项目，公司为提供这些项目所需土地，进行征地、动拆迁、基础设施投资等综合开发。

投资时间紧，是指按照公司开发规划，开发区要在5年之内初见规模。

公司在5年时间内，每年至少要投资2亿元人民币才能使开发项目滚动衔接，开发事业顺利进展。所以，通过公司改制为股份制，进行多元化筹资，不失为一条良策，具有巨大的潜力。

二、通过公司改制，明确产权关系，保障国有资产权益，转换企业经营机制。

股份制企业的主要特点就是产权界限明确，国家利益、企业利益和个人投资者的利益都能得到保障。

产权界限明确，其权利和义务也就清楚，便于企业经营机制向自我发展，自我约束、自我完善方面发展。

三、通过公司股票的发行与上市，将提高公司在海内外的知名度与浦东开发在海内外的知名度，直接和间接宣传了中央开发开放浦东的战略决策。

公司股票的发行与上市是社会承认公司地位的重要标志。陆家嘴金融贸易区开发公司占天时、地利、人和之优越条件，其改制后上市的股票发行必将引起国内外巨大反响。

通过发行股票，陆家嘴这一黄金地带的知名度得到大大提高，从而扩大陆家嘴金融贸易区的知名度，无形中也宣传了党的开发浦东的战略决策，为进一步树立浦东新形象、宣传党的浦东政策打开了窗户。

四、公司股票的发行和上市为上海证券业的发展作出了贡献。

当时上海的股票市场尚属初级阶段，上市的股票品种少，数量也少，满足不了国内外投资者的需要，与上海要达到的远东金融中心的目标相差甚远。上海市陆家嘴金融贸易区开发股份有限公司发行股票，给上海证券业注入了新的活力。

股权设置：

一、公司注册资本金为8亿元人民币，其中：

国家股以上海市土地局出让给母公司的1.51平方公里土地使用权出让金6.7亿元作为股本金；

单位股为3000万元，上海市投资信托公司投资于母公司的3000万元作为单位股入股；

个人股为1亿元，分3年向社会进行个人公开招募，其中，包括公司内部职工股。计划1992年发放1500万元，1993年发放4500万元，1994年发放4000万元。为解决1992年的资金缺口，降低筹资成本并考虑到当年的股票发行盘子，计划在发行1500万元股票的同时，发行可转换股票的企业债券8500万元，该债券计划在1993年和1994年按规定分两次转换成本公司股票，年利率低于一般债券年利率。

二、设置单位股的理由：

由于本公司是国有企业直接改制而成，原上海市陆家嘴金融贸易区开发公司为唯一发起人，因此，上海市投资信托公司3000万元的投资款作为单位参股，继续投资。

陆家嘴地区的开发是跨世纪工程，上海市陆家嘴金融贸易区开发股份有限公司股权的多样性、稳定性是必须考虑的问题。吸引各类机构参加投资交易就能增加股权的多样性、稳定性。

三、根据公司净资产值增长倍率与公司经济效益，本次股票为溢价发行。

四、溢价收入作为公司公积金——资本准备金。

股票发行：

一、股票种类名称："上海市陆家嘴金融贸易区开发股份有限公司股票"。股票为记名式普通股股票，以人民币计值。

二、股票总额：公司股票的总额为人民币8亿元，每股10元，计8000万股。

三、发行结构：1992年发行总额7150万股。其中，国家股6700万股；单位股300万股；社会个人股1500万股。

组建上海市陆家嘴金融贸易区开发股份有限公司以及发行A股股票的经过，大致可分四个阶段：

第一阶段：编报组建申请书。1992年2月起，上海市陆家嘴金融贸易区开发公司与上海市有关部门商议和汇报、酝酿组建股份制公司的方案，经过多次会谈，取得了市有关部门的同意。1992年3月4日，上海市陆家嘴金融贸易区开发公司向上海市建设委员会呈报了组建股份制企业的申请书。1992年4月27日，上海市建委以沪建经（92）第366号批复，同意组建上海市陆家嘴金融贸易区开发股份有限公司。

第二阶段：编制上报组建股份制公司的可行性研究报告。根据市建委批复的文件精神和上海市政府有关股份制试点工作的政策和规定，上海市陆家嘴金融贸易区开发公司编制了上海市陆家嘴金融贸易区开发股份有限公司的可行性研究报告、章程和招股说明书，同时委托上海大华会计师事务所对上海市陆家嘴金融贸易区开发公司进行资产评估工作，对公司盈利预测进行鉴证；对公司1991年、1992年一季度的会计报表进行了检查验证。并在该年的4月底，将上述有关文件呈报上海市有关部门。

1992年5月19日，上海市建委以沪建经（92）第430号批复，同意成立上海市陆家嘴金融贸易区开发股份有限公司。其中，国家股6.7亿元人民币，上海投资信托公司认购法人股3000万元人民币，向社会公开发行个人股1500万元人民币。

　　1992年5月26日，上海市陆家嘴金融贸易区开发股份有限公司完成工商名称查名登记，至此，成立上海市陆家嘴金融贸易区开发股份有限公司的各项准备工作和手续基本完成。

　　第三阶段：公开发行股票。1992年5月，中国人民银行上海市分行以（92）沪人金股字第34号批复，同意上海市陆家嘴金融贸易区开发股份有限公司公开发行股票7.15亿元。1992年5月29日，上海市陆家嘴金融贸易区开发股份有限公司在《解放日报》上公布招股说明书。到1992年6月30日，公司基本完成了社会个人股和职工内部股的发行工作，并委托上海大华会计师事务所对公司资本进行了验资。

　　1992年8月30日，完成了工商注册登记，上海市陆家嘴金融贸易区开发股份有限公司正式成立。

　　第四阶段：试经营阶段。公司以房地产开发为主，在土地开发、土地使用权转让、住宅建设等方面经营成绩显著。同时还积极参与未来金融贸易中心区建设与配套服务功能的投资，发展多种经营，在房地产、金融、货运和其他服务等行业兴办项目14个，部分已经获利。

　　为了加强对陆家嘴金融贸易区的区域管理，适应浦东新区新的运行机制发展需要，承办政府交与的各种任务，根据原市政府浦东开发办公室沪府浦办（92）第145号《关于保留上海市陆家嘴金融贸易区开发公司建制的批复》精神，于1992年12月恢复了上海市陆家嘴金融贸易区开发公司国企性质的建制与名称。该公司不仅负责陆家嘴金融贸易区内6.8平方公里的开发建设，而且是上海市陆家嘴金融贸易区开发股份有限公司股权的持股单位之一，也是该公司的上级行政主管部门。

（资料来源：1993年2月10日《上海市陆家嘴金融贸易区开发股份有限公司筹备情况及有关重要事项说明的报告》）

　　发行B股的实践

　　改制后的"陆家嘴金融贸易区开发股份有限公司"依靠陆家嘴开发以及公司自身的优秀经营业绩在社会上树立起了良好的企业形象，拥有较高的社会知名度和一大批忠实投资者。此时，发行B股股票已是瓜熟蒂落，水到渠成的事。而且，这也是扩大公司国际知名度、筹措开发资金、加速陆家嘴金融贸易区开发的又一重大举措，因此，引起了社会各界的关注和支持。

　　经过一阵紧锣密鼓的准备工作后，上海市陆家嘴金融贸易区开发股份有限公司的人民币特种股票（B股）于1994年11月22日正式在上海证券交易所上市发行交易。

　　一、背景与方案的确定。

　　进入1994年后，公司开始了更大规模的土地成片开发，同时还要承担区内大量大型基础设施建设的费用分摊，开发资金缺口很大，急需注入新的大量开发资本，方能确保各项开发进程的完成。同时，经过几年的开发经营，公司已拥有相当的赢利能力，通过发行B股，筹资的条件也已经具备。公司B股的发行组织工作主要由公司的计划部负责，该部的同志先后走访了公司法律顾问浦东涉外律师事务所、万国证券公司、市证管办，听取各方的意见与建议。当时，公司发行B股存在着两个问题：

　　一是公司于1993年底实施了增资配股，增发新股依法应有12个月以上的间隔；

　　二是为使发行后的B股占总股本的25%以上，要解决约2.5亿元的发行额度。

当时，经反复研究后初步形成了两套发行方案：

第一套方案，在原股本总额7.33亿元基础上，增发约2.5亿元B股，增发后股本总额约为10亿元。这一方案的优点是简便易行，可以较快地完成发行，筹集到资金。不足之处是总股本急剧扩容，可能影响到今后公司的效益增长水平，且发行间隔的法律问题也有待解决。

第二套方案，考虑到公司股本中的国家股以资本形态体现的部分土地尚未投入开发的实际状况，以及规范公司股本结构以符合《公司法》的要求，对公司股本中的国家股部分进行合理缩减，在不扩大原股本总额的基础上发行B股，这样涉及的额度约为2亿元，亦能满足B股发行后占总股本25%以上的要求。这一方案的优点还体现在：未增加股本负担，不同于一般情况下的增发新股，从而使"12个月间隔"在法律上获得豁免的可能性增大，发行量较为理想，盘活了国有资产，理顺了公司股本结构。方案的难点是这是一个创新的举措，如何在现有法规体制下顺利实施缩股（后称"减资"），对于公司规范化运作和相应的舆论导向更增加了工作的难度。

以上两个方案公司征求了有关证券主管机关的意见后，公司高层最终决策，按第二方案实施。

二、承销团的组成。

1. 主承销商。公司分别约请了几大证券机构洽商，经过比较研究后，确定由较为熟悉公司各项业务的上海万国证券公司担任B股发行主承销商。

2. 国际协调人与分销商。在正式确定之前，公司接待了境外30余家证券公司百余批次的来访，广泛听取了各方的承销建议。考虑到公司B股发行额创上海B股之最的实际情况，确定由日本"野村"和中国香港"浩威"同时担任此次发行的国际协调人，并选择了代表世界各个不同投资群体的"霸菱兄弟"等9家证券机构组成了承销团。

3. 律师团。承销团聘请上海方达、上海万国两家律师事务所担任中国法律顾问，聘请美国高特兄弟律师事务所担任国际法律顾问；聘请常年法律顾问上海浦东涉外律师事务所担任法律顾问。

4. 会计师。在6大国际会计事务所中，由公司与承销团共同确定容永道会计师事务所承担审计工作。后又依据证券管理部门的要求，聘请了大华会计师事务所担任境内会计审计工作。

5. 物业估值师。由香港梁振英测量师行担任公司存量土地与物业估值。

6. 公关。由香港麒狮公关公司担任公司录像、宣传品的制作与推介活动的组织联络。

7. 存款银行。由汇丰银行上海分行担任。

三、发行过程中的主要工作

1. 实施公司减资。中国股份制改革过程中，上市公司部分股东的单方面减资在实践中尚属空白，法律方面也没有充分的规定依据。在这样的条件下，公司减资面临着"此路不通"的巨大风险，如果减资失败，将使B股发行成为泡影。为此，陆家嘴金融贸易区开发股份有限公司密切关注有关方面的反应，切实按现有法规的程序操作实施，并积极争取有关各方的支持。

首先，在公司第二届股东大会上通过了授权董事会全权负责减资与B股发行的议案，以便于今后灵活操作。其后，向市国资办、市证管办和浦东新区管委会分别申请进行减资，得到市领导和上述各行政部门一致同意后，在此基础上，公司董事会召开特别会议，正式作出实施减资的决议并经市证管办、市证交所审查，及时向社会作了公告。同时，按《上海市股份有限公司暂行规定》的规定向公司债权人发出了减资通知、会计报表和财产清册，并取得了所有债权人的书面同意。公司减资公告在社会各界引起了一定的反响。公司约请新闻界有关人士作了解释与探讨，取得了共识。此后3个月中，公司同市财政局就减资清算的价格、会计处理办法等进行了多次反复洽商。在"先分红再减资"的原则明确以后，又为兑现A股招股说明书中承诺的国家股的分红基数，同市财政局多次协商。其间，还商请市计委、市证管办就此事多次协调；上述各事项最终均获得了圆满的解决。

由于实施减资的同时，有关B股发行的筹备工作也在同步进行，因而减资这一事件也备受承销团各方的关注，承销团的律师甚至一度对此持否定态度。为此，公司多次会同各方律师与有关主管部门以及各承销商对减资的合法性进行会商，最终一致认定《公司法》第149条是较为有力的法律依据，决定以回购方式实施减资。公司的律师迅速拟定了减资时间表和回购要约，传达各方审阅（后经各方研究，减资按协议方式操作）。9月、10月，董事会两度召开特别会议，对回购减资、分红、发行B股、召开临时股东大会等作出决议（均及时公告）。10月7日，公司同市财政局签订了回购协议，即公司按每股2元的价格回购国家股2亿股并予以注销；大华会计师事务所作出了验资报告；10月26日公司换领了新的营业执照；10月30日，经公司临时股东大会确认，通过公司减资及分红方案。至此，国内首家上市公司回购减资圆满完成，为公司发行B股奠定了基础。公司还通过市证管办、市国资办将减资的有关情况向国家证监会、国资局分别作了书面汇报。

2. 资料备忘录（招股说明书）的撰写。资料备忘的撰写是B股发行工作的核心，其直接反映公司的历史、经营业绩、管理结构、领导层、发展前景与财务状况等综合情况，是投资者认购新股的指南，主要由国际协调人（野村、浩威）在香港起草，公司提供背景资料，双方通过不定期的协调会通报进展，解决问题。在公司内部，办公室、计划部、开发部、经营部、财务部、企发部、人事部以及其他有关部门协同组稿，共分3次较为系统地向对方提供了30余份公司背景资料，自7月11日至承销协议签署，野村证券完成资料备忘录7稿，各方共召开协调会十余次，对诸如减资、公司架构、竞争、土地增值税、轴线大道建设等焦点问题作了较为现实的表述。公司各部门对最后定稿的资料备忘录又进行了校核，还会同高特兄弟律师事务所进行了4轮验证工作。10月28日公司在香港举办投资推介会，正式启用了该资料备忘录。

3. 会计审计与盈利预测。容永道会计师事务所先后派遣6名工作人员进驻公司，按国际会计准则对公司1994年6月30日之前的综合业绩、综合资产净值等进行审核；对公司1994年度3.8亿元的盈利预测进行了审核确认，审核工作前后为期50天。由于公司业务庞大，下属公司众多，财务部门为配合会计审核顺利开展，付出了辛勤的劳动，保证了会计审核按计划执行。

4. 物业估值。梁振英测量师行为完成物业估值工作从香港派遣了2名估值师来到上海，同时通过其上海办事处具体联络，采集资料。公司陪同估值师踏看了陆家嘴金融贸易区开发股份有限公司所有开发基地与在建物业，提供了全部土地转让合同、规划资料以及开发成本测算，对个别法律文件没有齐备的物业项目请公司律师专门出具了法律意见书。最终，报告显示的公司物业评估价值为8.1亿美元。

5. 有关法律文件的准备。B股发行工作中涉及的法律文件数量大、结构复杂、文本冗长。除前述涉及减资、会计审核、物业估值及资料备忘录各项外，还包括：

（1）公司章程，由公司律师依《公司法》起草，兼容了承销团其他各方律师的有关建议，10月30日，陆家嘴金融贸易区开发股份有限公司临时股东大会审议通过，最后报上海市外国投资工作委员会审批。

（2）附属协议，主要解决上市公司与"开发公司"在土地经营方面的竞争问题，经公司、公司律师和承销团各方律师多次反复协商达成，以同等条件下优先受让土地使用权的办法解决了两个公司的竞争问题。

（3）增购土地的初步协议，由公司会同"开发公司"达成增购桃林、N3、塘东约78万平方米土地的初步协议，解决了公司增加开发用地以及开发公司占用股份公司部分开发资金的问题。

（4）包销协议和存款协议 分别由承销团律师起草，公司和承销团、汇丰银行签署。

除此之外，应公司和承销团各方要求，公司律师还就减资、B股发行、公司投资企业股权、土地以及物业所有权等分别专门出具了法律意见书。

6. 公关策划。为配合发行工作，公司聘请香港麒狮公关公司进行公关策划，包括：制作宣传录像片（中、英文版）、制作公司介绍、财经手册与幻灯片；资料备忘录封面设计；公司一般办公用品的系列设计；境外记者的采访组织、人员培训和报刊宣传特辑的发布；香港与其他各站的推介活动安排等项，公关策划工作主要由公司公关部配合港方工作。

至此，B股发行的准备工作于1994年11月8日前基本完成。当日，公司与承销团各方在波特曼大酒店签订了B股包销协议，最后确定发行价为每股0.668美元（折合人民币5.695元），共筹资12692万美元，达到公司预定的筹资目标。资金到位较为及时，所发新股于11月22日在上海证交所挂牌交易，当日最高成交价为每股0.96美元。11月23日至12月11日，公司组团赴日本、美国、英国、瑞士、新加坡等国家举办了系列推介活动。

至此，上海市陆家嘴金融贸易区开发股份有限公司的2亿股B股发行获得了巨大成功，在海内外引起了热烈反响。上市后的表现也非常好，获得了上海市证管办、上海证交所等有关方面的好评。

1994年12月30日，随着公司B股的顺利发行，上海市陆家嘴金融贸易区开发股份有限公司变更为上海陆家嘴金融贸易区开发股份有限公司。

（资料来源：1994年12月31日陆家嘴金融贸易区开发公司《B股发行工作总结》）

组织银团贷款开发龙阳小区

这是一份20年前上海市陆家嘴金融贸易区开发股份公司为开发建设龙阳小区，向银行组织银团贷款开发龙阳小区的《可行性研究报告》。在这份长达14页的报告中，清楚地记载了如下文字：

1. 贷款目的：为了加快浦东开发建设速度，充分体现"一年一个样，三年大变样"的开发建设成果，公司拟集中力量对南浦大桥桥堍北侧的龙阳小区进行土地开发，争取在较短时间里形成开发规模，使陆家嘴金融贸易区形成以金融区开发为主，商贸区、综合区的开发互为依托的开发态势。

土地开发的前期工作需投入大量资金，拟通过组织银团贷款，以弥补开发资金不足，有利于加快开发速度。其余资金由公司自筹解决。

2. 筹资方式：公司组织银团贷款主要用于龙阳小区的土地前期开发和基础设施建设，完成龙阳小区的开发估计要投入约11.8亿元人民币，其中组织银团贷款7亿，其余部分由公司自筹解决。

……

1. 投资总额：本项目投资总额约为118490万元，其中动拆迁费为40320万元，市政配套费为46200万元，土地初始费15120万元，管理费2850万元，财务费用14000万元。

……

从这份报告中可以得知，在1994年前后，为了推动浦东开发建设，上海市陆家嘴金融贸易区开发股份有限公司想尽了一切办法以多元化方式筹措开发资金，银团贷款只是其中的一种方式。

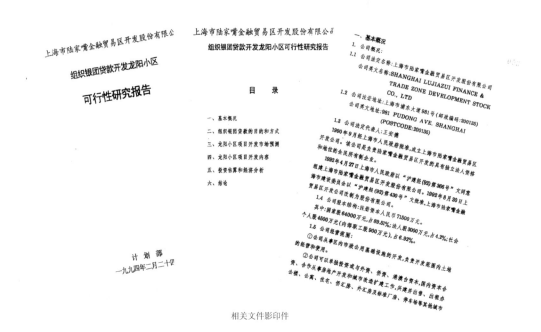

相关文件影印件

多种形式供应土地

在开发建设陆家嘴金融贸易区的进程中，土地供应有3种形式：协议批租、邀请招标、公开招标批租。陆家嘴金融贸易区开发公司不仅运用这3种有偿形式转让土地使用权，而且还走出国门，通过国际招标方式向海外投资者转让，从而使陆家嘴区域内的土地转让市场更有效、更直接地与国际市场接轨。

陆家嘴金融贸易区开发公司在多种形式供应土地的实际操作中，都是以实现功能和开发品质为首要目标，而不完全是以价高者得土地。

协议批租转让土地使用权

（一）

陆家嘴金融贸易区开发公司在第一阶段的协议批租中分为几个阶段。

第一阶段是1990~1991年。由于陆家嘴金融贸易区的规划到了1992年才获批，所以在这个时间段里，陆家嘴金融贸易区开发公司没有什么大的动作，包括哪些土地是属于陆家嘴金融贸易区开发公司开发的，当时也不很清楚，根本没有1.51平方公里首期启动面积的概念，处于一种无处下手的状况。上海市的领导也感觉到开发陆家嘴地区的成本巨大，甚至考虑是否要另找地方建设金融贸易区。

那时，陆家嘴金融贸易区开发公司认定一条：按功能目标去寻找最重要的招商对象。这个功能目标就是金融贸易区的内涵。所以，金融、外贸和国际性的商业零售是陆家嘴金融贸易区开发公司的首选对象。金融主要是两个对象，一个是中国人民银行，一个是上海证券交易所。建立上海证券交易所，是中央给上海浦东开发的10条政策中的一条：允许在上海成立证券交易所，发行股票；允许外省市的公司到上海发行股票。

当时对重要功能性项目的协议批租是贴钱的。这种贴钱的协议，不仅是要他们来，如果他们有困难，陆家嘴金融贸易区开发公司还要想方设法帮助他们去解决困难。1990年8月份，虽然，陆家嘴金融贸易区开发公司还没正式成立，但公司的筹建人员已经开始去找8家银行的行长开座谈会，试想采用协议批租的方式打开局面。

1990年底，中国人民银行上海分行的几位领导同志来到陆家嘴金融贸易区开发公司洽谈。他们是积极促进浦东派的，一致认为要到浦东来，大力支持浦东开发，他们将自己的想法以及陆家嘴金融贸易区开发公司的想法向北京总行作了汇报，总行表态：一、同意在浦东建造人民银行大楼；二、开发区造房子能给多少优惠政策、税收如何，要搞清楚；三、涉及立项，较为敏感，需要请上海方面帮助给予解决。当时，建楼不是件容易的事，按当时的规定，政府办公用房铝合金门窗不能用，玻璃幕墙不能用，有诸多限制。

为了解决这些问题，对方提出了许多要求，譬如：最好不是自己造房子而是买成品；中国人民银行要自己全部控制大楼，不能合资也不能出租；大楼作为行政办公大楼，同时还要满足金融市场功能的扩展需求。因为，当时已经有票据交换、外汇交易等。人民银行与金融市场区域的门要分开，不能一个门进出。随后，总行派会计司长、基建司长到上海与陆家嘴金融贸易区开发公司研究规模、资金、预算等具体工作。

1990年12月31日，陆家嘴金融贸易区开发公司的第一个批租协议——中国人民银行上海分行的银都大厦项目得以正式签署。虽然，人民银行方面承担了部分土地费用，但动迁费用巨大，远远超出了他们的预算，难以全部承担。最为困难的是，银都大厦的投资方是银行，没有基建专业人员。为此，陆家嘴金融贸易区开发公司在人员紧缺的情况下，招聘了10个人组成专门小组，代建该项目。陆家嘴金融贸易区开发公司以协议批租的形式，同时贴钱、贴队伍，最终促成了人民银行入驻浦东。

这种贴钱、贴队伍的协议批租形式，还有第二家，那就是浦东的海关大楼。1990年，有关部门的人，第一次来到陆家嘴金融贸易区开发公司洽谈，说要建造浦东海关。虽然浦东海关隶属于上海海关，但却相当于省级的独立海关。对于浦东海关问题，市、区的两级领导态度一致，由陆家嘴金融贸易区开发公司支持和负责建设。为此，陆家嘴金融贸易区开发公司又专门成立了一支队伍建造这栋建筑。以上两个案例都是发生在第一个阶段里的协议批租。

第二阶段，出现了"省部楼"政策，时间是在1990年至1993年间，其中最为典型的有3家。

一是安徽省裕安大厦。1990年10月30日，安徽省外经贸委主任来到陆家嘴金融贸易区开发公司拜访，如同全国各地参与深圳开发一样，他们提出要参与浦东开发，想在浦东建一个内河码头，同时计划在陆家嘴能够要到2~3亩地建造一栋25层左右的大楼。

安徽省外经贸委主任表示，安徽省会落实一个公司来操办此事，请上海方面只负责动迁与土地供应。随后，安徽省成立了安徽省上海项目筹建组。安徽省政府非常重视浦东的建设。1990年底，安徽省政府正式批准在上海成立上海裕安实业公司，负责在上海建造码头、楼宇的专门事务工作。

1991年3月16日，裕安大楼筹备组到陆家嘴金融贸易区开发公司访问，确定6月份裕安实业公司开张，并告知，开张时安徽省的领导会莅临，希望上海方面能够尽快协助将土地问题落实。同时还传达了两个信息：一是当时恰逢安徽水灾，全国赈灾，建楼之事安徽省会向中央领导进行汇报，不用上海市方面出面；二是在上海造楼，是"一船"项目，所谓的一船项目是指：设计、钢材、水泥、石材等材料全都由安徽方面来提供，包括施工队伍由安徽来承担，上海方面只负责落实35000平方米大楼的土地。

这个目标确定后，陆家嘴金融贸易区开发公司立即展开细化工作。对方表示，安徽某副厅长担任总指挥，有2000方的建材已经划拨。5月20日，对方向陆家嘴金融贸易区开发公司通报，安徽省主要领导已向国务院汇报了该项目，中央政府已经同意建楼，并且表示"水灾总要过去的，安徽总要发展的，安徽是内陆省，要借上海浦东开发窗口，吸收外资，走向全国，走向国际。但，这件事只做不说。"

1991年6月24日，安徽省委、省政府的领导和中共上海市委书记吴邦国出席了裕安公司正式成立揭牌暨裕安大厦奠基仪式。安徽省的裕安大厦于1995年6月建成。虽然安徽受灾，但利用浦东开发，走向全国，走向世界，项目启动比较早，思路比较清晰，这栋楼的成本是所有"省部楼"中最低的。

另一幢楼是江苏大厦。那是1990年12月7日，江苏省沪办主任第一次到陆家嘴金融贸易区开发公司来调研，3天后，即12月10日再次来到陆家嘴金融贸易区开发公司调研并询问土地情况。然而，尽管他们的人来得较早，但由于前后接触了将近一年，时间拖得较长，最终落实的土地位置只能到第二排去了，在齐鲁大厦的后面，即现在的紫金山大酒店。

1991年11月20日，江苏省的有关方面领导同志莅临上海，和陆家嘴金融贸易区开发公司谈了具体要土地的细节。当时，江苏省已批准了建楼的一笔款项，但浦东的土地成本价格超过了他们的预算。实际上，在浦东这个地方，这个协议批租价格连个动迁成本价都不到。但，在比较以后，他们还是觉得江苏省的大楼地价偏高，于是就在地价上僵持，又花了一个月时间谈判土地价格。其实，地价没有高多少。最后，江苏省的同志理解了，去补办了增加投资的手续。1991年12月28日，在江苏省沪办招待所，双方签署了合同。江苏省出面签字的是省财政厅厅长，上海市方面有夏克强同志出席。

上述这两个项目都是协议批租形式。

协议批租形式有自下而上签协议，也有反过来的，山东齐鲁大厦协议批租就是自上而下的个案。1990年5月，山东省的一位副省长来到上海，黄菊同志陪他从黄浦江上考察浦东，向他介绍描绘了浦东开发开放的政策和前景，这位副省长便当场提出要一块地。8月份，山东省方面派人来到陆家嘴金融贸易区开发公司进一步接触，转达了省长与上海市市长商谈的意见。12月，山东省方面来沪考察，进行高层互动。1991年7月23日，一位副省长到上海专门落实此项目，同意按土地成本价制订合同。4天后，即7月27日正式签署合同。9月15日，齐鲁公司成立。

这是"省部楼"协议批租土地中的3个案例。安徽、江苏、山东，有自下而上的，也有自上而下的，但都是反映省市之间的友好合作和全国支持参与浦东开发的故事。

（综合有关协议批租的资料）

（二）

1991年，浦东开发开放全面铺开时，有一个特殊政策，允许各省市和中央各部委在浦东陆家嘴以成本拿地建造"省部楼"。于是，国内各省市、中央各部委纷纷来到陆家嘴金融贸易区陆续建起了"齐鲁、裕安、江苏、嘉兴、宝安、石油、物资、中化、银舟、船舶、宝钢、红塔"三十多幢"省部楼"。可以说，没有国内各省市、中央部委企业最初的参与，就没有陆家嘴今天的辉煌。

早在1990年当中央和国务院决定开发开放浦东时，安徽省人民政府就作出了"开发皖江、呼应浦东、迎接辐射"的决定，准备在上海浦东成立裕安实业公司并筹建裕安大厦。为什么安徽会作出投巨资参与浦东开发的决策？原安徽省委书记卢荣景1992年在《浦东开发》上发表专稿说："国家决定开发、开放浦东，这将进一步增强上海的经济辐射能力。我省处于辐射区内，沿江地区更是首当其冲……随着浦东的开发开放，整个长江经济走廊的开发和开放步伐势必加快……把我们的优势与上海的优势结合起来，对双方都有利。"而裕安大厦与裕安基地项目的建设，正是安徽呼应浦东开发，加快改革开放的重要举措。

1991年6月24日，陆家嘴金融贸易区内的第一幢批租的商务楼——安徽裕安大厦奠基开工。

陆家嘴金融贸易区开发公司以成本批租给安徽裕安实业总公司建造裕安大厦的地块位于陆家嘴金融贸易区内的2-2，即：张杨路以南，东方路以西，崂山东路以东，潍坊路以北的B号地块。大厦的总建筑面积3.5万平方米，基地面积约为6000平方米。转让地块的使用期为50年。大厦的用途为办公、综合服务等。

自1991年6月"裕安"在浦东开业以来，一直同浦东一起成长壮大。1991年6月中下旬，安徽遭受了百年未遇的特大洪灾，裕安公司向省委书记卢荣景请示，在特殊困难的情况下，裕安大厦还要不要建。卢荣景回答：参加浦东开发的机遇不能停！裕安大厦继续建造！1993年是国内宏观经济调控的关键时期，但安徽省继续作出决定，对裕安追加投资，加快裕安建设速度，要求"裕安"努力发展在浦东的事业。

裕安公司借浦东开发建设的东风以其特有的思路和模式向前发展，希望通过上海走向世界。她联合了省内大企业集团，组建了一批子公司参与浦东开发，不仅支持了浦东的开发，而且带动和促进了安徽经济的发展，裕安公司在发展自身的同时，注重参与浦东开发项目，与浦东开发整体推进同步进行，在陆家嘴金融贸易区、金桥出口加工区、外高桥保税区等浦东开发小区相继建立起自己的开发基地。

1995年6月，裕安大厦落成，标志着裕安公司参与浦东开发第一次创业的完成，开始进入了以功能开发与实业发展为主的第二次创业阶段。从以后的发展情况来看，裕安大厦和裕安基地的功能作用发挥良好，形成了良好的社会和经济效益。

"裕安"在上海发展的二十多年，是"裕安"与浦东一同成长的二十多年。通过这二十多年的发展证明，"裕安"成功地完成了安徽经济与上海经济的联动发展，与国际经济衔接的职能。

（综合1999年6月《今日陆家嘴》等资料）

邀请招标转让土地使用权

（一）

1990年9月10日，上海发布了一批浦东开发的优惠政策。共10个政策，出台了9个，一个未公布的是对国内省市投资浦东的优惠政策，只做不说，所以，当时被称为"9+1"的政策。

1991年12月23日，上海市协作办主任来找陆家嘴金融贸易区开发公司说，各省市呼声高，要参与浦东开发，但是没有抓手。市协作办考虑在年底前后举办一次活动，邀请近百家单位参加。当时，在上海一共有86个享受中央部级待遇的外省市与中央部委的驻沪机构。其中，外省市28家，中央部委44家，还有央企、新疆建设兵团、计划单列市。市协作办主任反复强调，我们要在浦东开发上，给予这些单位以特别的服务与引导。浦东的3家开发公司也要迅速做好准备，提供方案。

1991年12月29日，在浦东川沙礼堂举行了中央各部和兄弟省市驻沪各单位的座谈会，陆家嘴、外高桥、金桥3家开发区的领导去作了发布。市政府发布时还没有讲到"省部楼"政策。当时，宣布对内地投资或者带着外资一起来的单位，实行某些经济特区的政策，或者可以享受经济技术开发区的政策，重点是推外高桥、金融服务业、证券交易所，吸引他们到上海来上市。但是，会议结束后，各省市来和陆家嘴金融贸易区开发公司接触，谈的不是公司上市，相反是来要土地造楼，而且非常积极，数字急剧攀升。

到1992年初，"省部楼"的概念出来了。1992年1月22日，吴邦国同志到陆家嘴来调研，听工作汇报。当时的背景是小平同志在上海过完春节刚刚离开，作出了："思想要更加解放一点"，"一年一个样、三年大变样"等重要指示。小平同志的南行讲话发表后，迎来了全国投资浦东的高潮。1月30日，夏克强同志带领浦东开发办的领导来调研，要求陆家嘴金融贸易区开发公司做好应对准备。2月13日，黄菊同志来调研说，要在即将召开的华交会上宣布促进国内投资的政策，让陆家嘴金融贸易区开发公司考虑怎么办。2月18日，市委听取浦东开发汇报。2月20日，黄菊、夏克强等同志又来到陆家嘴金融贸易区开发公司，详细了解陆家嘴有多少土地可以提供和提供什么政策等。然后就有了市政府关于"省部楼"政策的正式出台。

这个政策的口径是四条：1. 一省、一部，一块地；2. 按项目给土地；3. 按政策给优惠；4. 暂时实行一年。这个政策只适用陆家嘴金融贸易区开发公司，不适用其他开发公司。一省、一部包括中央部级大企业。这4条政策只有口径没有文件，不见报不发布，由陆家嘴金融贸易区开发公司实施。

这个政策宣布后，一下子就来了八九十个省、部、委、办和央企、大公司，要按此政策操作立项。1993年后，虽然市场走下坡，但是符合这个政策的，陆家嘴金融贸易区开发公司仍按此政策口径执行。1995年以后，由于国家宏观政策调控，就没有再实行这个政策。

到1992年9月份，预定土地合同的有28个单位，但是，另有84个待批租立项在排队，28个单位是已经签了合同的，包括内资、外资、人民银行等。排队的84个中，外省市的有19家，中央部委、央企的有20家，另外内外资企业有45家（外资22家，本市企业23家）。最后，也有因各方面因素，有些单位没有最后落实计划和资金，项目也就终止了。真正按照"省部楼"政策，落实的20多家。

一省、一部，一楼，按项目给土地，按性质给优惠，最典型的是金茂大厦。金茂大厦，其性质不仅仅是属于省部楼，而是该大厦将陆家嘴金融贸易区的国际贸易功能一下子提升了上去。外经贸部将下属的全国性专业公司，包括有色金属、中粮、中化、中石油，连珠宝进出口公司等都集聚在陆家嘴。所以，对于陆家嘴金融贸易区开发公司而言，即使一分钱不收，也要造这个楼，因为建造金茂大厦的意义非同一般。通过建造金茂大厦，聚集了全国的对外贸易功能。

1992年9月3日，陆家嘴金融贸易区开发公司写过一份关于陆家嘴项目建设情况报告给浦东开发办，报告提出：针对不同的项目类型，要采取相应的土地转让方式。报告提出三种模式：

　　第一种，对中央各部委、兄弟省市的项目，继续贯彻"一省、一部，一项目"的优惠原则，优先给予安排。

　　第二种，对于部属各类大企业和市、区企业的项目，采取邀请招标或者议标方式供应土地。邀请招标就是请三四个单位竞争一块土地，使得土地走向市场化。有的单位会参加几次投标。

　　第三种，对于境外投资项目和国内房地产经营项目，采取公开招标方式。这样，可以有利于经营机制转换，促进与国际市场接轨。

　　1992年下半年开始，陆家嘴金融贸易区开发公司在对外发布的公开资料中宣布：陆家嘴金融贸易区开发公司将采取3种土地出让方式：

　　第一，对过去已经协商的项目，继续按标准的协议方式进行，主要是"省部楼"。

　　第二，考虑采取邀请招标方式，邀请部分投资者投标。

　　第三，公开招标方式转让土地使用权，向国际接轨。当时，上海永生制笔股份有限公司通过竞争已经获得竹园地区一块地块的使用权，用于建造永生大厦，这是在陆家嘴金融贸易区内第一个通过邀请招标方式取得土地使用权的国有大企业。

　　1993年3月11日与18日，陆家嘴金融贸易区开发公司分别推出2-6-2、2-10-5两块土地开展邀请招标。结果，一块地流标，一块地被"金马房地产"中标。当时有报道说，金马房地产公司总经理春风满面，一迈进陆家嘴金融贸易区开发公司的大厅，就潇洒地将标书投入标箱内，随后先到一步的某海外公司代表也采取了同样的行动。境内外7家实力雄厚的公司围绕陆家嘴1.3万平方米黄金宝地的土地使用权开始角逐。

　　竞争结果，"金马"以1622万美元一举中标。报道最后说，去年，金马房地产公司参加陆家嘴某地块投标因多种原因未能如愿，这次竞标志在必得。从"永生"到"金马"，意味着陆家嘴金融贸易区开发公司的"邀请招标"迈入了国际化。陆家嘴金融贸易区开发公司在以后的批租工作中较多运用邀请招标。

　　参加首例国际公开招标的，是在"永生制笔"后的"汤臣"国际集团。这里面也有小故事。那篇报道中关于"金马房地产"参加公开招标因多种原因未能如愿中标的那块地，就是被"汤臣"国际集团中标拿走的，而且，汤臣的出价并不是第一名，但是，规划和其他综合评分最高，被国际的评委们打分后胜出。

　　因为，当时的陆家嘴金融贸易区开发公司实行的并非完全是以"价高者得"的土地批租，而是以两种选择来决定：一种是价高者得，另一种是综合评分。

　　1990年到1991年间，由于担心浦东开发早期的土地价格上升过快，会错误地发出"价高者得"土地的信号，更由于考虑到位置、环境等因素，所以，不能采取唯"价高者得"的方式批租。而是采取了综合评分，即：对于资质、信誉、开发计划、速度、价格、规划，进行评分。每次招标都有一个评标委员会，所有标都是暗标，开箱后由专家评标，分不同小组专人负责资质、投标条件、开发计划、规划、价格等专项内容审核，按加权评分高者得。"金马"是输在规划上。

对于国际公开招标，陆家嘴金融贸易区开发公司在开发早期十分谨慎地采用了一次。因为，参加投标的单位毕竟要有勇气，市场的可参照信息不多，而且也要做好规划等准备工作才能来投标。所以，当时大部分单位更愿意参加邀请招标。因为竞争对手比较明确，准备工作要做到什么程度，心里比较清楚，甚至会出现与竞争对手联合竞标的场面。

（综合有关邀请招标的资料）

（二）

2003年，在陆家嘴金融中心区X2地块引进香港新鸿基集团，创下了上海办公楼项目单幅地块邀请协议批租转让面积最大、总投资最高两项纪录。

陆家嘴金融中心区X2地块，位于地铁2号线陆家嘴东站上盖南侧，与金茂大厦、正大广场相邻，处于陆家嘴中央商务区的核心地带，地理位置优越。占地面积6.5万平方米，总建筑面积41.5万平方米，土地规划性质为商务、金融办公用地。

2001年12月19日，上海市市长会见了新鸿基公司董事局主席郭炳湘、总经理郭炳江一行。新鸿基公司表明了在陆家嘴X2地块上建设金融中心建筑群的愿望，并介绍了由美国著名的西沙贝利设计师事务所为该项目设计的初步方案。上海市方面表示，欢迎新鸿基公司来上海浦东投资建设金融中心项目，对该项目的设想给予了肯定，希望能够尽快推动该项目，并有一个明确的时间表。在市、区两级人民政府的重视和指导下，陆家嘴（集团）有限公司与新鸿基公司高层就土地批租进行了多次会谈。

2002年2月28日，新鸿基地产公司与陆家嘴（集团）有限公司就X2地块的使用权转让价格达成共识，并于3月3日双方签署了备忘录。随后在此基础上，又对该设计方案作了进一步的优化和调整。陆家嘴（集团）有限公司也与新鸿基公司就X2地块的土地使用权转让合同的主要商务条件进行商务谈判。

为促成该项目早日落户浦东，陆家嘴（集团）有限公司坚持公平、公正和诚信的原则，双方对协议的支付条款进行仔细测算，反复协商，最终达成了一致意见，于2002年11月5日签订了X2土地使用权转让协议书，并明确待市、区规划部门就X2地块的规划设计条件给予明确批复后，正式签订土地使用权转让合同。

但原定2003年3月28日X2地块转让合同的正式签字仪式，因当时香港非典疫情及新鸿基公司的要求而延期。之后，陆家嘴（集团）有限公司于2003年4月24日、5月3日两次收到了新鸿基方面的来函，提出了将原协议中的利息计算条款修改为以美元贷款利率计算利息的要求。

针对这一新出现的情况，上海市领导非常重视，多次听取陆家嘴（集团）有限公司汇报，作出重要指示，并多次会见新鸿基高层领导，关心并促进该项目的顺利签约。

6月18日和8月12日，陆家嘴（集团）有限公司高层领导专程赴港与新鸿基郭炳湘主席坦诚协商，再次表明陆家嘴（集团）有限公司欢迎并支持新鸿基地产公司来陆家嘴金融贸易区发展的真诚愿望和积极行动。

在新一轮的协商中，陆家嘴（集团）有限公司体现了最大的诚意，作出了新的让步，同意将原协议中明确的"以人民币贷款利率计算利息"的办法，调整为"依照人民币贷款利息和美元贷款利息（6个月）的平均数两者相加除2"作为利息的支付条款。

与此同时，新鸿基公司明确表示愿意为浦东开发捐赠一个项目。优先将宋庆龄故居（"内史第"）恢复重建、弱智教育学校、郊区敬老院和文化公园标志性建筑建设等作为本次捐助的备选项目，并明确表示捐助额不少于3000万元人民币。此外，新鸿基公司方面希望不要把捐赠此项目与X2地块项目直接联系起来。

2003年8月15日，"陆家嘴金融贸易区X2地块土地使用权转让合同签字仪式"在浦东金茂君悦大酒店二楼举行，双方在合同书上签字。

新鸿基地产发展有限公司是香港最大的房地产发展商之一，其房地产项目雄踞香港，尤其以兴建优质商办楼宇著称。多年来，不仅为香港地区的繁荣作出积极贡献，同时，积极投资国内建设，参与城市发展建设，为内地的发展同样作出了贡献。新鸿基参与陆家嘴金融贸易区的建设，正是看中了陆家嘴日趋强劲的金融、信息集聚功能以及未来巨大的市场价值。

新鸿基地产发展有限公司预备投入80亿港元巨资在X2地块开发世界级大型商业综合项目。该项目将由两座外形独特的高层塔楼组成，"双子塔"的楼高超过320米，约70层。整个项目包括了世界级优质写字楼、酒店、商场及娱乐设施。在内部设计方面，大楼高层部分为可提供约1300个房间的酒店，低层则为写字楼。商场部分以圆形广场为中庭，并有多条通道连接邻近主要道路，并可通往塔楼办公区域、酒店和宴会厅等地方。写字楼则仿效香港国际金融中心的标准，楼层采用无柱式设计，并设有为金融机构量身定造的交易楼层。

（综合2003年8月13日《关于陆家嘴金融中心区X2地块土地使用权转让洽谈情况专报》等资料）

公开招标转让土地使用权

在1992年2-2-1号地块（竹园商贸区）招标前，公司已转让了13幅地块，这些地块都是通过协议方式转让的。为了适应浦东新区开发开放形势的发展，经有关部门同意，陆家嘴金融贸易区开发公司选择了2-2-1号地块（竹园商贸区）开展土地使用权转让公开招标。由于这次土地使用权转让公开招标，是由土地开发企业实施并全权委托海外公司公开招标，因此在浦东新区和国内都属首次，格外引人关注。

2-2-1号地块的土地面积为7394平方米，用途为办公商贸综合楼，建筑面积密度（容积率）为5.5万平方米/公顷。为扩大海外影响，公司全权委托了香港仲量行有限公司向海外公开招标。

1992年1月23日，陆家嘴金融贸易区开发公司与香港仲量行签订了委托海外招标协议书，随后会同仲量行共同起草编写、印刷招标文件，包括招标书、转让和使用条件、投标书；中标证明和土地使用权转让合同；3月份，仲量行与公司分别在中国香港、台湾地区，上海和新加坡刊登文告，推广宣传，并发送招标文件。为了配合仲量行在香港进行招标推广工作，公司于4月下旬派出汪雅谷副总经理3人，与仲量行在香港召开了新闻发布会，重点走访了有实力并有意投标的房地产发展商，对上海有意投标的房地产开发企业也进行了走访；5月12日，在香港仲量行和陆家嘴金融贸易区开发公司分设了两个标箱开始投标。5月15日北京时间12时截标时，共收到标书6份，其中外资4家。

1992年5月16日在上海开标、评标。台湾汤臣集团全资附属嘉地有限公司以1090万美元的报价中标，折合楼面地价每平方米268美元。

本次招标工作依照国家和本市的有关法规、规章并在公证处的公证监督下进行，达到了预期目的。取得了如下效果：

一、扩大了浦东开发开放的影响

这次招标工作，不仅在中国香港地区、新加坡等地报纸上刊登了广告，而且第一次在台湾报纸上刊登了上海招标转让浦东土地使用权的广告，引起了广泛的反响；通过香港新闻发布会，宣传了浦东开发开放的政策、形势和投资环境。到会的《文汇报》《大公报》《明报》《信报》《快报》《星岛日报》、《天天日报》、《商报》、《经济导报》、《香港经济日报》以及《亚洲电视》、《翡翠电视》等记者，均在显著的版面以醒目的标题作了报道。通过这些宣传，使海外的各界人士对浦东的开发开放有了了解。

二、使浦东的土地使用权转让价格有了一个市场尺度

在2-2-1号地块招标前，公司已转让的13幅地块都是通过协议方式转让的。现在有了一个市场价格尺度，再开展招标工作时，心中就有了底。

三、吸引外资参与浦东开发的有效途径

从当时公司已转让的和正在谈判的地块投资项目分析，投资者主要还是内资，有部分是合资项目，外商独资项目还没有一家，而通过公开招标向海外宣传推广，就可以从投标者中选择有实力的外商中标，引进一大批外商。

四、为浦东房地产业推向市场积累了经验

陆家嘴金融贸易区开发公司全权委托香港仲量行公司成功地进行了2-2-1地块土地使用权转让，开浦东新区乃至全国全权委托境外公司进行国际招标的先河之后，1993年，陆家嘴金融贸易区开发公司继续贯彻既打"中华牌"，又打"世界牌"的经营方针，在土地批租经营方式上开始逐步由协议转让向公开招标转变，并将招标作为逐步规范土地批租的市场行为、改善投资环境的一项重要工作来抓。

为了做好这项工作，公司制订了转让工作管理办法和工作流程图，从招标文件准备到投标、议标、评标决标等各个阶段，都精心设计，力求规范化，并及时总结分析，使土地批租符合市场规律和国际惯例，扩大了浦东开发和陆家嘴金融贸易区的影响，也使土地使用权转让价格有了一个市场尺度。

　　1993年，公司以招标方式批租土地5幅，占当年新签约的23.81%，招标对象也由外资企业扩大到国内项目。通过招标宣传和招商活动，使1993年的投资势头不减，一年中共有17个国家、69批外商、400多人次来公司考察洽谈，全年新签项目21项。

（综合1992年6月15日《关于陆家嘴金融贸易区2-2-1号地块土地使用权转让公开招标的总结报告》等资料）

陆家嘴开发公司土地批租情况

　　一、1991年到1994年9月5日陆家嘴开发的前4年，陆家嘴金融贸易区开发公司一期开发范围共批租65个项目（包括富都世界一期等）。批租土地占地总面积53.9万平方米，可建总面积348.2万平方米，其中：各类办公综合楼建筑面积324.2万平方米，占总建筑面积的93.1%；住宅18.5万平方米，占5.3%，宾馆5.5万平方米，占1.6%。

　　二、从1991年到2004年5月18日，陆家嘴金融贸易区开发公司可开发土地面积（包括陆家嘴金融贸易区内的三个重点功能小区，以及金融贸易区外的金杨、御桥、土控、六里、新高桥等）共38.6平方公里，已实施土地开发27.66平方公里（含配套用地）。累计完成土地批租209幅，转让土地面积1648.5万平方米，规划建筑总面积1647.25万平方米，土地转让金额人民币193亿元，美元11.22亿元。

（综合2004年5月18日《陆家嘴金融贸易区开发建设及陆家嘴（集团）公司发展情况汇报》等资料）

台商投资浦东的领头羊

　　1996年11月15日，赵启正代表徐匡迪市长将上海市"白玉兰"奖授予汤臣集团董事长汤君年先生，周禹鹏代表浦东新区管委会授予他浦东新区"荣誉市民"奖，汤君年因此成为同时获此两项殊荣的台商第一人。

　　汤君年先生是位台商，1992年起就在浦东投资。他投资的时间之早，规模之大，涉及的领域之广，堪称台商投资浦东的领头羊。

　　汤君年祖籍上海浦东南汇。早年，他的祖父在上海开设书店，他的父亲在新中国成立前，曾在上海从事进口印刷纸生产，而后与朋友在南京开印刷厂，均具有相当的规模，在上海也颇有知名度。后举家迁居香港，经营壁纸、装饰布等装潢材料。

　　1990年，汤先生第一次回上海时是完全观光性质，真正触动汤先生赴上海投资的意念，却是个非常偶然但又是必然的机会。1992年，汤臣电影公司在北京拍电影，春节后，汤先生陪太太徐枫（汤臣电影公司负责人）到北京探望摄制组，王兆国同志会见了他。当得知汤先生是上海浦东人时，王兆国便刻意把宴会订在饭店的"上海厅"。当时正值中央宣布开发浦东不久，因此，中央与台办的领导极力推荐汤先生到上海去投资，并嘱咐上海市的领导接待好汤先生。

汤先生到沪后，市政府副秘书长夏克强向汤先生详细介绍了中央开发浦东的决心以及浦东的现况与发展前景，汤先生听得津津有味。他原本计划在上海只待几天，后来却一连待了40天，在浦东进行考察研究。汤先生看到：中央对浦东开发寄予厚望，决策以上海浦东开发为龙头，进一步开放长江沿岸城市，尽快把上海建成国际经济、金融、贸易中心之一，带动长江三角洲和整个长江流域地区经济的腾飞。而且，浦东开发将是中国改革开放的标志，是中国今后10年开发的重点。

汤先生怀着对家乡的深情厚谊，以实业家的眼光看清了浦东开发开放的前景，从而坚定了在浦东投资建业的决心。1992年4月，汤臣集团正式选择上海，投资浦东，并将其在香港证交所的上市公司更改为"浦东开发集团"，明确公布汤臣集团姓"浦东"。这样，2岁时随父亲离开上海的汤君年先生，终于在40多年后重返上海，再续上海情缘，把汤臣的事业和浦东的发展紧紧地联系在一起。

汤臣集团决策投资上海浦东以后，便开足马力，快速运转。从参加陆家嘴金融贸易区2-2-1地块和汤臣高尔夫球场的投标中标开始，先后投资了十多个项目，其中以房地产开发为主，兼建筑业、观光休闲和食品业。

在浦东张杨路，汤臣集团投资5547万美元建造了7万平方米的酒店式公寓——汤臣商务中心。1993年4月动工兴建、1997年4月正式启用的这幢大厦，由2栋25层和1栋28层大楼组成，其规模设施，在陆家嘴堪称一流水平。在新上海商业城，1993年开始建造的新亚汤臣大酒店，投资额达5500万美元，是浦东又一家具有五星级水准的酒店。

位于东方路、张杨路口的汤臣金融大厦，是浦东第一个国际招标的土地批租项目，1992年12月动工，1995年竣工。这座投资4800万美元的甲级涉外纯办公楼，外观金碧辉煌，气派宏伟，造型呈新世纪风格。如今，大楼已被跨国公司、国内大的金融机构、大的企业集团租售一空。

为了全方位投资浦东，汤臣集团在外高桥保税区又建造投资额达2980万美元的汤臣国际贸易大楼。此项工程于1992年12月开工，1995年8月完工，是外高桥最早投入使用的办公大楼。在开发房地产的同时，汤臣逐步投资兴建了一些生产企业，其中包括在外高桥工业园区投资2980万美元建有11万平方米的标准厂房。位于浦东川沙的汤臣塑料工业公司于1995年投产，生产PVC塑管与管件。位于浦东川沙的上海汤臣国建混凝土有限公司于1995年投产，专业生产混凝土制品。1995年，汤臣集团又将总部迁至陆家嘴的汤臣金融大厦。■ 史忆

汤臣大厦

以实现功能为目标的招商引资

陆家嘴金融贸易区开发公司的招商引资都是按照实现区域功能为目标、有针对性地进行，并从体制上不断对招商引资的工作系统进行优化和完善，建立了公司高层直接领导并负责、营销专业部门为系统集成平台的招商引资基本构架，从而确保了招商引资的时效性与针对性。

公司前期招商引资的三个阶段

在相当长的时期里，人们认为只要具备一定的土地资源、优惠的政策以及廉价的劳动力，就可以吸引投资者，就是招商引资了。简而言之，用土地资源、优惠政策、廉价劳动力换取投资者的投资，就是招商引资，其交换的过程就是招商引资的过程。这是狭义的招商引资概念。

随着市场经济的发展和世界经济的全球化、一体化发展，投资者投资的交换需求不再局限于土地资源、优惠政策、廉价的劳动力上，而是扩大到对其他经济、社会的资源上。陆家嘴金融贸易区开发公司的招商引资是按照完善区域功能为目标的有针对性的招商引资。

公司的前期招商引资工作大致可分为三个阶段：

一是1990年至1992年的起步引资阶段，吸引项目以内资为主。共批租土地15幅，转让收入美元0.66亿与人民币2.75亿元。平均楼面价165美元。

二是1993年至1994年的快速引资阶段，吸引项目以外资为主，批租土地44幅，转让收入美元4.84亿与人民币13.84亿元，平均楼面价308美元。

三是1995年至1996年的市场回落阶段，批租土地6幅，转让收入美元0.84亿与人民币1.16亿元，平均楼面价285美元。

从招商的总量看，从1990年开始的7年时间里，批租土地总面积达59.3万平方米，规划建筑总面积为356.6万平方米，这个总量相当于浦西1990年至1993年批租量的总和。

从三个阶段引资项目数和资金分析，1990年至1992年为平稳增长阶段；1993年至1994年为快速增长阶段；1995年以后开始下降，这根曲线基本上符合整个房地产市场的大趋势，从招商的成效看，由于招商从规划目标和功能布局入手，在招商的过程中为金融、贸易功能的定位打下了基础。

据统计：1992年吸引外资5.9亿美元，1993年为10.6亿美元，1994年升至20.5亿美元，1995年尽管全国吸引外资处于调整低位的情况下，仍高达3.3亿美元。这反映出陆家嘴已成为世界投资热点。

为了不断完善区域的功能开发和形态开发，陆家嘴金融贸易区开发公司始终把招商引资工作作为重要工作加以关注，并在招商引资的方式上不断创新，从"以地招商"到"以楼招商"，从"定向招商"到"公开招商"，从"项目招商"到"功能招商"，并逐步建立健全了招商引资工作的新平台。

从2004年至2006年，引进中外企业150多家，吸引内资108.22亿人民币、外资18.31亿美元。

在招商引资工作过程中，公司注重形式创新，注重招商实效，每年都能创造出多个"之最"，如：

2003年，在陆家嘴金融中心区X2地块引进香港新鸿基集团，创下了上海办公楼项目单幅地块转让面积最大、总投资最高两项纪录；

2004年，成功地将葛洲坝集团引入竹园商贸区2-15-2地块，该地块的楼面转让价刷新了陆家嘴金融贸易区土地批租的单价纪录；

2005年，以公开招标方式推出竹园商贸区2-3、2-4地块，和记黄埔最后中标；

2006年，公司大胆实践"以楼招商"，成功吸引渣打银行入驻陆家嘴开发大厦，并创造了招商速度"之最"，即，项目还在进行基础施工，大楼的主力客户已经确定。

这些招商实绩，不仅大大丰富了陆家嘴的人文景观，提高了区域配套服务的水准和质量，也显著改善了区域人气、商气、文气不足的局面。

（综合1996年9月7日《进一步抓好招商引资，全面加速陆家嘴金融贸易区建设步伐》等资料）

招商引资靠的是诚信

招商引资的第一阶段，靠的是信念和中央的决策与号召。1978年十一届三中全会以来，10年的实践证明，要通过开发浦东来宣传中国改革开放的政策、方向，从而振兴上海。

第二阶段是用政策招商，主要是出政策，用政策来推动浦东开发。

第三阶段是已经有完整的战略要素，有模型，战场已经拉开，到处是工地，有政策、有规划、有模型、有基础设施的动作。1990年代初期，浦东作为开放的象征，发展浦东不是玩概念，而是动真格，是要参与世界经济的竞争，在世界舞台亮相，作为21世纪初上海与国际竞争的平台，中国与外国的企业能够互相交融，是通向世界的窗口。同时，也是"练兵场"，是培养国家队的基地。

第四阶段是出形态。高楼、工业区、码头已建成。

第五阶段是出功能。金融、贸易、港口、出口加工、科技发展和创新。

这样，形成了最完整的"市场经济"的理念，现在的招商不仅仅是招商，而是选商。

选择英特尔、IBM这样一些国际著名的公司，与他们沟通，他们看中的是上海的未来，我们看中的是他们在国际上的领头地位。我们把概念讲清楚，宣传党的路线、方针，再加上中国已经走过了20多年改革开放的路程。当然，光说不行，还要有规划，不是就事论事，这个规则就是以上海市场为背景，以完整的功能区来构成未来的城市。同时，要符合国际经济惯例，按照国际市场规则去做。这就决定了土地要按照市场化进行。当时，有人说，别的地区都是送地，而浦东土地要批租，还有年限，谁来呀？

我们认为，外国人主要看法则上是否和国际惯例吻合，而不是看便宜，所以，我们要公布法则，同时要坚持城市发展的规律性的东西。如陆家嘴中心区是金融区；东方路、张杨路是商贸区；花木是科技文化区；外高桥是港口贸易区；金桥是出口加工区，这些都是按照国际惯例来做，外商接受这个理念。

我们按经济规律办事，按城市功能组合办事。在基础设施上动真格。浦东有3000多亿固定资产总投资，而政府投资不到百分之十。政府投资主要用作基础设施，搭建平台，是"花园的园丁"，负责把土地做好，做到土壤、水、气温到位，才会开花结果。

我们做了两个基础设施，让世界瞩目，外商渐渐地来了。举个例子，如环球金融大厦，日本投资商第一次来时并没有说出自己的名字，只是在规划模型前沉思。第二次来的时候，我们主动问他们，在想什么呢？他说：他在想，作为日本最大的房地产商，他父亲的兴起就是得益于日本开发时迎合了时代的潮流。但，同时也有两大疑虑，一是规划上，浦东是否能做到；二是日本的企业是否接受和认可。他一开始不肯签约，就是后来签约了也一直不开工打桩。他问世纪大道要多少年才可以做完？日本人不相信2000年之前能做完。我们就请他明年来看。第二年他来到陆家嘴中心区时，已经动迁了几千户居民。看到这些，他才签了项目。但他不打桩，他说打桩要与陆家嘴中心绿地的开工同时进行。当1997年6月，我们请他坐在中心绿地里时，他非常感慨：共产党想做的事，就一定能做得成。

今日陆家嘴

我们招商引资靠的是诚信，但不仅仅是靠诚信、政策，向外商描述未来，还要有在城市建设上的大手笔，国际化，以诚信和国际大公司对话，要看你的理念是否和未来发展相吻合，是否照着这个理念去做。我们在招商引资时掌握一点，就是直接和对方高层对话，让他们认识到，上海搞开发的这批人还是懂城市经济的，从而使对方建立了投资的信心。■岸的

以建设世界级中央商务区为目标招商引资

浦东开发开放的大幕拉开后，国内外的金融机构、跨国公司、大的企业集团纷纷涉足浦东，参与陆家嘴的开发建设，掀起了一波又一波的开发浪潮。但是，为了防止炒地皮、凑热闹，陆家嘴（集团）有限公司并不是什么人来要地，都给地，而是有选择地带项目给土地，特别是抓住当年"申博"成功带来的战略发展机遇，乘势而上，以陆家嘴中心区、竹园商贸区、世纪大道两侧办公综合楼以及部分商住楼地块的土地使用权转让为依托，以建设世界级中央商务区为目标，以完善区域功能开发为主题，积极开展招商引资，吸引了海外重量级金融、贸易机构、国际顶级房地产开发商以及国内知名大企业、大集团，一批重大项目相继落户陆家嘴金融贸易区，实现了招商引资新飞跃。与此同时，来自中央各部委面向世界、服务全国的内资项目也高潮迭起、效益出众。主要表现在以下几个方面：

海外重量级企业集团、金融保险机构和房地产开发商斥巨资投资陆家嘴

2002年，成功引进了新加坡政府产业投资公司开发陆家嘴中心区B2-2地块，建设其在中国的地区总部大楼。2003年8月15日，又与香港地产巨头新鸿基地产有限公司签订了陆家嘴金融贸易中心区的国京中心X2地块土地使用权的转让合同。新鸿基投资80多亿元，建设总建筑面积为41.5万平方米的金融、商业、办公、酒店为一体的大型综合项目。截至2003年6月，在陆家嘴开业的外资银行与非银行金融保险机构已达67家，其中42家外资银行的营运总资产达200.26亿美元，相当于全国同期吸引金融营运外资总额的三分之一。

一大批国内知名金融、保险机构加入陆家嘴开发

自2002年至2003年上半年，分别签订了陆家嘴金融中心区B1-1、1-4、B3-5地块土地使用权转让合同与陆家嘴金融中心区B3-2、3-4地块土地使用权的转让协议，引进了包括平安保险公司、深圳发展银行、深圳招商银行等金融机构总部与地区总部。国内民营企业进军陆家嘴的势头迅猛，意向投资陆家嘴金融贸易区的热情高涨。

利用外资的水平得到持续提升，中外各类投资项目的营运效益日益显现

2002年，陆家嘴金融贸易区内各类中外资功能机构取得了满意的投资收益，2003年上半年虽有

"非典"冲击，但仍保持着良好的发展势头并为国家培育了可观的税基。仅营业税一项超过1000万元的外资银行有8家；以外资金融保险机构为营运主体的汇丰大厦营运总额达到109亿元；以外资咨询、法律、会计、信息等现代中介服务机构为营运主体的金茂大厦，营运总额达133亿元；在此基础上涌现了一批"亿元税收楼"。

根据"上海要建成国际经济、金融、贸易、航运中心之一和现代化国际大都市，需要借助外资带动城市国际化程度的提高和综合服务功能的增强"的精神，在招商引资工作中，陆家嘴（集团）有限公司在以下几个方面继续加大工作力度，促成更多重大项目落户陆家嘴。

一、聚焦吸引跨国公司和国际金融财团的区域投资和管理总部，以及包括研发总部和培训总部在内的各类职能总部，使陆家嘴同香港中环、新加坡、东京新宿相映生辉，成为亚太跨国公司总部的重要集聚中心之一。

浦东开发开放以来，陆家嘴已成为跨国公司总部在我国最为密集的地区之一。为了进一步强化对陆家嘴国际金融贸易核心功能区的建设和管理，营造和优化最适合跨国公司总部运营的投资环境，以吸引更多的总部将陆家嘴作为首选落户地。

二、主动做好优质服务，与有关部门积极配合，共同为客户营造一流服务环境，及时沟通信息，切实为客户解决实际问题，提高工作效率和服务质量。

为确保已受让陆家嘴（集团）有限公司土地的开发商，特别是外商投资企业的资金早日到位，公司与浦东新区经贸局、投资办等新区有关职能部门协商一致，共同努力，以"体制创新"为抓手，促进外商投资者在浦东设立项目公司，确保投资资金早日到位，按时按量完成新区招商引资的工作目标。

三、抓紧与意向性客户的洽谈，将商机转化为现实成果，确保新区重点引进的大企业、大集团顺利落户。

新希望集团、正泰集团、葛洲坝集团等国内极具实力的大企业均有意在陆家嘴中心区或世纪大道两侧选址兴建其总部大楼。陆家嘴（集团）有限公司根据公司土地资源的实际情况，既惜土为金，又吸引最具实力，并符合区域建设规划的开发商和功能性项目进驻。

四、勇于探索招商引资方式的创新，全方位拓展引资渠道，推进多种形式的招商活动，开辟招商金额和功能当量的"双赢"格局。

陆家嘴（集团）有限公司积极参加厦门"98贸洽会"和策划"新国际博览中心会展产业圈"、"陆家嘴软件园"、九六广场的"陆家嘴休闲美食城"等系列主题招商活动。通过创新，从原先以"地块招商"为主要方式向"功能项目招商"、"智能化办公楼宇招商"、"陆家嘴新一轮区域开发建设项目招商"拓展。并且"适应新形势、站在新起点、实现新跨越、再攀新高峰"，瞄准创建世界级CBD的战略目标，开展招商引资。

（资料来源：2003年9月5日《瞄准世界级CBD目标，实现陆家嘴重大项目招商引资新飞跃》）

招商引资居浦东各开发区之首

2008年，陆家嘴（集团）有限公司全年的招商引资工作成效显著，共引进外资12.22亿美元，引进内资32.4亿元人民币，全面超额完成浦东新区下达的招商引资任务，获得浦东新区2008年度招商引资一等奖。

2010年，国家对外资进入房地产领域的严格限制和欧洲主权债务危机带来的不利影响，对陆家嘴（集团）有限公司的招商引资，尤其是吸引外资带来了极大压力。但，陆家嘴（集团）有限公司充分利用"以功能为主导"的成片开发所形成的综合配套优势，采取多项措施，提高招商水平，较好地完成了当年既定的目标，全年吸引合同内资27.41亿元、达到责任目标的183%；吸引合同外资9.12亿美元、完成目标的116%，吸引实到外资6.61亿美元，达到责任目标的94%。完成情况在浦东各开发区中继续位列第一。

2012年，陆家嘴（集团）有限公司招商引资：完成年度累计合同外资22.05亿元，年度目标20.97亿元，完成率达105%。完成实到外资累计15.57亿元，年度目标14.38亿元，完成率达108%。完成内资注册资本年度累计381.74亿元，年度目标365亿元，完成率达105%。

2013年，在上海市各开发区中，13项经济运行指标，除反映工业指标外，陆家嘴金融贸易区继续名列前茅。

2013年，全市开发区吸引投资总额2143.95亿元。陆家嘴（集团）有限公司吸引投资385.28亿元，占全市开发区吸引投资总额的17.97%。

2013年，陆家嘴（集团）有限公司招商引资：完成年度累计合同外资22.68亿元，年度目标22.6亿元，完成率达100%。完成实到外资累计15.96亿元，年度目标15.8亿元，完成率达101%。完成内资注册资本年度累计398.31亿元，年度目标396亿元，完成率达101%。

2013年，陆家嘴金融贸易区招商引资完成情况良好，内资注册资本、合同外资、实到外资均完成年度目标，完成率分别达101%、100%、101%。三项指标完成率均位居开发区前列，且浦东新区的这三项指标37%、29%、30%，是由陆家嘴（集团）有限公司完成。

2014年，因上海自贸区加入统计，陆家嘴（集团）有限公司的招商引资数据退居第二位。

（综合上海陆家嘴（集团）有限公司《2010年度工作报告及2011年工作计划》等资料）

央行和金融机构落户的故事

1992年12月18日，蔚蓝的天空上飘浮着缕缕白云。虽然时值初冬，然而，在浦东南路、浦东大道的十字路口却热气腾腾。那里正在举行着陆家嘴金融中心区的第一幢金融大楼——银都大厦的奠基暨开工典礼。赵启正副市长、倪天增副市长、中国人民银行的领导一起为大厦铲上了第一锹土，这是一个多么有意义的时刻！因为，这标志着中国人民银行上海市分行率先擂响了金融机构东进的战鼓，由此也拉开了陆家嘴金融中心建设的帷幕。

1995年6月28日，同样还是在这块地方，一派欢庆炽烈的景象，一幢现代化气势的大厦高耸入云。浦东新区管委会副主任胡炜将一只洁白滚壮的羊赠送给中国人民银行，寓意人民银行做了一个"领头羊"。

说实在，从筹划银都大厦到披星戴月的建设乃至人民银行喜气洋洋的东迁，这一段时间的确使人难以忘怀。因为，我们既是参与者，又是见证者。1990年4月，中央宣布开发浦东后，尽管当年9月已经组建了陆家嘴金融贸易区开发公司，但真正进入实质性开发，差不多还是一年以后的事。"陆家嘴人"（这样称呼似乎更亲热些、自豪些）在严寒酷暑里，走遍了开发区的大街小巷、村前宅后，为的是想早一天启动开发。但，大家都明白，陆家嘴的开发建设，首先要有金融介入。那时候，我们没有一个像样的开会地方，邀请金融界开招商会，还是借了汪总的原单位——友谊酒家。

我们探索彼此的结合点，共同憧憬金融区的未来。没有两方面的积极性是不能促成人民银行东进的。

在1990年前后，建行、工行、保险公司都已经在浦西建了新楼，其他几家银行虽不是新建大楼，但都已"安营扎寨"，人民银行在浦西建楼也已在计划之中。但，当时的龚浩成行长、朱小华、周芝石副行长和新任行长毛应梁深知中央开发浦东的重大意义，尽管他们的大本营基本上还在浦西，尽管浦东的交通条件等基础设施不是一年半载可以改善的，但是，他们毅然决策，放弃浦西建楼的计划，把新大楼盖在陆家嘴中心区内。

当人民银行在浦东建大厦的意向刚露端倪的时候，我们就把吸引人民银行大楼落户当作一个无上光荣的使命来看待。项目用地位置的选择，充分尊重人行的意愿。地价给予最优惠，还要贴钞票。人民银行缺乏建造力量，委托我们代建，我们10位同志辛苦劳累了1278天，其间虽然有坎坷，但最后交付使用的大厦，在造型、结构、气魄上，均不失中央银行的身份。

在中国人民银行东进浦东的带动下，一大批金融机构、中资银行来到了浦东开设分行，而后，外资银行也纷至沓来，等待人民银行发放"通行证"，这一切不就显示出了人民银行的领头羊作用吗？■郑尚武

第三篇

创新开发　破解瓶颈

二十多年来，上海陆家嘴（集团）有限公司一直致力于陆家嘴金融贸易区内的土地成片开发和社会人文进步，包括陆家嘴中心区、富都世界、金茂大厦等超高建筑，陆家嘴软件园等核心功能区域，以及世纪大道、滨江大道、陆家嘴中心绿地、"四个一工程"等重大市政基础设施的投资建设，还担负起企业的社会责任与区域建设主体责任，用市场化手段完成政府交办的任务等一系列开发实践。

　　"陆家嘴人"为实现浦东开发开放的国家战略，从陆家嘴到塘东、竹园、花木，再到前滩与临港的开发建设，以及在参与迪斯尼、上海中心大厦的重要投资进程中，一路上留下了许多可歌可泣、富有传奇色彩的足迹。

　　为此，人们迄今都在探究其早期决策和拓荒历程背后的"传奇"故事以及实践过程；探究其在成片开发、推动社会进步发展中创造的世界城市史上的奇迹。

　　陆家嘴（集团）有限公司25年来的开发实践，是一部波澜壮阔的史诗，本书显然不可能将其全部描述记录下来。为了使读者能够了解陆家嘴（集团）有限公司在开发建设陆家嘴金融贸易区进程中的具体做法，也为其他开发公司在制度创新和扩大开发方面提供宝贵的借鉴经验，本篇特地选择了一些具有标杆性的以及在时间节点上具有典型性的实例向读者讲述。

　　为了达到总结过去，展望未来的目的，在冲破僵化的束缚、解放思想的今天，实事求是地回顾审视这段走过来的路程，更多的是为了在推进浦东开发开放的"二次创业"中能够给人们以思索、启迪，提供借鉴。这对于深刻理解浦东开发开放的内涵，继续推动陆家嘴金融贸易区与陆家嘴金融城的建设，有着十分重要的现实意义。

彰显"一年一个样，三年大变样"的雄心壮志

开发工作获得突破性进展的1993年（一）

1990年8月，上海市陆家嘴金融贸易区开发公司成立以后，由于规划部门的规划还来不及设计编制，以及在开发陆家嘴对选址、功能布局与如何开发等问题上有一些争论，因此，陆家嘴金融贸易区开发公司只是在做调查研究，并未进入实质性的开发建设，真正投入开发启动的时间为1991年6月22日。从这一天起，公司全体员工铆足了劲，奋力拼搏，从而使开发工作在1993年获得了突破性的进展，彰显了陆家嘴金融贸易区开发公司实施"一年一个样，三年大变样"的雄心壮志。

1993年完成开发目标

1993年公司累计开发2平方公里土地；累计50幢大楼开工；完成富都世界一期动迁；完成滨江大道样板段和贯通轴线后半段（张杨路—老杨高路）。浦东新区政府下达的4大类14项目标也得到全面完成。

一、完成土地规划面积5.87平方公里，累计完成土地规划6.5平方公里，占公司一、二期开发范围6.8平方公里的95.6%。

二、累计开发金融贸易区土地面积2平方公里，配套基地1平方公里。1993年动迁居民6099户，动迁单位146家，拆除地面建筑物56万平方米。平均每个工作日动迁居民20户、动迁单位0.48家；拆除地面建筑物1830平方米，平整场地3062平方米；清运垃圾2167吨。

三、开工动迁房面积达54.7万平方米，竣工10.6万平方米。开工公建设施（中学、幼儿园、托儿所各一座，高层裙房一座）共1.65万平方米，完成投资4.5亿元；动迁厂房在建3.6万平方米，完成投资4585万元。

四、投资21.36亿元的一批市政项目相继开工建设，完成投资3.76亿元，平均每平方公里开发土地投入1.88亿元。长5.28公里、面积13.7万平方米的五条市政道路（源深路、轴线大道、浦电路、灵山路、福山路）竣工，2座35千伏变电站已开工，基本完成东昌路220千伏变电站动拆迁。

五、1993年签订土地转让合同17个，预约用地协议4个、预约用地协议转土地转让合同18个，吸引投资102亿元人民币、3.79亿美元。累计签约达53个项目（包括预约用地），转让土地面积41.61万平方米，建筑面积268万平方米，吸引投资139.5亿人民币、6.7亿美元。

六、1993年开工建设的大楼30幢。累计在建的大楼达50幢，在建总面积264万平方米，其中31幢大楼基础施工，13幢上部结构施工，6幢结构封顶。

七、吸收劳动力2146人，养老826人。累计吸收劳动力2594名，养老877名。投资3733万元，创办各类以安置劳动力为主的企业近50个。

开发建设的做法和实践体会

1993年是公司成立以来开发建设任务最重的一年，在人员增加不多的情况下，完成的工作量比1992年增长了10倍。回顾总结走过来的路程，有以下三条基本经验：

第一，把党的十一届三中全会确定的路线、方针、政策和小平同志关于改革开放的理论贯穿于开发建设的始终，紧紧抓住浦东开发的历史机遇，以市场方式组织开发建设，滚动开发，加快开发，逐步掌握了开发的主动权。

第二，明责放权，分工负责，分级管理。既强化了公司决策指挥系统功能和协调控制能力，又充分发挥各部室和子公司的作用，增强了工作责任心和独立处理问题的能力，使异常繁重的开发任务在不同层面上得以分解完成。

第三，坚持以全员劳动合同制和干部聘任制，组织人力智力资源，以现代化企业和市场经济规律的要求强化管理，建立激励机制，加强两个文明建设，既开发建设新区，又造就了一大批跨世纪的新人。

在"一年一个样，三年大变样"中实现8个转变

开发工作获得突破性进展的1993年（二）

陆家嘴金融贸易区开发公司在胜利完成1993年开发目标、实现"一年一个样、三年大变样"的同时，也实现了8个转变，继而开始大踏步地向纵深推进陆家嘴金融贸易区的开发建设。

规划工作逐步由被动转向主动

由于陆家嘴金融贸易区的规划，不仅要充分考虑地理位置、交通组织以及产业功能配置这三大城市经济要素，反映陆家嘴东西联动枢纽的功能；还要全面反映20世纪90年代和21世纪初中国的综合国力和开放度，与世界发达国家繁华地区相一致，因此，规划起点高，难度大。1991年只完成土地规划面积18.41公顷，1992年完成35.89公顷，严重滞后于公司的实际开发速度。1993年年初，公司克服了浦西、浦东事权交接出现"管理断层"等困难，主动出击，积极探索新的工作思路和方法，基本摆脱了规划滞后于开发的被动局面。

一是将市场机制引入规划设计领域。陆家嘴中心区规划经国际设计咨询以及30多位专家论证，3轮深化，报市政府获批准。公司还组织了浦东新区行政文化中心方案评议和杨东、塘东实施性详规设计、方案征集以及陆家嘴中心区交通规划的邀请招标等活动，用竞争手段和市场方法，打破了独家编制规划的传统做法，使方案设计得以优化。

二是根据国外城市三维空间控制管理和经验，探索和研究了城市设计的深度和模式，对公司开发地块进行了设计和管理的尝试。

三是运用现代化管理手段，对规划等各类业务技术数据，使用计算机进行处理，为开展业务提供了依据和保障。一年来，公司先后完成了陆家嘴中心区、杨东、塘东、龙阳、临沂、桃林、桃源等开发地块的规划编制，面积共5.87平方公里，其中：实施性详规359.21公顷，控制性详规225.15公顷。同时，编制完成了85幅地块的土地使用和批租条件。公司规划工作重点已转到市政、交通规划这两个薄弱环节，同事涉足城市设计这个国外也刚刚起步的边缘科学。

开发规模从单个地块转向成片开发与组团开发

1993年，市政府下达了陆家嘴金融贸易区开发公司累计开发土地面积要达到2平方公里的目标。这意味着在1年中，公司要完成1.9平方公里的土地开发，动迁六千余户居民与一百多家单位，相当于搬迁一座小型城镇的工作量。面对如此繁重的任务，公司抓计划，抓管理，抓协调配合，提前完成了任务。

从动拆迁看，1993年的土地成片开发，公司的工作量是前两年总和的6倍，占浦东新区动拆迁总量的60%。在客观条件暂不具备的情况下，负责动拆迁的同志克服困难，创造条件，在交地期限迫

在眉睫的情况下，24小时日夜奋战，按时交地，维护了公司的信誉，受到了建设单位的称赞。

动拆迁的安置房建设是公司的"粮草工程"，也是1993年公司的"头号工程"。为解决大批动迁居民的燃眉之急，公司计划当年开工50万平方米，竣工10万平方米。承担这个任务的金杨建设指挥部坚持一手抓工程进度，一手抓工程管理，将一个拥有120余万平方米建筑容量、四十余支建设队伍、六千多名施工人员的工地管理得井井有条。经过一年奋战，胜利完成了开工动迁房54.7万平方米，竣工10.6万平方米的艰巨任务。

市政建设加快了速度，加大了投资。滨江大道样板段的装饰20天完成设计，50天完成施工，工程的质量与进度都受到好评。公司克服轴线后半段（张杨路—杨高路）时间紧、雨天多的困难，不到1个月完成了动迁，两个月完成施工，2-6至2-9范围内的3条大市政道路也是当年开工，当年竣工通车，体现了浦东开发的新速度。

土地转让方式从协议转让向公开招标转变

1992年5月，陆家嘴金融贸易区开发公司全权委托香港仲量行公司成功地进行了2-2-1地块（竹园商贸区）土地使用权转让，开浦东新区乃至全国全权委托境外公司进行国际招标的先河之后，1993年开始，公司在土地批租经营方式上逐步由协议转让向招标倾斜，并且将招标作为逐步规范土地批租的市场行为，改善投资环境的一项重要工作来抓，并列入了经营考核目标。

为了做好这项工作，公司的职能部门制订了转让工作管理办法和工作流程图，从招标文件准备到投标、议标、评标决标等，都精心设计，力求规范化，并及时总结分析，使土地批租符合市场规律和国际惯例，扩大了浦东开发和陆家嘴金融贸易区的影响，也使土地使用权转让价格有了一个市场尺度。

工作重心转向加强协调控制和中长期滚动开发目标

针对1993年开发任务重、衔接要求高的特点，公司加强了计划综合平衡、协调控制的职能，除下达年度计划和季度计划外，还下达了计划管理办法和统计管理办法，建立了双周计划例会制度和各类专业协调会议制度，突出了对计划执行情况的协调、控制、反馈保证体系。

公司根据陆家嘴金融贸易区开发周期长的特点，编制了3年滚动计划，做到长计划，短安排，使年度计划与3年滚动计划相衔接，3年滚动计划对年度计划起着指导作用。

与此同时，公司还编制了1993年开发形象计划，安排了滨江大道、轴线后半段、2字号地块、源深路、金杨新村等10个开发形象参观点。还编制了陆家嘴金融贸易区"八五"计划和10年规划，分土地资源开发和配置、经济、市政基础设施建设、项目建设、住宅建设、社会事业等子系统进行规划，提出了综合平衡后的区域经济、社会、开发建设发展目标和分年度实施方案。在开发形态上，采用组团式开发新城市的思路，分成沿江区、金融区、张杨路商业中心、竹园商贸区和龙阳综合区5个功能组团，通过轴线和杨高路串联各功能区域，逐步扩展成片。5个组团的开发陆续实施，形成了陆家嘴金融贸易区的雏形。

内部管理向规范化 现代化管理转变

1993年，公司在规范化管理和现代化管理方面迈了一大步。一是在年初明确了各部室的职责，在此基础上，各部室分别编制了工作流程图，使常规管理工作程序化、规范化；二是下放部门权力，形成逐级分工负责，分级管理；三是建立激励机制，制订了年度工作责任目标，按季度和年度进行考核。

公司围绕开发建设中心、坚持物质文明与精神文明一起抓，加强思想政治工作，注意抓好三个结合。即，日常教育与专题教育相结合，理论教育与浦东开发形象教育相结合，典型教育与自我教育相结合。同时处理好四个关系，即，坚持经济建设为中心与两手抓的关系，企业思想作风建设与浦东开发建设的关系，提高队伍素质与提高管理水准的关系，勤政与廉政的关系。

企业地位和作用从单纯开发向区域开发管理职能转变

在公司发挥开发区主力军的作用，完成市委、市政府下达的四大开发目标和浦东新区管委会下达的4类14项目标的同时，逐步承担起了区域开发管理的部分职能。

在区域项目建设管理上，公司对每一个项目的计划开工准备情况，形象进度和资金筹措情况进行跟踪分析，建立了每月项目建设协调会议制度，及时解决建设单位的困难；对建设项目的临水、临电、通信配套协调工作，组织召开各专业市政单位参加的现场办公会，服务、咨询一揽子解决；对大楼施工互相之间干扰的技术问题，也开始参与协调，保证了年内50幢大楼开工目标提前1个月顺利实现，并且各项目资金到位正常，投资完成量和工程实物完成量，基本达到年度计划的要求。

在区域项目投资管理上，公司开始对区内部分建设项目的可行性研究等进行预审，对项目是否符合规划、区域功能开发等方面进行预审把关，开始区内固定资产投资统计等的准备工作，直接参加了区域内大市政投资建设。

企业以房地产业为主向集团性公司的多行业发展转变

1993年，公司新增投资项目10个，投资额4220万元，公司已累计投资30家企业，投资总额达3.55亿元。其中：房地产业6家，金融业4家，贸易业5家，其他服务业10家，初步形成了为区域开发功能配套服务，跨行业集团公司的格局。1993年，6家房地产公司有较好的经营业绩，另有15家企业已经获利，年投资回报率约11.3%。

为了在管理上达到集团化公司的水平和要求，公司着重抓了基础工作，制订了投资企业管理办法，规范了管理程序，建立了投资企业经营情况月报和年报制度，对全资企业确定了年度经营目标和考核指标，对控股参股企业进行经营活动的调查和分析，为董事会决策提供参考依据；健全了投资企业档案；加强了为下属企业服务的力度。

公司管理模式从计划模式向市场经济规律和集团化公司要求的管理模式转变

1993年，公司在继续强化计划编制平衡、协调、控制、确保开发目标完成的同时，按照市场经济和集团化公司的要求，以总公司为利润中心，逐步建立健全了一套围绕提高资金利用率、降低成本、规范管理程序的资金管理、合同管理、投资管理、招投标管理、预决算管理、内部审计等综合性管理模式。

在资金管理方面，公司成立了资金领导小组，对全公司的资金进行统一调度，旨在充分利用时间差、利息差，用好用活资金。1年中，公司共委贷资金58笔，累计9100万元，获得利息289.4万元。外汇、大面额存款等获得利息2264万元，贷款61734万元，支付利息2034.9万元。这样，公司一年实际收取利息518.5万元，既保证了开发建设23亿元用款的需要，又利用暂时闲置的资金获得了较高的回报率，降低了资金运用成本。公司还通过合资公司增资和股份公司增资配股获得资金近9000万元人民币。

在合同管理方面，实行了合同归口管理。完成了公司成立以来各类合同的清理，健全了公司合同管理会签制度，建立了合同周报，完成了合同综合分析报告，运用了计算机来管理合同。

在企业内部审计方面，开展了公司自建房产竣工验收接管工作，对下属6家企业进行了财务检查，在国际公司主持工作的副总经理交替时进行了审计，对物业公司进行了经济效益审计；对内部核算的4个公司以及浦美、众城、建材公司进行了财税大检查。

在投资管理方面，制订了《建设项目编号实施办法》，下达了《1993年建设项目表》，加强了公司建设项目的统一管理，保证计划内建设项目资金，对计划外项目财务一律不予拨款，扭转了公司投资建设项目的混乱现象。还完成了陆家嘴中心区市政投资、荣城花苑投资、轴线大道可行性、黄浦江人行隧道可行性、隧道复线可行性、巴城度假村可行性等分析，使重大项目的投资决策科学化、程序化。

在概预算管理方面，下达了公司《概预算管理办法》，共审查工程预决算项目63个，审查金额7125万元，核减金额925万元，占审查金额的12.98%。同时编制下达了3-1工业厂房一期，云台五街坊，金杨二、四、五街坊，上南八街坊裙房的投资概算。

在招投标管理方面，除5幅土地批租招标外，公司完成了3-1工业厂房招标、明城公寓招标、金杨大市政、金杨八街坊的招标。在项目建设遵循国际惯例的程序方面，进行了有益的尝试。

（资料来源：1994年1月24日上海市陆家嘴金融贸易区开发公司《一九九三年工作总结》）

开发建设1.7平方公里陆家嘴中心区的实践

陆家嘴中心区是中国资本最密集的地区。

根据上海市城市总体规划中确定，上海市中央商务区（CBD）扩大后由陆家嘴中心区、外滩和北外滩商务区组成，用地规模约为3平方公里。其中，陆家嘴中心区是上海中央商务区（CBD）的主体部分，用地约1.7平方公里，规划建筑总面积约435万平方米。

从1990年9月起，到2003年底经过近14年的时间，陆家嘴金融中心区的建设主导单位——陆家嘴（集团）有限公司严格按照规划进行开发建设，先后投入资金130亿，完成动迁居民2.7万户、单位近700家，拆除旧建筑面积约210万平方米，建造7座35千伏变电站，修建市政道路70余万平方米，完成了滨江大道、中心绿地、世纪大道等一系列重大工程。

随着土地开发、项目建设，陆家嘴中心区金融功能也初显成效。到2003年12月底，在陆家嘴中心区1.7平方公里集聚的外资银行营运资产总额突破200亿美元，平均每平方公里引资逾117亿美元，成为中国资本最密集的地区。开业的分行级中外资金融保险机构达146家，外资金融机构资产总值2200亿美元，占全国外资金融机构资产总值的57%；上海证券交易所的股票、国债等有价证券额占全国市场份额的87%；在全球各大证券交易所中排名13；陆家嘴的股票、期货、钻石、产权、房地产、人才等七大要素市场中的上海期货交易所在2002年的成交额高达6.05万亿元人民币，占全国期货市场份额的60%以上；陆家嘴金融中心区已成为上海国际金融中心的核心地域和亚太新兴资本集聚极之一。

陆家嘴（集团）有限公司也由当初的负债经营，到2003年底形成了拥有总资产超过150亿元、净资产超过50亿元的特大型集团公司，累计上缴税收12亿元，上缴国有股红利和国有股转让收入累计9.7亿元。

规划开发的背景

一、浦东新区开发的战略演变（1984～1991年）

早在1984年，上海市人民政府就在上报中央政府的《上海经济发展战略汇报提纲》中首次提出开发浦东的问题。1986年国务院批复《上海市城市总体规划方案》时正式提出："使浦东成为现代化新区，特别要注意有计划地建设和改造。"

1990年4月18日，国务院正式批准开发开放上海浦东，随即上海市人民政府浦东开发办公室、上海市陆家嘴金融贸易区开发公司等开发公司相继成立，标志着浦东的开发进入实质性的启动阶段。

二、陆家嘴金融贸易中心区规划国际咨询（1991年4月～1992年12月）

从1991年下半年起，上海市人民政府和法国公共工程部联合举行了陆家嘴金融中心区的国际规划设计方案征集。根据上海市城市规划设计研究院编制的《陆家嘴中心区调整规划初步方案》和上海市建设委员会的批复意见："原则同意规划结构，并进一步确定陆家嘴金融中心区在上海CBD的重要地位，明确区内建筑规模控制在300万平方米内"作为中法合作编制的《上海市陆家嘴中心地区规划及城市设计国际咨询邀请书》与《任务计划书》的主要依据。

1992年11月，经过挑选的中国上海联合设计小组、英国罗杰斯、法国贝罗、意大利福克萨斯、日本伊东丰雄5个国家的著名设计大师，将有关陆家嘴中心地区规划国际咨询设计方案正式递交上海市人民政府。

三、陆家嘴金融贸易中心区规划方案的深化和审批（1992年12月～1993年12月）

上海市建设委员会组织上海规划专家与相关部门决定进一步组织力量深化国际咨询设计精神，在更高的起点上编制陆家嘴中心区规划实施方案。

1992年底，成立的上海陆家嘴中心区规划深化工作组，按照"中国与外国结合、浦西与浦东结合、历史与未来结合"的原则，对陆家嘴中心区的规划进行了深化工作。

1993年8月，正式完成了《上海陆家嘴中心区规划设计方案》编制工作，在充分听取上海市人大常委会、上海市政协的意见后，经上海市城市规划管理局上报上海市人民政府，由上海市人民政府正式批复《上海陆家嘴中心区规划设计方案》。

最终的陆家嘴金融中心区占地174万平方米，规划建筑面积435万平方米，毛平均容积率2.5。

■ 陶建强

总体规划方案的形成

在北京的国家博物馆里，陈列着一个晶莹剔透、布局错落有致的现代化国际大都市的模型——上海浦东陆家嘴中心区规划模型。这是中国历史上第一个集国际智慧而诞生的城市规划设计方案，也是第一个以法规形式确定的城市规划设计方案，更是中国改革开放、上海浦东开发开放的重要标志和象征。

1991年4月，时任上海市市长的朱镕基访问法国，向外国友人介绍了上海和浦东开发的设想。当法国专家听到中国唯一以金融贸易区命名的陆家嘴开发区的情况时，受到很大震动。他们知道：1990年4月18日，中国宣布了开发开放浦东的重大战略决策。按照上海中心城市的发展战略，"申"字形中的"口"以东方明珠电视塔为圆心划了一个城市内环线的圈，而圈内的黄浦江以东部分正是

28平方公里的陆家嘴地区。

1990年12月，在上海市人民政府组织的浦东新区总体规划审议会上，朱镕基和有关专家指出：陆家嘴的地理位置十分优越。陆家嘴中心地区在世界上具有绝无仅有的位置，应该按照国际惯例展开城市规划国际招标或国际竞赛，以此扩大浦东开发在世界上的影响。

在上海城市内环线以内的中心区域里，还有28平方公里土地没有被开发利用，这是世界上绝无仅有的。这也是20世纪末21世纪初可供人们在大都市内进行大规模开发建设的唯一一块黄金宝地。

法国的专家们知道，当今世界上的大都市，无论是美国的纽约，还是英国的伦敦、法国的巴黎，经过几百年的发展建设，使得城市的发展空间几乎已经饱和，充其量也只能进行单幢建筑或局部的建设，而不可能用当今现代化城市的构想作整体大规模的开发，更不可能将一个已有几百年建设历史的城市推倒后去建设一个新型的城市。而陆家嘴金融贸易区却可用当今最新的规划理念、最新的建筑技术、最新的建筑材料来建设一个世界上全新的现代化大城区。从这个意义上讲，陆家嘴不仅仅属于浦东、上海、中国，还应该是属于世界的。

法方与中方签订了协议，并通过筹募向上海市陆家嘴金融贸易区开发公司无偿援助了200万法郎用于陆家嘴中心城区1.7平方公里的规划设计。之后，陆家嘴金融贸易区开发公司也投入了相当于200万元法郎的人民币，把吸收国际专家参与陆家嘴中心城区的规划设计的构思付诸实施形成规划方案。

1992年11月20日下午，上海国际贸易中心三楼国际会议厅中间的长条桌上，5只精心制作的城市模型整齐地摆放在那里，格外引人注目。这里汇聚了世界上十多个国家三十多位专家，准备召开为期3天的中国历史上第一个国际规划咨询会议——上海市陆家嘴中心地区规划与城市设计国际高级顾问委员会会议。在这个高水平的国际研讨会，中、意、日、法、英5个国家的设计专家推出了各自的设计方案。但是，每一个方案都有独到之处与不足。

中国的方案由上海市城市规划设计院、华东建筑设计院、上海民用建筑设计院、同济大学专家组成的联合小组设计。方案有4个特点：一是从浦西看浦东，由低到高，层次感强；二是强调了东西向的轴线功能和开发潜力，后来演变成著名的世纪大道；三是充分利用了原有的地下管线，可以大大节约开发成本；四是大楼之间有连接体。这个方案的不足之处是建筑占地的密度过大。

日本的伊东丰雄设计事务所的方案外形恰似一个集成电路板，呈条形码的形状，每一条都是一个独特的功能带，住宅、商业、办公楼以及沿江的休闲旅游带等形成了一个超现实的信息系统，同时把全部交通设施，布置在地面之下，形成负26米共5层的交通网。这个方案现代感强，但投资昂贵、建设周期长、美观度不够。

意大利福克萨斯的方案是椭圆形的城市的一个古城堡方案，中间的一条河流分隔成阴阳两大区域，形成了阴阳八卦太极图的理念。缺点是和现代化的金融贸易区不适应，不利于未来的发展。

法国贝罗设计事务所的方案，要求在陆家嘴中心区的范围内放置400万平方米的建筑量，全部安排在沿江形成直角，恰似一本翻开的书本，只占用25％的土地。他们的观点：地球只有一个，应当留给后人发展的余地。这个方案使浦东外滩的高与浦西外滩的低，东外滩的现代抽象、简洁与西外滩的古典精致，形成了强烈的对比。缺点主要是沿江高层带对浦西产生了压抑感。

英国罗杰斯设计事务所为陆家嘴中心区设计的方案：外形是个圆，就像一个古罗马的角斗场，圆的中间是大面积的绿地和水池，黄浦江在陆家嘴形成了一个圆，东方明珠电视塔是圆形的球体，因此这个方案整体感强，协调性好，体系完整，既富古典形式，又考虑现代生活对水、绿、光照的要求。但这个方案过于强调整体的完美和谐而忽视了单体建筑的自由度。

不久，5个光彩耀眼的模型摆放在了陆家嘴金融贸易区开发公司的会议室里，静静地等待着建设者对自己的评价和决策。吴邦国、黄菊、徐匡迪、陈至立等几乎每一位当时的上海市领导人都来了。时任上海市副市长、浦东新区管委会主任的赵启正亲自十几次地反复研究比较各个专家方案的特点，并组织了上海的规划设计专家进行了两次研讨。

1993年5月上旬，新一轮的深化方案脱稿。5月6日，黄菊第6次听取规划方案的汇报并提出了重要意见。当年8月，调整修改后的优化方案最终形成。12月，该方案被上海市人民政府批准通过。

根据这一方案，陆家嘴金融贸易中心地区将成为上海中心商务区的重要组成部分。这个具有21世纪水平的城市规划，气势宏大，构思新颖，突破了以往见缝插针、忽视布局构架的规划模式，体现了浦东与浦西、中国与外国、历史与未来三者有机的结合。

1994年春节，在上海西郊宾馆，邓小平同志仔细地观看了模型、听取了陆家嘴中心区规划的方案介绍。老人家露出了欣慰的笑容……

1998年11月，陆家嘴中心规划模型运抵北京展览馆，参加为期5天的"改革开放20年以来利用外资成果展"。参观者好评如潮。

鉴于陆家嘴中心区规划既是我国改革开放和现代化建设取得举世瞩目伟大成就的一个缩影与浦东开发开放的重要标志之一，也是我国第一个集国际智慧的规划方案，而且还是我国领导人、许多外国政要以及社会各界人士都参观过的规划模型，因此，中国革命博物馆（今国家博物馆）在1998年决定将陆家嘴中心区规划模型作为文物永久性收藏，并送往《纪念十一届三中全会20周年展览》和建国50周年的《当代中国》陈列展示。

陆家嘴金融贸易区自1990年底启动开发以来，在10年时间里基本形成了金融中心区、贸易区、商业中心、花木行政文化区等功能小区，使浦东开发开放设计者、建设者多少年来的美好梦想，开始逐步变为现实。相比较而言，法国的德方斯和英国伦敦港口区两个商务区，前者花了35年时间，才完成规划的三分之一，后者用了40多年才完成建设。

法国的一位著名建筑设计家说："下一个世纪（21世纪），世界城市规划的教科书上的成功范例之中，就应该有来自中国上海浦东的内容了。"■赵解平

陆家嘴金融贸易中心区是20世纪末、人类进行大规模城市开发的唯一一块宝地。她是当代中国共产党人在浦东这块热土上组织由世界上最优秀的设计师和最有眼光的投资者共创的。

历经2年17轮的调整完善，1993年5月，陆家嘴中心区新一轮深化方案脱稿。同年12月，该方案被上海市人民政府正式批准。根据这一方案，陆家嘴中心区将成为上海中央商务区的重要组成部分。这个具有21

陆家嘴中心区规划模型

世纪水平的城市规划，气势宏大，构思新颖，突破了以往见缝插针、忽视布局构架的规划模式，体现了浦东与浦西、中国与外国、历史与未来三者的有机结合。

1998年12月17日，该模型被中国革命博物馆作为历史文物收藏。

中心绿地大动迁纪实

1992年，中国和法国、英国、日本、意大利的建筑规划大师们在描绘和勾勒陆家嘴这块未来的中央商务区时，都不约而同地构想了在这高楼林立的现代都市中塑造一块翡翠，一块城市绿肺的美梦。然而，美梦并不容易成真：这里居住着3500余户居民，30多家单位。光动迁就至少要花费7个多亿。

1996年，中共上海市委、上海市人民政府和浦东新区管委会决定：浦东开发要集中力量，扩大战果，加快陆家嘴中心区的开发建设。作为"四个一工程"的重要内容，陆家嘴中心绿地要在1997年7月1日香港回归之时建成开放，这将是陆家嘴形象建设和功能开发的重要标志，也是浦东开发的重要成果，更是陆家嘴的建设者向党的"十五大"和国庆48周年献上的一份厚礼。

1996年4月11日，时任陆家嘴金融贸易区开发公司总经理的王安德主持召开了公司"四个一工程"专题会议，落实中共上海市委、上海市政府要求加快陆家嘴金融贸易区形态开发，推动功能开发的指示精神，明确1996年和1997年开发的重点为"一道（滨江大道）、一区（陆家嘴中心区）、一线（文明景观路线）、一园（菊园小区）"的建设。公司成立了"四个一工程"的分指挥部。下设计划资金、地区开发、滨江与市政建设、富都世界、观光线路整治联络协调汇总、社会保障、宣传等7个专题小组。

1996年5月22日，王安德总经理主持召开了沿江动迁企业"为了陆家嘴的明天"专题会议。浦东新区党工委书记周禹鹏，副主任胡炜，公司副总经理张哲、严军以及立新船厂、新新机器厂、国棉十厂、联合毛纺厂等部分沿江动迁企业和上级单位的领导参加了会议。会上，张哲回顾了6年来陆家嘴区域的企业动迁情况，并代表公司向积极支持区域开发、配合"四个一工程"建设的动迁企业表示感谢。动迁企业的领导纷纷发言表示，将以陆家嘴开发建设的大局为重，按照市、区两级政府的部署和要求，克服困难，确保动迁工作按时完成。

1996年6月4日，城建公司与陆家嘴街道、烟台居委组织七十余位离退休老党员参观滨江大道样板段，向他们介绍了"四个一工程"的建设和动迁情况。公司向居民表示，为了消除动迁是为了将土地卖大价钱的谣传，待绿地和滨江大道全部建成之时，一定邀请居民故地重游。

1996年7月12日，为了确保绿地动迁顺利进行，城建公司对其他8个动迁基地的动迁力量进行了调整。该日，动迁工作人员全部到岗，分成4个小组展开户籍核对、房屋丈量等工作。陆家嘴金融贸易区开发公司下属的开发部、住宅分公司、城建公司就中心绿地区域里的居民子女转学问题与浦东新区社发局协商并达成共识。

1996年8月2日，中心绿地拆迁许可获批。浦东综规局以"综房拆除许字（96）第066号"文，下发了陆家嘴中央绿地拆迁许可证。拆迁建筑面积为63663平方米，期限为1996年8月1日至1996年12月1日。

1996年8月5日，动迁工作全面启动。次日，中心绿地居民对动拆迁反应积极，70%的居民与城建公司进行接触，其中，正式办理动迁安置手续的有160户。至8月7日，共有325户居民签约。平均每天前来登记咨询的居民达千余人。

1996年8月12日，动迁居民陆续进户花木、东荷、云台的动迁房。495户居民办妥进户手续。至8月14日，动迁居民签约过半。签约数达1459户，约占动迁总数的50%。到8月15日，共完成居民签约1618户，超过了计划目标。

1996年8月20日，拆房队开始进场拆房。由于取消速迁奖励费后，签约户数明显减少，难度增加。

1996年8月26日，由于社发局在具体落实环节上脱节以及部分开发商未能及时支付教育配套费等原因，致使北蔡、沪东等部分的动迁居民子女转学受阻，而开学日期又迫在眉睫。公司副总经理张哲与北蔡镇领导协商后达成共识，由北蔡镇政府安排落实莲安西路125弄32支弄25户居民转学，我公司帮助开发商尽快支付教育配套费用。至8月26日上午已签约2107户，占动迁总量80%。

1996年8月29日，累计签约2191户，已搬迁居民1800户。撤空的居民房屋，近半已被拆除。9月

11日，居民动迁签约达2404户。9月17日，居民动迁签约达2430户。9月25日，拆除房屋占已签约居民的95%。居民动迁签约达2452户。另有27户虽未签约但已先搬离。余数为183户。

1996年10月14日，浦东新区成立联合动迁小组。浦东新区管委会办公室副主任姜平主持召开陆家嘴中心绿地动迁工作会议并提出11月底完成绿地动迁具体措施。成立由规土局房产处为牵头部门，浦东新区公安、司法、街道以及陆家嘴金融贸易区开发公司参加的联合动迁小组到现场办公，总体协调解决居民动迁中的问题。

1996年10月28日，未动迁居民数为142户。

从1996年9月下旬起至11月4日这段时间里，城建公司对未搬迁的142户居民先后召开了131次动迁户、动迁户所在单位与动迁地区街道参加的公司级协调会。原定11月完成中心绿地动迁的目标，已无可能。

1996年11月7日，动迁居民按时开始入户北蔡动迁房。

1996年11月12日新区拆管所下达裁决书6份，动迁有所进展。未签约的居民还剩131户。城建公司采取3项措施确保年内完成动迁任务。1. 加大宣传力度；2. 催促新区加快批复裁决书；3. 对规定时间内仍然不签约的居民，将根据先腾地，后解决纠纷的办法予以处理。

1996年11月13日下午，浦新区管委会副主任胡炜主持召开加大"四个一工程"居民动迁工作力度领导小组会议，抽调新区各有关职能局、委、办约60名机关干部在18日上午进场，增援绿地动迁，并组织4个专题工作小组，针对中央绿地尚剩余的131户居民存在的5大问题，逐家逐户深入细致地做思想说服工作，并积极寻求居民所在单位的支持，以确保年内完成中央绿地的全部动迁工作。

1996年11月22日，绿地动迁尚剩122户。

1996年11月27日，动迁工作出现好势头。已完成动迁签约2530户，未签先搬24户。11月18日，浦东新区机关干部增援动迁后，动迁居民签约为15户，先搬迁的有3户。

1996年12月18日，浦东新区机关干部进驻中心绿地1个月以来，工作组完成动迁目标93.1%。

1996年12月24日，经过4个月21天的艰苦努力，陆家嘴中心绿地动迁工作宣告全面完成。■ 赵解平

开发建设的四个阶段

陆家嘴中心区经历了1993年国家宏观调控、1997年香港回归和1998年东南亚金融风暴等影响，经过14年4个阶段的开发，呈现出波浪形的发展走势。

一、1993年以前。随着1988年国家土地使用制度的重大变革，土地所有权和使用权分离，使土地有偿使用制度为城市建设带来了巨大生机。陆家嘴金融贸易区开发公司充分利用土地空转的有利政策，获得了货真价实的土地资源后，针对金融中心区的特性，先从国内的金融机构着手，从拆迁量少、易开发的地块启动，在1993年引进了中国人民银行上海分行、建设银行、工商银行、农业银行、中国银行、交通银行、上海证券交易所、中国人民保险公司等一大批内资国家银行、证券、保险公司在此建

中心绿地（1996~1997）

中心绿地景观

设总部办公大楼。同时，以外经贸部为代表，联合全国二十几家进出口贸易企业合资建设88层的金茂大厦，促成了一大批省部级楼宇群，极大地促进了各省部与上海、浦东的经济往来。

除了东方明珠电视塔和港务大楼之外，由陆家嘴金融贸易区开发公司直接批租的土地有19幅。

二、1994～1996年。在这3年时间里，陆家嘴金融贸易区开发公司的土地批租持续看好。在陆家嘴中心区东侧继续补充完善，形成相对完整的4个街坊，共18个项目，集聚了国内重点的银行、证券、保险企业，为形成上海的金融中心奠定了坚实的基础。

日本森大厦株式会社和泰国正大集团成为外资的代表和先驱者。正大集团和陆家嘴金融贸易区开发公司合资成立了沿黄浦江开发区域开发的公司，开创了外资房地产企业在中国从事土地成片开发的先例。森大厦株式会社独具慧眼，以大股东身份联合日本三十多家企业财团在陆家嘴金融中心区内开发两个项目：一幢50层高的现代化办公楼，一幢超高层建筑——环球金融中心，仅此两块土地的批租总金额就有1亿多美元，成为这一阶段开发建设的重点。通过共同的努力，香格里拉酒店、正大广场、震旦大厦都相继进入陆家嘴金融中心区。

由于受到1993年国家宏观经济调控的影响，1995年后的陆家嘴中央商务区（CBD）区域的开发转入了调整时期。

三、1997～2000年。1997年的亚洲金融风暴使整个亚洲的经济遭受极大的打击。以房地产建设为主的上海陆家嘴中央商务区又一次进入困难时期。不少已批租的土地进行再转让，更多的项目推迟了建设周期。在这一时期，变更企业名称后的上海陆家嘴（集团）有限公司按照土地批租合同，积极做好市政配套工作，同时在经济拮据的情况下，筹集资金建设滨江大道、陆家嘴中心绿地、世纪大道等项目，按照规划在旧房拆迁、市政设施配套建设的同时，精心营造滨江环境和绿色公共空间。

四、2001～2003年。2001年以后，上海住房制度的全面改革带动了整个房地产的发展，掀起了陆家嘴中央商务区（CBD）区域沿黄浦江高级公寓的开发热潮，为陆家嘴地区的复苏和振兴开了个好头。香港新鸿基集团整体性在陆家嘴中心区X2地块投资80多亿元，建设总建筑面积为41.5万平方米的集办公、商业零售、酒店为一体，结合地铁站的综合性项目，创造了CBD开发建设的新模式。■陶建强

开发建设的五大保障

开发建设陆家嘴中心区的五大保障是：

一、规划实施有法律保障。三个层面规划的协调实施，是陆家嘴中央商务区（CBD）建设的法律保障。

首先是完善城市总体规划和近期建设规划审批程序的衔接，科学、合理地研究并确定陆家嘴中央商务区的定位。陆家嘴中央商务区的开发建设体现了上海城市总体规划的目标要求，同时统筹协调城市总体规划、陆家嘴中央商务区控制性详细规划和陆家嘴中央商务区项目建设的关系。

其次是规范陆家嘴中央商务区城市规划国际咨询和陆家嘴中央商务区区域控制性详细规划的

协调。

第三是在陆家嘴中央商务区日常的开发管理和批租项目的建设过程中，通过事先的城市设计等手段微观层面即可操作层面充分体现先进的规划理念与当地的客观实际相结合。

二、开发实施有启动资金保障。面对陆家嘴中央商务区的1.7平方公里范围的开发，动拆迁、市政设施的建设需要大量的资金，但一片布满危旧简屋和陈旧工厂的毛地无法实现土地转让。仅仅3000万元的启动资金对陆家嘴中央商务区的开发建设来说，无疑是杯水车薪，更不要说巨额的政府土地出让金。因此"土地空转"的模式应运而生。

首先成立国资性质的陆家嘴金融贸易区开发公司，承担陆家嘴中央商务区的开发工作；再由陆家嘴金融贸易区开发公司以自有资金支付陆家嘴中央商务区区域土地的政府初始地价，获得整个陆家嘴中央商务区的土地使用权，以此土地进行抵押，再获得巨额的建设资金，为建设提供初始的资金保障。

三、开发实施有招商机制保障。一是土地开发按照先易后难的顺序，由东向西逐步与浦西外滩金融街遥相呼应，共同形成上海的中央商务区区域。

二是由国内银行到外资银行、由金融（银行、证券）到金融衍生行业及相关服务业。2000年以来，香港汇丰银行、美国花旗银行、新加坡政府产业基金等国际性金融机构和房地产基金纷纷进驻，形成了陆家嘴中央商务区CBD的国际化趋势。

三是由吸引国内投资扩展到引进境外资金。1995年后，香港香格里拉酒店集团和日本森大厦有限公司开始进入。2000年后，新加坡政府产业公司、香港新鸿基集团加大对陆家嘴中央商务区的投资力度，各类国际性的投资基金和房地产基金也纷纷介入，标志着投资开发者的成熟品牌和国际化的趋势。

四、开发实施有多样化和弹性的组织模式保障。借助浦东开发的有利形势，陆家嘴金融贸易区开发公司的经营模式也呈现多样化的特点，形成以国有资产为主体，集国有开发公司、中外合资房地产开发企业、股份制上市公司等多种经济实体组合的组织模式，为陆家嘴中央商务区开发建设的不同需求提供了灵活、多样的组织保障机制。同时，成功地推出A股、B股股票的发行、可转换债券的发行，有效地顺应了多元化的投融资发展需要。

五、开发实施有适宜的管理模式的保障。陆家嘴中央商务区的土地开发采用成片规划、逐块转让。由陆家嘴金融贸易区开发公司主要承担区域内的征地、动迁、规划、市政建设和区域管理等职能，而楼宇的建设全部由独立的开发商和投资者进行，避免了区域开发与项目建设的交错矛盾，吸引了众多的投资主体，加快了陆家嘴中央商务区的建设周期，在组织功能上，集开发、建设、经营和管理于一体，在经营融资上，集融资、投资、还贷于一身。同时，陆家嘴金融贸易区开发公司在政府职能部门和项目建设主体之间主动承担沟通和协调作用，获得了政府、投资主体和开发公司"三赢"的局面。■陶建强

陆家嘴平均每12天崛起一幢约30层的高楼

　　到2001年，作为我国唯一以"金融贸易"命名和定位的国家级开发区、浦东陆家嘴金融贸易区启动11年来，平均每12天就崛起一幢约30层高的大楼。如今，550多幢造型别致、富有个性的高楼大厦，取代昔日的寂寞农田和低矮旧屋，构成了风格独特、气象万千的现代新城，并使金融、商贸、都市旅游、会展等功能日益完善，初步成为我国要素配置中心、太平洋西岸的国际金融中心，以及我国辐射力最强的商流、资金流、信息流、人才流、技术流的集散地。

　　海纳百川，博采外智，陆家嘴的城区规划充分体现了国际化和最优化原则，城区的社会和经济发展规划、交通规划、形态规划、基础设施规划和环境设计个性鲜明，达到世界一流水准，深受中外投资者的青睐。

　　眼下（2001年），落户陆家嘴的中外金融机构达114家，其中外资银行50多家，花旗、汇丰、渣打等25家外资银行获准经营人民币业务。中外银行存贷款达2377亿元人民币，外汇总资产额达177亿美元。金融中心区内以银行、证券、保险、投资信托等为主体的金融类建筑群巍然耸立、气势恢宏，形成了上海最现代、最壮美的景观。

　　此外，集结在陆家嘴的跨国公司总部或地区总部已达26个，国内大企业集团总部34个，中外投资公司80多家，中央各部委和各地有一定规模的外贸子公司138家，其中3家是中外合资的外贸公司。上海证券交易所、上海钻石交易所等6家国家级要素市场，以及由上海金属交易所、上海粮油交易所和上海商品交易所合并组建的我国第三家期货交易所也在此聚集。

　　在金融、商贸功能日渐彰显的同时，陆家嘴的现代都市旅游和会展功能也不断增强。近年来，陆家嘴的旅游客流量年均以20%的速度递增，仅去年（2000年）就接待中外游客1260万人次。东方明珠电视塔、金茂大厦、外滩观光隧道、水族馆、滨江大道、陆家嘴中心绿地、世纪大道、世纪公园等标志性景点天天游人如织。八佰伴、时代广场、正大广场等超大型现代商业设施的建成，为都市观光和购物游增添了动力。陆家嘴现有四星级以上的酒店12家，其中五星级酒店4家。21世纪世界城市发展战略研讨会、世界孵化器会议、99'财富论坛等大型国际性会议的召开，特别是最近闭幕的APEC会议，使陆家嘴的会展功能尽显风采。

　　陆家嘴金融贸易区开发11年来，累计动迁居民5万余户，动迁单位800多家，18万居民告别了世代居住的棚户简屋，住进了按现代住宅标准建设的新房。造船、机械、纺织等一批大中型国有企业通过动迁，不仅完成了区域产业置换，而且使一些陷入亏损的国有大中型企业获得产业调整和资产重组的机遇，走出了困境，并带动了城区经济的繁荣。

（载于2001年11月4日新华社新华网，叶国标 赵解平／文）

创造区域管理新途径 设立陆家嘴中心区城管委

随着陆家嘴金融贸易区大规模的开发建设以及城区建筑迅速的形成，原先由上海市陆家嘴金融贸易区开发公司开发、管理的机制显然与发展建设中的形式不相适应，因此，在陆家嘴1.7平方公里中心区建立一个有权威的、高效精简的城市管理机构已成为当务之急。

按照中共上海市委和浦东新区管委会"先管起来，逐步深化"的指示精神，1996年11月1日、11月22日、12月25日3次召开了"陆家嘴中心区城市管理模式"专题研讨会，浦东新区各有关局、办的负责同志出席了会议并提出相应的修改意见，同时，由浦东新区管委会办公室牵头，组织了对市内有关开发区和重要窗口地区的对口学习。

1996年12月25日，陆家嘴金融贸易区开发公司按照会议精神对管理模式草案作了进一步修改和深化后向浦东新区管委会上报了《陆家嘴金融中心区城市管理模式》的请示，建议：

一、管理范围：规划陆家嘴金融中心区约1.7平方公里。

二、管理模式：推行"政府委托、授权管理、综合执法、集中运作、各司其职"的管理模式。总体思想是该区域管理应具有较高规格和权威性，经政府充分授权，行使各项行之有效的管理手段，严格按照国家颁布的各项法律法规、地方性政策与法规性文件，依法办事、文明执法，高起点、高标准、切实有效地实施管理。

三、管理机构：拟成立"陆家嘴金融中心区城市管理委员会"（以下简称"陆家嘴城管委"），受浦东新区管委会委托，负责陆家嘴金融中心区有关城市管理工作。胡炜同志任陆家嘴城管委主任，李佳能、王安德（常务）、顾国籁同志任副主任，成员由浦东新区管委会办公室、综规局、城建局、公安局、城工委、工商局、财税局、经贸局、社发局、司法局、组织部、宣传部、陆家嘴街道等有关部门的负责同志组成，并请市建委、市市政委、市规划局、市公安局、市市政局、市港务局、市电力局、市广电局、中信隧道等部门派员参加。王安德兼任委员会秘书长。

陆家嘴城管委下设办公室作为日常的管理机构，负责陆家嘴中心区的市政、市容市貌、治安、综合治理等各项日常管理工作。

陆家嘴城管委办公室下设两支队伍（综合执法队和巡警队），在各职能部门的业务指导下开展执法管理工作。各职能部门涉及陆家嘴中心区的申请证照等事项，都要经陆家嘴城管委办公室会签。

陆家嘴城管委与陆家嘴街道在管理职能上互相协调，分工协作，各司其职。陆家嘴街道负责居住区内的各项管理工作，其他区域由陆家嘴城管委负责管理，必要时可组织联合执法。

1997年2月28日，"陆家嘴金融中心区城市管理委员会"正式挂牌成立。

（资料来源：1996年12月25日上海市陆家嘴金融贸易区开发公司《关于上报陆家嘴金融中心区城市管理模式》）

开发建设美丽的富都世界

当你站在浦西外滩朝东望去时，映入眼帘的是高耸入云的东方明珠电视塔、金茂大厦、美丽的滨江大道，还有其身后的正大广场、香格里拉大酒店、震旦国际大楼、花旗集团大厦、汤臣海景花园等一大群恢宏建筑，这一大群建筑构成了一幅美丽的新陆家嘴画卷，即：富都世界。

要说美丽的富都世界的来历，这一切都得从头说起。

1991年4月28日，上海市人民政府批复，正大集团的项目为陆家嘴金融贸易区重点开发的项目。

1991年12月16日，上海市陆家嘴金融贸易区开发公司与泰国富泰（上海）有限公司签订了合资开发浦东新区"富都世界"的意向书。

1992年4月16日，中泰合资成立上海富都世界发展有限公司的合同签字仪式在锦江小礼堂举行。赵启正副市长出席签字仪式。黄菊市长在签字仪式后接见了泰国正大集团谢国民董事长和富泰公司庄育民董事长一行。

1992年7月14日，上海市人民政府颁发"上海富都世界发展有限公司"合资企业批准证书。

1992年7月18日，国家工商行政管理局核发"上海富都世界发展有限公司"企业法人营业执照。上海富都世界发展有限公司经过长达1年半时间的筹建，终于在法律上得到确定。

1992年8月28日，公司第一届董事会第一次会议召开，标志着上海富都世界发展有限公司正式开始进行运作。

房地产企业成功的关键：第一是地段、第二是地段、第三还是地段。

浦东开发，最佳地段何在？在江边！江边最佳地段又何在？陆家嘴中心区岸边也。早在上海市陆家嘴金融贸易区开发公司与泰国富泰（上海）有限公司合资谈判初期，双方就慧眼看中了江边这块黄金宝地，而得到这一最佳江岸地块，则意味着公司在开局之初已赢了一半。

"富都世界"作为陆家嘴金融贸易中心区的重要组成部分，是陆家嘴中心区仅有的几幅临江黄金地段，按规划将在这里开发建设世界一流的金融、贸易、购物、娱乐中心，形成与浦西外滩遥相呼应的21世纪东上海新外滩。

1993年8月11日，"富都世界"在国内外多家媒体上刊登招商信息后，境外各大公司纷至沓来。富都世界以其得天独厚的地理位置，成为投资者的最佳选择。

"富都世界"一、二期开发的13幅地块中，11幅地块很快就名花有主了。这些极富投资远见卓识者在"富都世界"的开发建设中留下了浓重的一笔色彩。

1993年11月10日下午3时，台湾震旦集团的陈永泰先生经汤臣集团董事长汤君年先生介绍来到"富都世界"，人还未坐定，就直言不讳地说，是冲着"富都世界"突出江边的X1-6地块来的。陈永泰先生志在必得地说："你们报多少价，我就出多少钱。中国人也要买块好地造大楼。如果你们同意，就今天签约。"当晚7时，陈永泰先生签下了X1-6地块使用权转让预约用地协议，成为第一个签约"富都世界"地块的客商，从而也创造了土地批租转让的最快速度——当天看地、当天洽谈、当天签约。如今，震旦国际大楼已矗立在浦江东岸，其特殊的地理位置和3600平方米的主楼超大扇形电子显示屏令万众瞩目。

首幅土地使用权转让成功的消息不胫而走，迅速掀起了"富都世界"地块批租转让的第一波高潮。从1993年11月到12月底的短短50天里，共转让了5公顷、建筑总量计34万平方米的4幅地块，转让金总额高达1.78亿美元。

"香格里拉"是"富都世界"值得骄傲的项目。由于X1-3地块的上佳区位与酒店的规划功能，其楼面价达598美元/平方米。然而，人们不得不佩服的是，将滨江大道作为其"后花园"的香格里拉酒店在1998年建成开业后，其经济效益一直在酒店行业中位居前列，良好的投资回报使投资方——嘉里集团信心倍增。于是，2000年梅开二度在富都地块上又受让了相邻的X1-4地块，进行香格里拉酒店的扩建。"香格里拉"扩建项目构筑起了陆家嘴金融贸易中心区内的又一标志性建筑，扩建后的浦东香格里拉大酒店无论在投资额、客房数量、会议接待、宴会规模、配套设施等方面，都堪称上海酒店之最，也成为了香格里拉集团在中国的旗舰店。这是由同一个开发商相隔7年后，扩建开发的同一个项目，这充分说明了富都世界地块的财富效应。

泰国正大集团一直看好浦东的开发，在公司第一次批租高潮中，X1-2地块是公司股东方的泰国正大集团在1993年12月31日受让的"富都世界"单幅土地转让金总额最大的地块。正大集团投巨资，历经多年建成的超大型购物娱乐中心——正大广场，总建筑面积24万平方米，集购物、餐饮、娱乐、休闲于一体。

花旗集团大厦，是1997年3月由巴鼎房地产发展有限公司签下转让合同的地块，在经历了东南亚金融危机、巴林银行倒闭的种种磨难后，以其得天独厚的地理优势，又一次显示了它的特殊魅力。2004年年底建成的花旗集团大厦，以8.9万平方米的建筑面积，40层、180米的高度凸现于黄浦江畔。她的建成，引来了许多跨国公司、金融机构抢滩，也给周边的甲级写字楼带来了机遇。这是浦东开发开放后，世界著名跨国公司看好中国、看好上海、看好浦东的一个佐证。

鹏利集团是"富都世界"地块上由一家集团受让3幅地块的开发商，即使是在东南亚金融危机最严重的时刻，鹏利集团也坚信浦东的明天会更好，因此，一而再，再而三地在浦东批地，而且全部是独家批租。倘若没有看好开发浦东的信心和做大做强浦东顶级房地产商的决心，是不可能有这样大手笔的。

汤臣海景花园项目是当时滨江惟一的一幅高级住宅用地，汤君年先生十分看好沿江的房地产开发，1997年3月就签订了批租转让X4-2的合同。但在履约付款期间，遇到了东南亚金融危机，出现了转让金支付困难，但汤君年先生仍然看好浦东的发展，对X4-2地块的住宅建设抱有坚定信心。汤臣集团最终坚持到了房地产行业复苏，付清了转让金。现在，汤臣海景花园作为上海顶级的住宅楼，以其高贵豪华成为东上海新外滩标志性建筑群中的巨大亮点。

富都世界发展有限公司开业之初，百事待兴，首先要解决的是数以亿计的资金。

1992年11月5日，富都世界发展有限公司与中国工商银行浦东分行在上海新锦江大酒店举行"银企合作"签字仪式，由工行浦东分行提供2亿人民币和1500万美元的巨额贷款。这是浦东开发开放后，独家中资银行在当时发放的最大的一笔贷款。此后，浦东开发开放的力度进一步加大，中国工商银行同意在4年内给予富都世界发展有限公司10亿元人民币的贷款授信额度，用以支持富都世界发展有限公司滨江沿线的土地开发与市政配套设施的建设。如果没有工商银行浦东分行的巨额贷款，公司要在短期内正常运作是不可想象的。

"富都世界"地块位于浦东老城区，是20世纪初叶形成的危棚简屋、工厂、码头、仓库的集中地，动迁难度要比在农田上开发复杂和艰巨得多。该地块的成功动迁得到了广大企业和居民的大力支持。1993年3月29日，商业储运公司率先搬迁。上海立新船厂在厂房还未落实的情况下，第1次压缩了三分之二的厂房，在三分之一的厂区内坚持生产；第2次，为了滨江大道的建设又毅然让出全部厂区生产用地。"富都世界"地块上的企业与居民顾全大局，打出了"笑着向陆家嘴告别"的横幅，充分表达了支持浦东开发开放的心情。如果没有各级部门和各级领导的支持，没有企业和居民的牺牲精神，要完成富都世界项目的大动迁，简直是难于上青天。

滨江大道富都段的建设是富都世界发展有限公司的骄傲，公司投入了2.8亿元，终于在1997年7月1日香港回归前建成了美丽的滨江大道富都段。正大集团董事长谢国民先生在富都滨江段曾招待过泰国皇室成员，接待过美国前国务卿基辛格等贵宾。滨江大道富都段自1997年6月25日通过验收后，成为了浦东新区重要的旅游观光新景点，曾举办过许多各类大型活动，也是市民休闲的好去处。

富都世界发展有限公司投资7000万元在沿江贵如钻石的土地上建造的浦东第一座全地下35千伏远程监控变电站，于1995年5月28日正式动工兴建，1997年5月26日建成后一次送电成功。该电站的建成不但保证了"富都世界"地块本身的电力供应，而且也为周边的东方明珠电视塔、国际会议中心、东昌路新轮渡站等重大市政工程提供了强大的电能供应。

为完善陆家嘴金融贸易区内的配套功能，1993年，富都世界发展有限公司投资兴建由6幢高层1个商场组成的12.5万平方米的海富花园于1996年竣工。海富花园建成后，多年来一直保持着浦东面积最大、配套设施最完善的涉外楼宇称号，不仅为浦东开发的功能配套作出了积极贡献，而且为海内外人士赴浦东工作提供了安居乐业的理想之地，成为了浦东新区良好投资环境的一个组成部分。

海富花园作为浦东惟一平台式花园连体的涉外住宅小区，在物业管理上一直在营造"家"的感觉。海富花园先后接待了19个国家和地区的人士，是一个名副其实的地球村。海富花园自建成后，分别被评为浦东新区文明开发园区，上海市物业管理优秀小区，上海市文明小区；在浦东新区第一家取得ISO 9002质量体系国际认证，物业管理在2003年被评为上海地区唯一的"全国用户满意服务单位"。■ 汪雅谷

（作者 汪雅谷 系上海陆家嘴（集团）有限公司副总经理，上海富都世界发展有限公司总经理）

富都世界：21世纪的新外滩

1992年8月28日，富都世界发展有限公司第一届董事会在陆家嘴路680号（富都公司创业初期办公地点）召开。这是一个具有非常意义的日子，标志着富都世界开发进入了实质性进展。在东起烂泥渡路，西至黄浦江，南起东昌路，北至陆家嘴约40公顷的土地上将建成一个21世纪的新外滩，同时在东方路上投放巨资，建造浦东最大的外销商住楼。一张宏伟蓝图将由我们富都人用自己辛勤的汗水加以描绘。美好的未来激励着每个员工以求实的精神，脚踏实地、奋力拼搏。

首期15.5万平方米的土地上，昔日破旧的厂房已成平地，如今是井架林立、机声隆隆，一派繁忙热闹的景象。由国际著名跨国公司正大集团、嘉里集团、震旦集团投资建造的正大广场、五星级香格里拉大酒店、智能化震旦国际办公大楼正在紧锣密鼓地施工；由亲水平台、曲涧广场、四季亭以及大片绿地组成的气势庞大的156米滨江大道初步建成。1998年，上海第一座沿江的五星级宾馆——香格里拉大酒店正式对外营业，正大广场、震旦国际大楼也初具规模。一个新外滩的雏形已展现在人们面前。

经过几年的努力，东方路、兰村路口原先的农田不见了踪影，取而代之的是一个环境优美的外销高级住宅小区——海富花园。6幢大楼拔地而起，游泳池、网球场并配以大面积绿化，为住户提供了休闲、娱乐、健身的场所。许多国内外人士对海富花园的优美环境竖起了大拇指，赞不绝口。众多的海外人士入住了海富花园。

看着如此巨大的变化，令我感慨万千。美丽的富都世界凝聚着富都公司每个员工的心血。在过去的日子里，大家团结一致、互相鼓励、齐心协力，克服了种种困难，才迎来了美好的现在。未来的路还很长，我们将以更饱满的激情投入到富都世界的开发建设中去，和大家一起不断努力，再创佳绩，迎接辉煌的明天。■ 曹相绮

3年建成闻名国内外的世纪大道

面向21世纪的世纪大道工程，自1998年9月正式开工后，于1999年12月31日实现道路主干道试通车；在2000年4月18日浦东开发开放10周年当日正式竣工、全线通车。

世纪大道的建设，不仅对浦东的功能开发和形态开发有着重大影响和作用，而且是上海20世纪末城市形态建设的标志性景观；不仅是加快浦东陆家嘴金融贸易区建设，改善投资环境，扩大对外开放的一项重要决策，而且也是浦东新一轮开发的重大市政工程。

世纪大道西起延安东路隧道浦东出口处，东至浦东行政中心区的中央公园口，为西北—东南走向一斜线型轴线干道，全长5公里，道路总宽度100米，横穿了陆家嘴金融贸易区的核心区域，将陆家嘴金融中心区、竹园商贸区和花木行政文化中心区连成了一条亮丽的绿色长廊。

世纪大道工程分为6个标段，受浦东新区管委会委托，陆家嘴（集团）有限公司主要承担了浦东隧道出口处至浦电路南侧的1至3标段、长约3.25公里的建设任务。该段道路总投资约为15亿元人民币，其中动拆迁资金约10亿多元（1至3标段，共动迁居民约5000户，单位70余家），景观工程2.4亿元。

世纪大道样板段工程总投资3.2亿元人民币

为日后正式建设世纪大道工程积累经验，陆家嘴金融贸易区开发公司于1994年7月先行组织了世纪大道样板段的建设。该道路是目前上海地区最宽的城市道路，也是上海市投资最大的城市平面道路。样板段工程总投资3.2亿元人民币，平均每1米道路投资43.8万元。世纪大道样板段全部由陆家嘴金融贸易区开发公司投资建设。

工程于1994年7月2日开工，1994年12月2日全面竣工，比定额工期提前了109天。1994年12月22日，经浦东新区质监站与"五路一桥"指挥部验收，定为"优良级工程"。

浦东陆家嘴世纪大道样板段全长730米，宽80米，其中快车道44米，为12车道，两边各2米机非隔离带，5.5米宽人行道和5.5米宽的慢车道，5米宽的绿地，两端各有一面积3000多平方米的绿岛，整个大道样板段绿化总面积为10000平方米，两边围墙上有装饰浮雕。路基下埋设直径800毫米雨水管610米，直径300毫米的雨水管1500米，22万伏地下电缆加固200米以及250米3.5万伏架空线入地。

730米长的大道样板段，拆迁了居民1700户，动迁单位43家。单位与居民动拆迁只用了45天时间。

世纪大道正式开建过程

早在中共上海市委、上海市人民政府酝酿和构思浦东开发的重大决策时，就决心要在浦东陆家嘴地区建设一条轴线大道，与此同时，上海的规划专家也提出了一条连接新上海商业城、竹园商贸区、经济文化中心、中央公园的开发意向轴线，并把她定位于从虹桥机场到浦东国际机场的上海东西发展轴上的标志性大道；定位于浦东与浦西的延安路连为一体的空中视觉走廊。

在规划浦东城区时，时任上海市市长的朱镕基提出了建设开发功能轴——世纪大道（当时称轴线大道）对浦东开发开放的重要性，并决定付诸实施。因为世纪大道是西北东南斜向的一条道路，类似地球的轴，所以在浦东开发的初期称为轴线大道，以后又因为其路幅宽、气势大，改称中央大道。在1997年时，根据这条大道的通车时间、功能和意义，正式定名为世纪大道。

为了抓好世纪大道工程建设工作，陆家嘴（集团）有限公司成立了由集团公司总经理挂帅的世纪大道辟通领导小组，组建了"世纪大道工程现场指挥部"，由集团公司副总经理任指挥，对工程进展情况进行检查和督促，协调解决各类矛盾与问题，使世纪大道工程在组织上、机制上得到充分保证，确保完成世纪大道各项目标任务。

世纪大道建设工程累计完成：雨水管敷设5546米；污水管排设3630.5米；通信排管5711.5米；上水管5425米；102直径有线电视管埋设3675米；22万伏电力排管4225米，3.5万伏电力排管5240米；直径500毫米上煤埋管3925米、直径300毫米上煤埋管3680米。道路工程方面：石灰瓦砾稳定土累计施工108473平方米；三渣投入121485吨；黑色面层摊铺完成55354.4吨；人行道花岗岩石材铺砌完成10.5万平方米，人行道的侧石铺装完成7430米长。

世纪大道北侧建有以中国8大类树木为主的中华植物园，从西到东依次是柳园、水杉园、樱桃园、紫薇园、玉兰园、茶花园、紫荆园、栾树园。园内有近百种灌木和20多种乔木，总量约8万棵，每个植物园各具特色，并考虑到不同季节的安排，尽显各季花木的魅力。行道树累计栽种约1300棵。此外，在世纪大道两侧建有景观连廊。

构造面向21世纪的生态景观大道

世纪大道因其独特的区位和重要的功能定位而备受世人瞩目。为了把世纪大道建成上海跨世纪标志性的城市景观大道与交通次干道。陆家嘴（集团）有限公司从1998年3月至6月下旬在上海市政设计院道路工程扩初设计的基础上，举行了世纪大道景观设计国际咨询工作，特邀国际上具有相当景观设计能力的美国EDAW公司、RTKL公司、法国夏氏—德方斯公司3家公司分别完成了3个景观设计方案。在由多家国际著名设计公司参与的设计中，法国夏氏—德方斯公司以其宏大的气势、强烈的园林景观效果，鲜明独特、符合世纪大道定位的方案而被采纳。

1998年10月，陆家嘴（集团）有限公司还分3次专门邀请了本市规划、建筑、房地产、商业、历史文化等方面的专家就世纪大道中段两侧功能问题召开了研讨会，对中段两侧的功能开发设想以及临时性和永久性的项目选址安排作了深入讨论研究。

世纪大道是国内第一条以景观为主、交通为辅的大道。世纪大道景观最大的特点是中心线向南移10米，呈非对称性设计的道路。车行道31米，北侧人行道44.5米，南侧人行道24.5米。这一方案突破了国内传统道路的设计模式。根据世纪大道北侧楼宇少，南侧楼宇多的状况，在大道北侧44.5米各设置2排香樟和银杏，南侧24.5米则布置2排香樟，大道中间31米则设置4来4去的车道，较好地解决了大道"南重北轻"的现状。

另外，8个植物园像8颗"绿宝石"绽放在大道北侧。每个植物园平面尺寸是17.6米×180米左右，掩映在行道树阵中。8个植物园的造园手法体现了东西方文化的完美结合，整体布局吸取中国园林的景观元素。园内还有丰富的园林水景、建筑雕塑和精致的小品，构成了多彩多姿、风格各异的"中华植物园"，人们一旦进入这小巧精致的天地，犹如置身于喧嚣城市之外。

为突出跨世纪的重大主题，沿途设置了以时间为主题的雕塑小品，杨高路交会处的巨大雕塑"日晷针"以及道路边的沙漏"世纪辰光"、五行（金、木、水、火、土）等计时小品，使整条世纪大道成为世界上唯一以时间为主题的城市雕塑展示场。

世纪大道樱花园

世纪大道两侧人行道上布置了5排共1200多盏形似网球拍状的新颖灯具，不仅提供了向下的灯光，为行人指路，还会朝上发出红光，如果在周围的楼宇里俯瞰大道，灯光为大道镶上了一串串红色的珠链。沿街布置的16个小园圃，配以各式各样的园林灯具。大道上一批具有专业特色的文化设施集聚于此，座椅、电话亭、废物箱、信息柱等均采用统一的色调，显示着现代高技术的风格，形成了一种特殊"文化"与一条具有浓厚观光、旅游、文化休闲的大道。

精益求精是世纪大道工程质量精品的保证

世纪大道建设工程从全面开工以来，经历了17根地下管线排管、15个管线单位的协调；百年罕见的特大暴雨给土路基项目带来的困扰；35度以上高温季节行道树的种植；复杂路面的大规模黑色沥青摊铺以及10余万平方米花岗石铺砌等几大战役，而每一战役又处在相互交叉和牵制中，特别是1999年6月份连续1个多月的强暴雨，加上动拆迁等遗留问题一时不能解决而使工程受阻等不利情况，给工程建设与管理带来了极大困难。

为迎接世界500强会议在浦东陆家嘴的召开和通车目标，公司以"双迎双庆"为动力，以"建一流工程、育一流队伍"为宗旨，以争创市政金杯奖为目标，以"保质量、保节点、保文明、保安全、保精品、保效益"的"六保六比竞赛"为抓手，动员各方力量，克服困难，顽强拼搏，在时间紧、困难大、任务重、要求高的情况下，与各施工单位同甘共苦，日夜奋战在施工一线。

与此同时，指挥部建立了一套严格的质量管理网络和体系，通过"施工单位自检、横向互检、社会专检和政府监督"的质控体系，努力争创优质工程。所谓"自检"就是施工单位内部对照施工规范与标准进行检查；所谓"互检"就是施工单位与监理之间，标段与标段之间相互的质量检查；所谓"专检"就是通过市建设部门的质量检查中心对工程质量的检查和测试；所谓"政府监督"就是通过工程质量监督站对工程质量进行监督，同时依靠新区城建局等对工程质量的指导和管理，全方位监控工程质量。

按惯例，行道树的栽种一般应在春、冬季进行，而世纪大道的行道树种植正遇8月中旬，而且不可能改变这个时间。为了保证苗木的成活率，指挥部多次与园林局、园林专家探讨施工方案与配套措施，采取提前切根、就地转移或异地转移，修枝、滴营养液和喷雾浇灌等办法，减少绿化蒸发，促使虚根生长。还多次赴江苏常熟、苏州、南京、南通和浙江余姚等地考察苗木，对苗木基地的供应和绿化质量进行检查，对行道树建立了"一树一卡"制度，使栽种时能准确掌握行道树的各种情况。由于配套措施有力，科学种绿，世纪大道的行道树存活率基本达到了100%，从而打破了盛夏不能移栽行道树的惯例，开启了园林界在盛夏季节移植大型乔木的先河，为大型乔木在高温下引入城市栽种积累了经验。

开拓创新是提高世纪大道科技含量的必要措施

提高科技含量，增强科技创新能力，是搞好世纪大道工程质量的保证。世纪大道建设中，指挥部碰到地铁东昌站、东方站顶板处理和土路基施工等重大难题，公司把攻克施工难题作为提高科技含量的主攻方向，取得了二个突破：

一是突破土路基施工的常规做法，在道路建设中首次采用石灰稳定瓦砾土替代泥土，有力地提高了城市道路的筑路水平。以前道路施工都用纯粹的泥土作为路基，但上海的软土基显得强度不够。远东大道施工时采用了石灰拌和的方法，改善了基础质量。世纪大道也准备运用这个成熟的新工艺，但试铺后，发现这里的情况与远东大道不一样，由于世纪大道是城市道路，路基中含有大量的瓦砾碎砖，且路面绝对标高较低。那么，是否可以利用城市道路旁边许多房屋拆迁后留下的瓦砾来做路基的材料呢？经过同济大学专家检测发现，瓦砾有利于加强路基硬度，因而提出了用石灰瓦砾土修筑路基的研究课题。公司马上请3标段的宏润建设公司进行科研攻关。当时正值百年未遇的强暴雨，试验难度极大，参与这一试铺任务的施工、监理单位技术人员不怕艰难，经过两次试验失败的经验，及时调整了石灰土含水量、掺灰量、压路机吨位、闷灰时间等，将石灰稳定瓦砾土施工的成功方法下达至各施工、监理单位贯彻执行，确保了土路基质量。

由于世纪大道土路基采用石灰稳定瓦砾土办法，其压实度达到了98％以上，弯沉值实测平均为4.6毫米，完全符合国家规定的设计要求。即使特大强暴雨侵袭，也不会使土路基软化。石灰稳定瓦砾土的研制开发，与采用换土处理的方案比较，不仅节约了工程投资约660万元，而且为上海城市道路建设开创了新的筑路办法。

二是突破地铁顶板路基疲软的问题，以"人造硬壳层"加强基层硬度。世纪大道在东昌路和东方路附近、处于地铁2号线东昌路站和东方路站的上方，由于车站顶板上填土质量不符合要求，需要通过翻土晾晒和石灰搅拌处理达到加固目的。但，翻晒需要较大的场地，虽可分段施工，但所有土体都必须挖起，而且上海雨季即将来临，雨水对此方法极为不利，如果用石灰加固此类土的作用还需经大量试验才能确定其可行性，这又为工期所不允。为保证工程质量和工程进度，经与同济大学专家研究和土工试验，提出了部分利用原填土、部分处理的方案，采用80厘米石灰粉和水泥粉煤灰制成的人造硬壳的方法进行加固。

严格管理是确保世纪大道工程质量的前提条件

世纪大道项目投资大，影响广，抓好前期招投标工作，不仅能确保工程建设的健康发展，更是对工程质量的前期把关。因此，指挥部从两个文明建设同步发展的高度，切实抓好工程招投标管理，基础工作和思想政治工作，从确保队伍过硬，达到整个工程质量的过硬。重点是搞好"三个加强"。

一是加强招投标管理，选拔优秀队伍参与世纪大道建设。公司实行公开标准、集体研究、一个口径的工作原则，大胆探索无标的闭口合同招标的新形式，这是浦东新区和我公司招投标工作的首次尝试。

二是加强责任目标管理，优化现场施工。组织专门力量编制完成世纪大道建设大纲，对施工管理程序、达标要求、监理职责以及文明施工等提出了明确的意见和规范，并配备专职的项目管理人员到现场协调和检查施工进度。每个项目实施前，各施工单位均要拿出书面确保工程质量的技术对策措施和操作规程交指挥部。在此基础上，指挥部请专家和专业技术人员进行优化完善，形成和制定出各项目施工的具体标准下发至各施工、监理单位贯彻执行，保证了工程建设在受控条件下有序进行。

三是加强立功竞赛工作，促进双文明建设同步发展。法国用3个世纪的时间建成了巴黎的从卢浮宫到拉得方斯这个世界著名的香榭丽舍景观中轴线。而陆家嘴（集团）有限公司在党和政府的领导下，在广大人民群众与社会各界的大力支持与配合下，只用了3年左右的时间就建成了这条闻名国内外的世纪大道。

（综合2000年4月10日浦东新区世纪大道现场指挥部《世纪大道工程建设总结汇报》等资料）

世纪大道夜景

为建造金茂大厦赴国外考察

为建造高层建筑，1993年3月15日至4月3日，由组长、中国上海对外贸易中心总经理张关林率领的中国上海外贸中心赴美国、加拿大高层建筑考察小组一行4人，出访美国与加拿大，先后对温哥华、多伦多、纽约、芝加哥、亚特兰大、洛杉矶等城市的高层建筑与城市规划作了考察。其中，重点考察了美国西尔斯大厦、汉考克大厦共12幢大厦，还参观了加拿大温哥华的贸易及会议中心、多伦多的BCE宫等建筑。

出访途中，考察小组向美国、加拿大的7家设计师事务所进行了技术咨询，并听取了中国中建总公司加拿大分公司关于高层建筑施工技术的情况介绍，收集了大量有关高层建筑、设备、消防、结构方面的资料以及1993年版本的美国超高层建筑法规。有的事务所还向我考察小组提供了美国纽约某高层建筑建设过程中业主、承租方及设计师、施工单位之间关于资金平衡、方案调整等全过程的电视录像带。在美国期间，考察小组专程访问了参加上海陆家嘴金茂大厦方案设计的两家美国设计师事务所，了解有关方案设计的进度，该两家公司均组织了较强的设计力量主持金茂大厦方案设计工作。据知，该两家公司设计进展顺利，均能按期在1993年5月初完成设计方案的提交工作。

考察小组在回国途中途经香港，对香港的高层建筑作了了解，参观了近期完工的78层中环广场与中国银行大厦，并拜访了香港土地发展局。

此次考察访问收获较大，考察小组不仅了解了20世纪90年代国外超高建筑的动态和设计趋向，而且更重要的是增强了建造金茂大厦的信心。上海市陆家嘴金融贸易区开发公司总经理王安德参加了此次考察，对加深彼此间的理解，促进相互沟通，为建成金茂大厦，加快浦东陆家嘴金融贸易区的开发，具有积极意义。

美国是世界上高层建筑最多的国家，美国的高层建筑始于19世纪末20世纪初，而在1930年代，由于克莱斯勒大厦和帝国大厦（1931年）的建成而进入一个新的时期，纽约的这两幢大厦在30年里一直保持了全世界最高建筑物的地位，以至在1970年美国SOM公司完成了芝加哥的约翰·汉考克大厦和1974年完成了芝加哥西尔斯大厦而进入了全世界最高建筑物顶点。

110层高的西尔斯大厦目前是全世界最高的建筑物，建筑高度443米，建筑面积45万平方米，这是一座钢结构的大厦，整个大厦由9个钢结构束筒组成，每个束筒25米见方，共使用了76000吨钢材。该大厦内有106台电梯服务于各层楼面，其中包括16台双层电梯，该大厦全部用于办公用房。设于103层的观光厅面积为1200平方米。而同在芝加哥的汉考克大厦为100层高的建筑物，高344米，为一幢综合性高层建筑，包括商业、办公与公寓等多种功能，该建筑外围护结构为茶色玻璃及黑色铝板，结构形式为钢结构，内筒加钢桁架式外框，在立面上加X形斜撑，以作为抗风力措施。

据说，这样的设计使钢材用量减少一半，但，巨大的斜撑使部分房间采光受到影响，该建筑为

金茂大厦

现代西方"重技派"的代表作。设计该两幢建筑物的美国SOM事务所的建筑师认为，20世纪70年代的建筑采用深色的围护结构是为了与背景空间取得平衡，以后又流行玻璃幕墙的围护结构，进入80年代末期与90年代后期，世界建筑界对外围护结构太多使用玻璃与金属的结构已经厌倦了，趋向追求一种给人以更亲切感觉的效果要求，考察小组见到了大批最新的建筑物综合使用了花岗石、玻璃和金属组合外墙，在色调上也更趋于温暖、明快的颜色。

考察小组在芝加哥考察的另两幢建筑为1989年建成的美国电报电话公司大楼与北密歇根大道900号的大楼。电报电话公司大楼分别为60层高、14万平方米与34层高、10万平方米的两座大楼组成。底层有1100平方米的餐厅与340个车位的停车场，大厦内部采用钢构架外包现浇混凝土的组合结构，外围护结构为花岗石幕墙，整个建筑物被设计成雅致的大厦，外部装饰十分精致，该大厦已成为一系列1990年代大厦的典型风格。

北密歇根大道900号大楼是美国KOHN PEDERSEN FOX（KPF）事务所设计的一幢综合性大楼，总建筑面积186000平方米，66层高，造型典雅，外观极富线条感。该大楼融商场、办公楼、酒店、公寓于一体。其中，办公楼与商场从一个门厅进出，酒店与公寓由另一门进出。酒店的大堂设于大楼内的9楼，拥有343套客房的四季集团酒店系芝加哥有名的五星级酒店，酒店的大堂及餐厅高雅、风趣，装饰极其讲究，在结构上是一座混合结构的建筑。低层为混凝土结构，高层为钢结构。

另一个使考察小组感兴趣的大厦为纽约的世界广场大厦，大厦于1989年竣工，内设办公楼与公寓，57层高，建筑面积约14.5万平方米。作为业主方、设计师事务所、承包方良好协作、协同工作的典范，该大楼的设计事务所SOM公司将建设该大楼全过程的录像带，赠送给了我考察小组。

此外，考察小组还考察了纽约的450 LEXINGTON大楼、帝国大厦、联合国总部办公楼，多伦多市的BCE宫与温哥华的贸易及会议中心，洛杉矶的洲际银行大厦、克劳克中心等高层建筑。

考察小组在美国、加拿大期间，拜访了承担金茂大厦方案设计的两家美国建筑师事务所。询问了方案设计进度，也就东西方文化的异同、建筑审美观点的差异进行了探讨。美国的建筑师已注意到东方的建筑文化更看重对称与平衡这一文化现象，因此，双方就建筑色彩、形象等问题进行了探讨后认定，明快简捷的色彩与造型更能为东方人所接受。

作为方案设计参赛者之一的美国SOM，芝加哥总部为芝加哥一家房地产发展商完成的一座88层高的办公楼设计，这引起了考察小组的极大兴趣。该办公楼的建筑面积为250000平方米，停车库设300辆车位，外形设计十分典雅，建筑造型与上海黄浦江西岸建筑风格相似，但，建筑材料用了玻璃、铝合金等现代材料。该项目设计由于发展商财务上的原因未能建造，2米高的模型成本费用就高达10万美元。

美国建筑师事务所给考察小组留下了深刻的印象。由于现代科学技术的发展，计算机辅助设计已普遍运用在平时的设计工作中。作为美国一流的设计事务所，SOM公司还与IBM公司联合开发建筑设计通用软件，建筑师借助计算机技术很容易地将平面图形变换成三维空间图形予以观察。而且，计算机绘制的图像能够反映未来某一建筑物外墙饰面的色彩与质感。

同样，计算机技术与激光技术的结合使建筑模型的制作进入了一个更为精致、准确、逼真的新阶段。

这家事务所认真踏实的工作作风也给考察小组留下了很好的印象。在SOM芝加哥总部的一间250平方米的大房间中，铺满了整个芝加哥城市中心区的模型。新的单体设计模型都将在这里被反复推敲论证，这种敬业和不计成本的实事求是的态度与方法，正是该事务所能跻身世界建筑名流的原因。

建造大厦的13个重要问题

在美国、加拿大期间，考察小组还与其他一些建筑师事务所进行了技术交流。

经过交流、探讨，考察小组在以下诸方面有了更深一步的认识：

一、人群流向问题。国外大型的现代化超高层建筑人流很大，大部分单体均有地下走廊互相连通，配合以餐饮、购物商场的设置，形成庞大的地下城市，合理地解决了人群流向问题。上海由于地下水位高，大规模建设地下走道可能会有困难。亚特兰大桃树中心则采用二层平台天桥连接各幢大楼。香港中环广场、香港会议展览中心华润大楼、鹰君中心等大楼亦采用二层平台天桥的连接办法使车流与人流分流，解决大楼的交通问题做得很成功。据介绍，在香港，这一工作是由城市规划部门负责的，在土地批租时就有明确的标高等规定。浦东陆家嘴金茂大厦的人流、车流的分流问题能否得到解决，要请市政与陆家嘴金融贸易区开发公司牵头协调各建筑单体的设计。

二、关于高层建筑的造型与外装饰。高层建筑的造型与外装饰已从单一表现结构的火柴盒型，到大量使用玻璃幕墙的时代，进入了一个更讲究功能要求，给人以亲切感觉的新的时代。近来落成的建筑，无论是桃树广场1号（亚特兰大）还是AT&T大楼、芝加哥密歇根大道900号大楼虽出自不同的建筑师，但共同之处在于都回归了典雅的造型，使用了更多的线条与局部装饰，艺术气氛强烈。

三、关于结构形式。大部分设计单位倾向于88层大楼使用混合结构即混凝土剪力墙内筒与钢框架，钢筋混凝土结构可以减少风载大时高层的位移，增加大楼的舒适感，钢框架结构又使大楼具有一定的柔度，用以抵抗地震。关于钢结构的生产，中建总公司谈及中国大连已建成国内最大的钢结构厂，中日合资引进了日本的电脑钻孔机保证了整体安装的精度。

四、关于风荷载问题。各设计部门认为对越高的大楼越要考虑风荷载的问题，一般说，满足了风荷载也就满足了地震的条件。一般在结构设计确定后，对超高层建筑均会作风洞模型模拟实验，合格后，方可予以实施，现代结构计算与施工技术已经很好地控制建筑物的高层位移，SOM的结构工程师介绍休斯敦城银行大楼，为玻璃幕墙外围护结构80层高。在12级强台风袭击时实测位移仅24英寸（600毫米）。

五、关于造价。KOHN PEDERSER FOX（KPF）公司提供1984年竣工的芝加哥20万平方米，80层高的多功能大楼的造价为1000美元/平方米。SOM的工程师预测，芝加哥88层、250万平方英尺DEARBORN BUILDING约950美元/平方米，上述总造价不含地价、设计管理费以及建筑期利息，二次装饰的费用。对照上述造价，国内一些大楼的造价相对高了一些。

六、关于直升机停机坪。美国、加拿大很多的建筑物上部有各类建筑装饰，不能设置直升机停机坪，且美国纽约市、芝加哥市的建筑法规也无类似的规定，仅在洛杉矶市，考察小组看到部分大楼顶部设置直升机停机坪。建筑师解释说，这是因为这个城市地震较多，所以，提供给救援人员在地震时用，另外，火灾时因气流与烟气均是向上流动，大楼顶部直升机停机坪是无法使用的。

七、关于大楼内部的交通。大楼内部交通的设置是很重要的一环，波特曼事务所对桃树街1号大楼的电梯井道作了十字形安排，使大楼住户对交通情况一目了然，供出租的楼面，对一些大的租户，国外是事先听取这些租户的意见在楼内交通、间隔、装饰设计上，尽量采用租户的意见，这也是值得建造金茂大厦时借鉴的。

八、关于停车场。所考察的大楼里均设有停车场，但停车车位的数量没有一定的规定。停车场有设在地下室的，也有在地面上另行设置车库，再用自动人行道加以连接的。建筑师解释说，停车场在国外倾向于由社会力量解决而不是由建筑单位承担的。另外，在大厦密集的城中心区，政府更鼓励使用公共交通工具上下班，而不是采用小轿车。给考察小组以深刻印象的是，繁华多样的地下购物中心、餐饮业与美容等服务业承租了大量建筑物的地下部分，特别是对加拿大多伦多这样冬季漫长又寒冷的城市是非常适用的。

九、关于高层建筑防火。考察小组听取了关于高层建筑防火问题的专题报告，国外的防火措施与我国的消防规范已十分相似，只是防火设备的制造生产方面，我国还未达到大工业生产的程度，

今日陆家嘴

需进口而已。

十、关于设计费。加拿大B·H事务所提供的资料设计费约占建设造价的5.5%~6.0%，该公司承建设计的上海浦东新上海国际大厦收了5.4%的设计费，该项目比金茂大厦简单一些，系一栋38层的办公楼建筑。

十一、关于施工管理。一个好的施工管理模式可以加速工程进度，减少建筑造价。加拿大多伦多的第一加拿大宫高72层，筒中筒结构，由于施工管理得法，该大楼1/3结构正封顶时，1/3面积装饰正在进行，另外1/3楼面却已经开业了。

十二、关于大楼外装饰。一部分建筑师建议，在30米以下的裙房部分属公众视线所关注的区域，装饰应讲究，使用较高级的外墙材料，玻璃宜使用双层玻璃，有利于减少室内噪声，玻璃面积不宜太大，且应做好抗风载的试验。

十三、关于楼层的高度。美国KOHN PEDERSER FOX（KPF）事务所认为，90层是一个极限，再高在经济上不合算，在技术上也会增加很多困难，主要是建筑设备上的困难，比如管道与容器的承压能力等问题。38层的大楼，一部分建筑师建议冷冻机房等可以设在40层左右，一部分向上供应，一部分向下供应，可使用较低等级的管道与容器以减少造价。设备层可与避难层合用，噪声的问题也可以解决，这一方案已有实施的先例。金茂大厦可以考虑该方案。办公楼的层高，桃树广场1号新落成的办公楼的楼板，一楼楼板高4米，除去设备吊顶后净高为2.75米，中庭高22.4米，系一幢较高标准的办公楼。

（资料来源：1993年4月《中国上海外贸中心赴美、加高层建筑考察小组总结报告》）

合作建造金茂大厦侧记

1992年7月10日至18日，对外经济贸易合作部部长助理刘山在访问上海，考察了浦东新区和上海经贸系统的企业。时任上海市市长黄菊会见了刘山同志。上海市人民政府浦东开发办公室的黄奇帆副主任与刘山在部长助理在友好的气氛中进行了认真且富有建设性的会谈，双方达成如下一致意见：

外经贸部和上海市共同合作，支持浦东开发。外经贸部决定在浦东新区建设经贸大厦（当时的暂定名），直接参与浦东开发。上海市方面对外经贸部支持浦东开发的积极行动表示热诚欢迎，同时也愿意积极配合、建设好经贸大厦。

所建的经贸大厦是多功能的综合大楼，其内部将开设银行、进出口精品商场、娱乐设施以及办公和商住用房等。如地质条件具备，经贸大厦计划建设88层，建筑面积约28万平方米，占地面积约2.2万平方米，与外经贸部所属的上海市畜产进出口公司肠衣厂占地面积相同，根据陆家嘴中心区规划的规定，建筑容积率为1∶10。

根据经贸大厦的功能和要求，上海市有关部门经过认真研究，初步选址在浦东大道与浦东南路交叉路口西南临街拐角处，即：陆家嘴地区1—8地块。具体方位和边界将由规划部门根据大厦的设计方案和该地区城市规划的有关要求，另行确定。

双方商定，经贸大厦的建设和肠衣厂的动迁相结合。外经贸部负责2年内迁走肠衣厂，并承担肠衣厂的动迁费用；1—5地块的动迁工程，"七通一平"的土地，承担经贸大厦所在地块的动迁费用。外经贸部以肠衣厂地块与上海市陆家嘴地区1—5地块相等面积交换，另向上海市土地局补地价每平方米320美元，按支付日中国人民银行公布的美元与人民币官方买卖中间价折算人民币支付。

进度要求。考虑到经贸大厦是项宏伟工程，具有跨世纪象征意义，加快项目建设进度已成为加快浦东开发的重要内容，外经贸部将尽快完成大厦的立项、可行性研究报告和扩初设计等工作，上海市将加快该地区的动迁，争取1993年2季度破土动工。

双方就此项目建设将保持密切联系与协作，互相支持，共同早日把经贸大厦建设好，为浦东开放、开发作出贡献。

金茂大厦是我国第一幢超高层、高标准集办公、旅馆、餐饮、休闲、娱乐和商业为一体的综合性智能化大厦。

由于该大厦系外经贸部集资建设，部属主要的全国性企业都将在这里设置机构，所以，集聚效应特别强。这对陆家嘴金融贸易区地位的确定，具有特别的意义。对浦东新区乃至上海市建成国际经济金融、贸易中心城市，会起到一定的作用。

为建造国内最高的超高层大楼，对外经济贸易合作部特地组建了中国对外贸易中心，筹建开发和经营管理，其股东单位由对外经济贸易合作部所属19家公司组成。投资预算5.4亿美元。

金茂大厦主要要为国内外经贸界人士提供办公、谈判、会议、食宿、进出口商品展览，经济贸易信息咨询以及健身、娱乐、购物，并开设外贸银行、信托投资公司等金融机构。

陆家嘴金融贸易区是上海新的中心地区。金茂大厦建在浦东新区延安东路隧道出入口处不远，是陆家嘴金融贸易开发区的最佳地段之一，加上80层以上的超高层建筑在我国尚属第一家，88层新的现代化大楼将成为上海新地标，吸引成千上万的市民立足本地区，开拓发展这一中心区。

大厦采用新型材料，外立面以同色金属幕墙，玻璃幕墙花岗石铺面，反映时代气息，四周是绿化，赋予全基地及广场以季节色彩时序上的变化，裙房上设游泳池，更为鸟瞰添色，使其充满活力与生机，同时在一定程度上改善城市气候环境，不但能消除眩光和燥热，并能有效地柔化各类都市噪声。

金茂大厦总建筑面积280368平方米，地上88层，面积227394平方米，其中，旅馆61425平方米，包括客房49059平方米，餐饮2430平方米和娱乐等公共活动场所5993平方米；高级办公楼部分165965平方米，包括办公用房与会议室115911平方米，餐饮13000平方米，商业设施26212平方米。地下共6层，面积52974平方米，其中汽车库4层，面积35316平方米，自行车库5500平方米等。

金茂大厦于1994年5月10日开工，1997年8月28日结构封顶，1999年3月18日开张营业。楼高420.5米，当时为中国第一，亚洲第二，世界第三。

（综合中国上海对外贸易中心《金茂大厦工程可行性研究报告》等资料）

陆家嘴的超高层建筑

建造上海环球金融中心大厦

随着我国政府对浦东开发开放一系列优惠政策的实施以及把上海建成经济、金融、贸易、航运中心目标的确立，1994年的浦东新区开发建设进入了高潮，众多的海内外著名企业和跨国公司前来考察投资，日本最大的房地产企业森大厦株式会社也在这种形势下决定在陆家嘴金融贸易区投资建造一幢总建筑面积达30万平方米、高460米的世界最高的金融大厦。1994年9月4日森大厦株式会社与陆家嘴金融贸易区股份有限公司签订了土地使用权转让合同。1995年12月，日方付清了土地使用权转让金计12960万美元，中方将土地交付日方使用。

1995年3月1日，上海市外国投资工作委员会批准了该项目的可行性研究报告和公司章程。4月9日，该项目经上海市人民政府批准并经登记注册成立了日方独资的上海环球金融中心有限公司，公司总投资750亿日元，注册资本250亿日元。日方在依法确立项目后，委托美国著名的KPF建筑设计事务所进行设计，到1997年3月25日，通过了项目扩初设计审批。日方开始按预定计划进行开工前的各项准备工作。

上海环球金融中心是一幢以办公为主，集商贸、宾馆、观光、会议等设施于一体的综合型大厦，大厦由商场、办公楼与酒店构成。就当时而言，为中国大陆第1高楼、世界第3高楼。

上海环球金融中心原本设计高度460米，工程地块面积为3万平方米，总建筑面积达38.16万平方米。1997年年初开工后，因受亚洲金融危机影响，工程曾一度停工。2003年2月工程复工。

由于当时中国台北和香港都已在建480米高的摩天大厦，超过环球金融中心的原设计高度，也由于日本方面对建造世界第一高楼的初衷不变，因此对原设计方案进行了修改。修改后的环球金融中心比原来增加7层，即达到地上101层，地下3层，建筑主体高度达到492米，楼层总面积约377300平方米。比已建成的中国台北国际金融大厦主楼高出12米。上海环球金融中心于2008年8月29日竣工。

上海环球金融中心大厦楼层规划为地下2层至地上3层是商场，3至5层是会议设施，7层至77层为写字楼，其中有两个空中门厅，分别在28层至29层与52层与53层，79层与93层是超五星级的宾馆。94层至100层为观光观景层，共有3个观景台。其中，94层为观光大厅，是一个约700平方米的展览场地与观景台，可举行不同类型的展览活动。97层为观光天桥，在第100层、距地面472米处设计了长度约为55米的观光天阁，这一高度超过世界最高观光厅——高度为447米的加拿大国家电视塔的观景台，超过迪拜的迪拜塔观景台（地上440米），成为世界上最高的观景台。此外，在94层还设计了面积为750平方米、室内净高8米的观光大厅。

由于这一项目的投资总额高达750亿日元，森大厦株式会社一直持十分谨慎的态度，一方面对于投资组织和功能用途进行了精心设计，尽管期间有一家出资20%的美国地产公司以"中美关系紧张"为由退出了投资，但经过努力，包括日本海外经济协力基金（OECF）在内的37家日本金融机构和大商社在日本成立了上海环球金融中心投资株式会社，落实了90%以上的资金。同时，日方利用其

陆家嘴中心区开发景象

广泛的客户网络，为项目投资国际化作进一步努力。另一方面，为了对投资总额实行严格控制，在签订土地使用权转让合同时，日方与陆家嘴金融贸易区股份有限公司签订备忘录明确，如果在1997年底前不能确定项目所需进口建材、设备免征进口税收，日方可按合同规定退还土地使用权，取消该项目，中方归还日方已付全部转让金。

　　上海环球金融中心这一重大项目的确立，不仅将成为正在建设中的陆家嘴金融贸易中心区的一个标志性建筑，而且对上海在21世纪成为国际经济、金融、贸易、航运中心有着极为重要的意义，因此，上海市人民政府一直给予高度重视和积极支持。时任市委书记黄菊、市长徐匡迪和副市长赵启正先后致信森大厦株式会社社长和海外协力基金总裁，表示对项目的支持和有关政策的确认。1995年4月8日、4月19日、5月17日，朱镕基副总理、李鹏总理、江泽民总书记先后亲临陆家嘴金融中心区视察。在汇报区域项目建设情况时，上海市的领导同志也将此项目的情况作了详细说明，得到中央领导的肯定。

　　上海市人民政府有关职能部门就该项目免征进口税收事宜进行了多次研究。为了促使项目尽快开工建设，市计委等部门于1997年2月24日复函日方，明确了将由上海市人民政府向国务院申请延长免征进口税收宽限期；1997年5月21日，浦东新区管委会和上海环球金融中心有限公司再次签署备忘录：日方同意在中方向国务院申请延长免征进口税收宽限期的前提下，项目于1997年8月底开工建设。正是由于上海市人民政府明确的支持态度和承诺，日方投资者才认为应该尊重上海市人民政府关于项目尽快开工建设的意见，表示相信上海市人民政府会负责地向国务院申请项目延长免征进口税收宽限期并获得批准。

　　从政治角度考虑，无论对于浦东开发开放的形象、上海金融中心的建设，还是坚持对外开放的基本国策，确保上海环球金融中心这一重大项目在陆家嘴金融贸易区顺利建成，其重要作用和特殊意义是不言而喻的。

　　首先，该项目本身将成为21世纪初世界最高建筑，已经引起海内外广泛的关注，许多国家的报纸、电视都对这一项目作了报道，这对提高陆家嘴金融贸易区的世界知名度有着特殊意义。

　　其次，项目投资者中包括了日本的20家银行、6家保险公司、4家证券公司，其中的6家银行已在陆家嘴开设了分行，占已在浦东开业的外资银行的46%，另外19家已在浦西设立机构的银行和保险公司等也将陆续迁址陆家嘴。待大厦建成后，这些投资者将都会迁入大厦营业，使这幢超高层大楼成为名副其实的金融中心，这对上海建成国际金融中心有着极其重要的作用。

　　从经济利益分析，根据日方测算的全部进口材料总额约2.8亿美元，若扣除1997年、1998年可免税进口额约0.2亿美元，实际进口总额为2.6亿美元，按平均关税30%计算，关税总额约7800万美元。该项目建成营业后，按现行税率每年要缴纳房产税700万美元，按项目20年收回投资计算，平均每年要缴纳所得税约560万美元，营业税约700万美元，合计每年税收近2000万美元。国家所免关税额相当于该项目4年的税收，得失相比，显然确立该项目对培植税基、增加税源是十分有利的。此外，还可提供1.5万人的就业机会。因此，上海环球金融中心作为浦东新区一个特殊的重大项目，其作用和意义是任何其他项目所不能取代的。

（综合1997年6月上海市陆家嘴金融贸易区开发公司《上海环球金融中心项目综合情况的说明》等资料）

建造过程中的一波三折

　　1994年9月4日，上海陆家嘴金融贸易区开发股份有限公司与日本森大厦株式会社签订了陆家嘴中心区Z4-1地块土地使用权转让合同。次年，由森大厦株式会社100%全资公司森海外株式会社为核心，与日本具有代表性的银行、保险公司、商社等三十多家企业以及日本海外经济协力基金共同出资，于1995年11月17日成立了项目公司——上海环球金融中心有限公司，计划建设94层，高度为460

米的世界最高的超高层综合大厦"上海环球金融中心"。

1997年9月27日，上海环球金融中心项目正式开工打桩。受亚洲金融危机影响，桩基工程至1998年10月完成后，项目暂停。

在项目停工的几年时间里，上海环球金融中心有限公司多次向上海市、浦东新区的政府部门以及陆家嘴金融贸易区开发公司表示，尽管项目暂时停工，但最终将项目建成的目标和决心没有改变。为将环球金融中心建设成为更适应21世纪需要的大厦，环球金融中心有限公司目前正在对项目进行设计变更及施工计划调整，也一直在为复工做积极准备工作。

由于项目建设的推迟，2000年11月，环球金融中心有限公司提出将出资期限由原来的2000年11月16日延长3年的申请。上海市外资委在听取有关部门意见后，批复：允许其出资期限延长2年至2002年11月16日。

在这个过程中，上海环球金融中心有限公司提出了项目设计变更，其主要问题有二：

一是规划条件的变更。环球项目的设计变更中保留了原方案中的大厦的6大功能构成，即办公、宾馆、商场、观光、美术馆以及停车场。但各大功能的面积分布有较大调整。根据调整后的方案，环球项目地上总建筑面积将大幅增加，达到291000平方米，容积率将达到9.7，大厦将由原94层增加至101层，总高度达到500米左右。根据上海市政府领导会见森社长时双方达成的一致意见，同意环球项目高度为492米。其他有关规划参数的调整问题，由有关规划部门与环球公司进一步协商。

二是功能设置及经营范围的变更。环球金融中心有限公司希望在大厦顶部观光层设置全封闭观光缆车，经营范围中希望能批准宾馆、美术馆及观览设施的开设与经营。

除上述变更问题之外，还提出了项目进口设备、建材的免征关税问题，具体是：

1994年9月4日，在上海陆家嘴金融贸易区开发股份有限公司与森大厦株式会社签订环球地块土地使用权转让合同的同时签订了备忘录，明确根据当时浦东新区享有进口建材、设备免征进口税收的政策，环球项目是可以享受项目建设所需进口材料、内装修材料和大楼设备的免税。

1995年12月，我国政府公布了有关调整进口税收政策后，引起日方投资者关注。根据国家有关政策，在调整关税政策前已经批准建设的项目，仍可享受进口建材、设备免征进口税收政策至1998年6月底。但由于当时该项目计划1997年开工，2001年竣

上海环球金融中心

工，所以日方要求对享受免税至项目完工前给予明确答复。从积极推进项目的角度出发，1996年10月23日，当时浦东新区管委会副主任胡炜与上海环球金融中心有限公司董事长大竹一彦就项目进口建材和设备免税事宜签订了备忘录，同意由上海市浦东新区管委会负责为1997年12月31日后的环球项目建设所需进口设备和建材，向中国外经贸部提出申请免征延长宽限期至项目建成，并确保项目继续享受免征关税的优惠。

1997年5月4日，上海市人民政府办公厅正式向国务院办公厅提出了延长上海环球金融中心项目进口建材、设备免征进口税收期限的报告。国务院办公厅将此报告批转财政部，由财政部征询国家计委等部委意见后提出处理方案。国家计委外资司明确：该项目由上海市外资委审批，应视为按国家有关规定程序审批的项目；项目对陆家嘴的开发举足轻重，建议可适当延长免税期。财政部在汇总各部委意见过程中提出，该项目的特殊意义和对浦东开发的重要性是明确的，并表示了积极的意见。

2002年1月21日，上海市政府和浦东新区政府有关领导会见了森大厦株式会社森稔社长。原则同意环球项目的高度定为492米。关于上海环球金融中心有限公司提出的其他有关进口建材及设备关税的免税等几个问题，上海市领导表示，如有必要可与中央政府进行协商。

2002年2月21日，上海环球金融中心有限公司召开新闻通气会。介绍了项目设计变更的最新进展情况，并明确表示正在以复工为目标积极做着各项准备工作。根据日方初步排定的工作计划，2002年年内可望正式完成项目的设计变更并向有关政府分管部门上报，如能顺利获批，将可望在2003年前重新开工，力争在2007年年底前竣工。

2002年4月5日，上海环球金融中心有限公司吉村董事长拜会了浦东新区政府，介绍了于4月3日召开的上海环球金融中心项目的风工程技术专家论证会情况。环球金融中心有限公司提出高度492米为前提的容积率为9.7的方案。市政府认为，随着高度的变化，为了确保安全性，提高智能化水平而增加的容积率可以认可，但9.7太大。而且，63.2%的建筑覆盖率也过大，特别是从世纪大道方向看时，裙房部分会有压抑感，需要进行调整。

2002年5月10日，上海环球金融中心有限公司吉村董事长等会同2家设计单位向浦东新区政府、市规划局的有关负责人就项目设计变更方案做了详细说明，并对立体连廊做了说明。市政府认为，高度492米前提下的高层部分的容积率可以认可，但裙房面积增加过大。同时提出调整建筑覆盖率，加强裙房外观与周边环境的协调性，绿地应满足植树要求等意见。

2002年5月16日，上海市城市规划管理局总工程师主持召开了环球项目容积率专家咨询会。

2002年6月21日，市规划局向环球金融中心有限公司通报了环球项目容积率的专家咨询会结果：1.同意高度为492米；2.建筑覆盖率希望维持原设计的48%。北侧和西侧不可设置裙房。立体连廊、公共绿地规划由陆家嘴公司负责。

（资料来源：2002年5月23日《上海环球金融中心项目情况的报告》与2002年8月9日《上海环球金融中心项目近期有关进展情况》）

与日本森大厦株式会社洽谈

1994年9月4日上午，新锦江大酒店白玉兰厅中外宾客满堂，Z4-1、D1-1两地块的土地使用权转让合同签字仪式在这里隆重举行。在热烈庄重的气氛中，上海陆家嘴金融贸易区开发股份有限公司总经理王安德和森大厦株式会社森稔社长签署了总额高达1.7亿美元的土地使用权转让合同，日方将在陆家嘴金融中心区建造两幢办公大楼，总投资近10亿美元，成为上海最大的外商独资房地产投资项目，这不仅表明日方对浦东开发前景充满信心，而且标志着金融中心区的建设开始走向国际化。

在签字仪式上，赵启正副市长和小林二郎总领事发表了热情洋溢的讲话，消息经海内外报刊的报道后，产生了强烈的反响。

回顾这两个项目的洽谈过程，深深感受到上海市人民政府对这两个项目的高度重视和关注。从1993年10月5日起，与森大厦株式会社第一次接触至正式签约的十多个月中，市政府领导黄菊、赵启正先后亲自致信森稔社长，表明上海市政府对项目的重视和支持。徐匡迪市长在正式当选为市长的当天就签发了给日本海外经济协力基金（森大厦的主要合作伙伴）总裁的信。两任市长旗帜鲜明的表态，坚定了日方的投资信心，有力地推动了项目的进程。

上海陆家嘴金融贸易区开发股份有限公司多次召开专题会议研究对外洽谈的重大事项，确定重大原则。在项目洽谈初期，公司曾提出过合作建设的方案，随着洽谈的深入和相互沟通，公司高层在平衡了各方面关系后，果断及时地调整了方案，体现了原则性和灵活性的结合，使得该项目达到了双方满意的结果。在长达10个多月的项目洽谈过程中，公司经营部根据领导确定的原则以积极认真、主动热情的态度对待每一次会谈，回复每一封来函，解答每一个问题，两个项目形成了厚厚的3本档案。通过与世界一流的房地产公司——森大厦株式会社的交往，公司经营部的同志也得到了锻炼和提高，积累了一些经验和体会。

宏观投资环境的改善是吸引国外大企业投资的关键。日方每次来沪，都要去现场察看，他们深为浦东开发的宏伟目标和建设进度所吸引，更对陆家嘴的发展前景和潜力充满希望。但另一方面，他们对宏观投资环境仍存在不同程度的疑虑，觉得政策透明度不够，变化较多。这说明，在建设社会主义市场经济过程中，作为金融贸易区的建设和功能开发需要有一个与之相适应的宏观环境，而这种环境的建立还需要有一个过程，在这个过程中产生的矛盾和问题，需要我们努力地探索和协调。

信任感和企业形象是增强外方投资信心的重要方面。在近一年的交往中，公司的环境和服务留给外方一个良好的企业形象。我方人员认真、严谨、负责的工作态度，与外方建立起了信任感。在日方看来，如此巨大的不动产投资项目，与一个没有信任感和良好形象的企业合作是不可思议的。我们不仅以真诚合作的态度对待谈判，而且注意增进友谊和沟通，比如，当得知森稔先生60岁生日后，我们就请公司总经理发贺信、送贺礼，收到了很好的效果。

日方在避免市场风险方面所采取的策略是值得借鉴的。在对待市场风险方面，森大厦不愧是极富经验的房地产公司，他们以十分严谨的态度采取相应的策略：一是扩大项目合作伙伴，利用自身的影响力，组织大商社、银行和政府基金参与投资，以此形成了一批核心客户；二是项目实施分步走，先上46层森大厦，并根据森大厦的租售情况，调整95层项目的进度，这样就有较大的回旋余地。实践证明，他们的策略是成功的。据知，森大厦竣工时就已基本完成预约租售，环球金融中心结构封顶前预约已近60%，这在当时的上海房地产市场中可称是一个奇迹。了解和认识这一点，将有助于我们今后做好争取国外大企业的投资工作。

（综合有关建造上海环球金融中心大厦资料）

树立良好的公司信誉

1994年，日本森株式会社在陆家嘴中心区批租受让了Z4-1和D1-1两块土地。其中D1-1地块高50层的森茂大厦于1995年3月先行启动建设。这是陆家嘴地区最大的一个外商投资项目，对该项目配套服务的好坏将直接影响日商今后对96层超高层项目投资的决心。于是，陆家嘴公司决定破例代替日商办理森茂大厦工程前期的临时施工的用电、用水以及电话的申请手续，市政分公司接受了这一光荣任务。

从接受这一任务到大楼正式开工，期间只有短短的3个月时间，而通常办理项目的临水、临电至少需要半年。中间又隔了一个春节，因此时间非常紧迫。大家迅速分头行动起来，与市东供电局、自来水公司、电话局联系。

由于日商对中国情况不甚了解，于是，我们多次召集市东供电局、自来水公司、电话局等公用事业单位同日商一起召开协调会，帮助日商了解基地周围的电网状况、电压等级、通信网络现状、自来水管网状况以及国内对水、电、通信的收费标准，并且多次同日商一起踏勘现场，帮助日商选择临时厢式变电站站址、临时用水进水点位置，确定用电、用水容量。

在办理临时施工用电申请过程中，由于手续非常繁琐，需要经过供电所十几个部门的验收审批，程序极为拖沓。为了抢时间，我们的同志常常是清晨6点多就走出家门，换几辆公交车从浦西赶到浦东，在供电所未上班之前就坐在办公室里等候，等具体办事人员刚一上班尚来不及外出之时，让他们签字盖章，再送到下一个审批部门。就这样，通过大家3个月的共同努力，我们终于圆满完成了公司交给的任务，抢在森茂大厦正式开工之前，接通了施工用电、用水和电话，树立了陆家嘴金融贸易区开发公司的良好信誉。日商对我方的办事效率和工作责任心大为赞赏，表示今后若遇到市政配套方面的困难，还要请我们出面帮助协调。

这件事虽然过去了许多年，然而，今天回想起来，仍历历在目，记忆犹新。其实，类似的事情在市政公司、在我们周围几乎天天都在发生。同志们对工作尽心尽力、极端负责的态度和百折不挠的精神深深感染了这个团队里的每一个人。

（综合有关建造上海环球金融中心大厦资料）

陆家嘴三幢高楼直冲云霄

世界一流的超高建筑——上海中心大厦

陆家嘴参股45%参与上海中心大厦建设

按照1993年《上海陆家嘴中心区规划设计方案》，上海市陆家嘴金融贸易区内将建造3幢超高层的标志性建筑。

上海中心大厦，为上海市计划中的综合物业发展计划。作为陆家嘴核心区超高层建筑群的收官之作建成后，将取代附近的上海环球金融中心，成为上海第一高楼、中国第二高楼，仅次于在2014年建成的深圳平安国际金融大厦（660米）。

按照发展计划，该项目位于浦东新区陆家嘴金融贸易区，东泰路、银城南路、花园石桥路交界处，即陆家嘴金融中心区Z3-2地块。该地块东邻上海环球金融中心，北面为金茂大厦，南侧是滔滔黄浦江，待"上海中心"耸立而起之后，将同高耸入云的金茂大厦、环球金融中心形成"品"字形的三足鼎立之势，使陆家嘴成为国内"最高的"金融中心。

项目设计招标吸引了美国SOM建筑设计事务所（Skidmore, Owings and Merrill）、美国KPF建筑师事务所（Kohn Pedersen Fox）以及上海现代建筑设计集团等多家国内外设计单位提交设计方案。于最后一次招标，两个设计方案获得入围资格，分别为美国Gensler建筑设计事务所（Gensler）的"龙型"方案与英国福斯特建筑事务所（Foster & Partners）"尖顶型"方案。经过评选，"龙型"方案中标，大厦细部深化设计将以"龙型"方案作为蓝本。

2008年11月29日，"上海中心"进行主楼桩基开工。

"上海中心"项目的开发建设和运营由上海中心大厦建设发展有限公司负责。

上海中心大厦建设发展有限公司由上海市城市建设投资开发总公司、上海陆家嘴金融贸易区开发股份有限公司、上海建工集团股份有限公司共同出资成立，三方股东股权比例分别为51%、45%、4%。

上海中心大厦主体建筑总高度632米，地上121层，地下5层，总建筑面积57.6万平方米，是一座集办公、酒店、会展、商业、观光等功能于一体的垂直城市。此外，机动车停车位布置在地下，可停放汽车2000辆。

这座超高层地标性摩天大楼，造型别致，圆角三角形外立面层层收分，连续120度缓缓螺旋上升，形成了独特优美的流线型玻璃晶体，体现了现代中国蓬勃的生机。

作为全球可持续发展设计理念的引领者，上海中心大厦严格参照绿色建筑设计标准，集合采用各种绿色建筑技术，绿化率达到33%，将向人们展示上海这座国际化城市对于维护生态环境的责任和承诺。

上海中心

为了充分考虑建筑与区域乃至城市空间上的交互关系，上海中心大厦选择632米的建筑高度，以使其与周边420米的金茂大厦和492米的上海环球金融中心在顶部呈现优美的弧线上升，营造出更加和谐的超高层建筑群，并作为上海的新地标，与东方明珠电视塔等其他陆家嘴标志性建筑一道，共同勾勒出优美的城市天际线，展现浦东改革开放的成果和陆家嘴金融贸易区的时代风貌。

项目建设历程与五大功能分区

1993年12月28日	市府[1993]77号文批复原则同意《上海陆家嘴中心区规划设计方案》
2006年09月12日	10家单位参加概念方案征集并提交了19个设计方案和21个设计模型
2007年12月05日	上海中心大厦建设发展有限公司正式成立
2008年04月18日	美国Gensler设计事务所的方案明确为最终设计中标方案
2008年11月29日	"上海中心"正式开工并打下了第一根桩
2009年07月01日	主楼桩基工程完成
2010年03月24日	美国绿色建筑协会授予上海中心大厦"LEED金奖预认证"证书
2010年3月26～29日	主楼大底板6万立方米混凝土一次浇筑成功
2010年09月28日	主楼完成地下结构建设，跃出地面2层，从0米向632米攀升
2011年06月20日	主楼突破100米
2011年12月06日	主楼突破200米
2012年05月16日	主楼突破300米
2012年08月02日	主楼外幕墙安装正式启动
2012年09月13日	住房和城乡建设部授予"上海中心"《三星级绿色建筑设计标识证书》
2012年12月	主楼突破400米
2013年04月11日	主楼突破500米
2013年08月03日	主楼结构封顶
2014年08月03日	主楼达到632米设计高度

作为一座由9个垂直社区组成的垂直城市，"上海中心"具有五大功能：

一是国际标准的超甲级办公。2至6区为办公区域，面积约为220000平方米，每区设有一个交易层为金融企业提供完善的金融交易业务空间。针对银行、保险、证券、基金等金融服务业、跨国公司地区总部、现代新型服务业等差异化办公需求，提供全天候、定制化办公空间、系统和服务。

二是超五星级酒店和精品办公。7至8区由面向高端客户的中国超五星级自主品牌——J酒店及精品办公区组成，面积共约80000平方米。引入国际顶级酒店管理公司，为全球高端客人提供个性化服务、体验式住宿环境和共享交流的空间。

三是全配套的品牌商业服务。商业为地下1～2层及裙房的主要功能，面积约50000平方米，囊括了品牌零售、特色餐饮、商务服务中心、生活服务中心等商业设施，为陆家嘴金融城的办公人员、商务人士与住户提供全面的、高品质的商务配套服务。

四是观光和文化休闲娱乐。位于9区的顶部观光面积约4000平方米。采用互动体验式超高层观光形式，感受无与伦比的城市美景与新奇体验。突破8小时以外陆家嘴中心地区的空城现象，成为集观光、购物、娱乐、餐饮、休闲功能于一体的商业文化城。

五是特色会议设施。在高区有可以观景的会议设施，在1区和裙房用于会议以及宴会的面积约10000平方米，设有大型多功能厅、宴会厅和会议设施，满足会议论坛、展览展示、文艺演出、活动庆典、时尚发布、派对舞会和主题婚典等活动的需求。

此外，2至8区，每区的底部每隔120度就有一个由双层幕墙组成的空中大堂，全楼共有21个这样的空中大堂，大堂内视野通透，城市景观尽收眼底，为人们提供舒适惬意的办公和社交休闲空间以及日常生活所需的配套服务。

"上海中心"还着力完善区域配套功能，带动整个陆家嘴中心区地下空间的整体开发，形成立体交通网络，最大程度缓解人流疏散问题。上海中心的地下通道向东延伸至东泰路，向北延伸至花园石桥路；位于地下2层的公共通道与轨交2号线、在建中的14号线相连通，并与国际金融中心、金茂大厦和环球金融中心的地下空间连接，形成整体地下空间。届时，陆家嘴中心区的大批人流可迅速分流至地下，大大加强该区域的交通疏导能力。

（资料来源：上海中心大厦建设发展有限公司）

观光及餐饮

第9区   L118-L121

酒店及精品办公

第8区   L101-L115

酒店

第7区   L84-L98

办公楼层

第6区   L69-L81

L68   空中大堂

第5区   L53-L65

L52   空中大堂

第4区   L38-L49

L37   空中大堂

第3区   L23-L34

L22   空中大堂

第2区   L8-L19

L8   空中大堂

会议及多功能空间、零售商场

第1区   L1-L5

地下室

B1-B2   商业、地下通道

B3-B5   停车、机电设备

上海中心大厦各区域功能分布

"四个一工程"使区域形态面貌明显改观

1996年5月，中共上海市委、上海市人民政府为加快浦东形态开发和功能开发进程，决定用1年多的时间在陆家嘴实施"四个一工程"。陆家嘴金融贸易区开发公司承担的"四个一工程"总投资24.5亿元，动迁居民6100户，单位32家。至1997年6月30日，陆家嘴中心绿地、1500米的滨江大道建成开放；文明景观路线整治初现成效，陆家嘴以全新的面貌迎来了香港回归、党的十五大和第八届全国运动会。"四个一工程"的成果受到社会各界好评，同时也加速了陆家嘴金融贸易区功能开发和形态开发建设的步伐，并在"四个一工程"中实现了两个转变。

"四个一工程"的核心是将基础开发转到功能开发和形态开发上来，是从区域角度，由点到线、由线到片、由片到面，将独立的一个个项目连成一个整体，是形态开发的升华。

在"四个一工程"中实现两个转变

从分散开发向集约开发转变的现实意义和举措

1997年香港回归和党的十五大的召开，为上海加速实现"一个龙头，四个中心"的目标提供了良好的宏观环境。陆家嘴金融贸易区作为上海中央商务区（CBD）地域载体的客观条件也日趋成熟，并越来越得到海内外各方面的认同，其区位的特殊性、功能的定向性、形象的重要性决定了陆家嘴在浦东新一轮开发的过程中，处于十分关键的位置。

有鉴于此，浦东开发有必要进行由分散开发转向集约开发的战略调整，即通过大量的要素投入和相应的政策倾斜，在陆家嘴金融贸易区集中人力、物力、财力，尽快形成体现世界一流新城区的主要形象，提供上海最重要的金融、贸易的城市功能。

正是出于这一战略思想，1996年5月，中共上海市委、上海市人民政府和浦东新区党工委、管委会决定用1996、1997两年不到的时间在陆家嘴区域内实施"四个一工程"。所谓的"四个一工程"是指：

一、一区，即：陆家嘴中心区，包括了陆家嘴中心绿地的建设；沿江企业动迁与区域重要道路网络建设等方面。

1. 陆家嘴中心绿地建设。该地块占地约10万平方米，涉及3500户居民动迁与7万平方米旧建筑的拆除，总投资约8亿元。

陆家嘴中心绿地按照"以绿为主，以草为主，通透起伏，水景为辅"的风格设计，从陆家嘴路经过时就可以看到大片草地，北侧1/4面积为水池，中间设一个高40米到80米可调节的喷水柱，与周围建筑群相配，增加动感。沿陆家嘴路一侧的一幢民国初民居拟予保留，中心绿地的建设从1997年1

月开始，于1997年5月完成。中心绿地的建成，使其周围的建筑有了一个视觉聚焦点，将附近的一些独立的建筑项目连成了面，版本一下子扩大了，面对中心绿地共享城市绿肺。

2. 沿江企业动迁。动迁的沿江大企业共10家，占地40.7万平方米，建筑面积29.9万平方米，涉及安置职工约3万人，涉及动迁补偿总额约13.19亿元。1996年计划搬走利华造纸厂、立新船厂、上粮一库、烟草机械厂和第一锁厂等5家企业，1997年计划搬走的5家企业中，新新机械厂、联合毛纺厂、肠衣厂等3家新址已落实，上棉十厂计划与上棉二十八厂合并，进行人员分流。

3. 陆家嘴中心区市政道路工程。主要包括浦城路、东宁路、北护塘路、烂泥渡路4项工程，需动迁居民1042户，建设下立交工程2项，4条道路计划投资4.9亿元，其中，浦城路工程配合隧道复线于1996年年底通车竣工，东宁路年内开工，1997年开工的其他两条道路一起于1997年底竣工。届时，整个陆家嘴中心区的主要道路网络和地下管线、部分电力通信设施可基本建成。

二、一道，即：滨江大道一期工程。从富都广场至明珠广场全长1500米，使之成为陆家嘴的重要景观与上海现代化东外滩的标志性形象，总投资约6亿元。主要包括3个区域：

1. 滨江大道中区。以原样板段为主，向陆家嘴轮渡站等两侧延伸，全长约515米（原样板段为250米），基本保持原设计风格与敞开式道路，计划投资1.33亿元，整个延伸段工程到1997年6月竣工。

2. 滨江大道富都区。全长约500米（已建156米，投资1.8亿元）。立新船厂旧址部分，1996年10月份开工，计划1997年6月底竣工，约投资1.9亿元。设计风格为阶梯式布局，由绿化、箱式车道、地下车库、观光亭和市民广场等组成，总投资约3.7亿元。

3. 滨江大道公园区。全长约485米，计划1996年10月底开工，1997年6月竣工。设计风格为临江公园。包括林荫大道、雕塑小品、绿化林带等自然古朴的风貌，总投资约1亿元。

三、一线，即：区域观光路线环境建设。包括杨高路、浦建路、蓝村路、东方路、张杨路、浦东南路和轴线大道（后命名为世纪大道）等。整治的节点主要集中在龙阳、塘东、杨东部分区域；富都世界海富花园；张杨路、东方路口；2-2地块（九六广场）；轴线两侧和银都区域以及滨江、东方明珠电视塔区域等。同时，包括部分备用路线的整治工作；完成绿化、灯饰和环境整治，区内60多幢大楼灯饰工程投入使用；打通浦川路、整治浦东大道和浦东南路，形成一条体现现代化城市风貌的人文景观路线。

四、一块，即：菊园小区。要完成小区内危旧房屋拆迁并启动建设。

通过"四个一工程"，将在陆家嘴金融贸易区集中构造沿江中心地区的形象，以形成沿江绿地、中心绿地、滨江大道和现代建筑群体连成一体的城市新景观，营造一种高楼耸立、绿色环抱的现代城市生态环境，为上海初步形成"一个龙头，四个中心"提供发展空间和发展保证。

实现从形态开发向以形态开发带动功能开发的转变

陆家嘴金融贸易区"八五"期间的开发建设重点是通过区域大规模的基础设施开发建设，改善投资硬环境。随着区内金融、贸易、商业小区的逐步形成，为进一步发挥陆家嘴的功能效应，"九五"

期间，陆家嘴开发重点由形态开发为主进入了形态开发和功能开发并举的新阶段。

为适应这一变化，一方面要抓紧落实中央赋予浦东的功能性政策；另一方面，要透过优化投资环境、提高服务质量等方式，激活陆家嘴中央商务区（CBD）的楼市，引导证券、期货、房地产等要素市场东迁，吸引金融资本与房地产融合集聚，提高CBD地区的含金量，形成功能开发的规模效应。

实际上，到1996年，陆家嘴金融贸易区开发公司的功能开发已取得了大幅度进展。

一是大市场、大机构竞相落户浦东，上海房地产交易中心、上海产权交易所、上海粮油交易所3家要素大市场已分别入驻国安大厦、乐凯大厦和良友大厦并正式运营；上海证券交易所、商品交易所、金属交易所、人才技术交易市场、船运中心等也陆续迁入。

二是在沪外资银行和金融机构加快了东进的步伐，美国花旗、香港汇丰、日本兴业和东京三菱银行、第一劝业银行、三和银行、渣打银行、巴黎国民银行等的上海分行，先后已获准迁入浦东，并获准经营人民币业务试点。另有多家外资银行的上海分行也已迁入陆家嘴。

三是跨国公司总部或地区总部集聚新区已有突破性进展，八佰伴国际集团等5家跨国公司总部（或地区总部）捷足先登，美国的内陆等另外8家跨国公司也都准备将地区总部迁入浦东。要素市场、外资银行、跨国企业集团总部汇聚陆家嘴，使陆家嘴中央商务区的功能逐步得到加强，人流、物流、资金流、技术流、信息流的集聚辐射开始形成气候。

在大规模开发中壮大企业的实力

"四个一工程"总投资达人民币24.5亿元，其年均开发量几乎是陆家嘴（集团）有限公司历史上最高开发量的两倍，开发任务异常艰巨，各类矛盾十分突出。特别是从企业动迁量、市政基础设施投入量与资金筹措应用量三大指标上来看，从企业的当前开发能力作静态分析，要完成这样繁重的开发任务简直难以想象。但是，作为上海国际经济、金融、贸易中心的地域载体，呼应1997年香港回归，迎接党的十五大召开，集中开发陆家嘴金融贸易区既是浦东开发开放的需要，也是企业自身发展的需要。

1997年，是"四个一工程"取得阶段性成果的一年，陆家嘴金融贸易区开发公司结合区域市政基础设施建设，保持了"一高二大"为特点的开发建设（即"高投入"、"大动迁"、"大工程"），使金融贸易区的形态开发建设取得了大变化：

一、基本改变了陆家嘴沿江与金融中心区的形象。1500米滨江大道工程全线贯通；10万平方米的中心绿地初步建成，区域环境达到了第一阶段整治目标。这些项目共动迁居民6100户，动迁单位32家，拆除破旧建筑30.45万平方米，1997年投入资金12亿元，占了公司全年总费用的60%。

二、继续保持了较大规模的区域市政设施建设力度。全年竣工道路6.03万平方米，实施公共绿化12.8万平方米，开工电站2个。

三、开始按照现代城区的要求进行规划的深化和管理，在陆家嘴城管委的指导下，配套实施了区域综合环境整治工作。配合城管办先后完成了陆家嘴轮渡站、东方明珠电视塔、浦东南路与建设工地的整治工作，参与组织了陆家嘴地区的灯光工程，确保了"三迎"活动的圆满进行。

　　陆家嘴金融贸易区开发公司以"四个一工程"为抓手，知难而进，乘势而上，在发展中实现了两个根本性转变和增创浦东新优势的指导方针，体现了收缩战线，突出重点，集中优势，加快开发的战略思想。胜利完成"四个一工程"以及相应的功能开发目标，既是实现上海新一轮"三年大变样"的重要标志，也是浦东开发出功能、出形象、出效益，为上海初步形成"一个龙头，四个中心"提供发展空间和发展保证的内在要求，更是企业在第二次创业中锻炼队伍、提高素质、加强管理、深化改革的有利时机。

（综合1996年9月7日《关于陆家嘴"四个一"工程进展情况汇报》等资料）

陆家嘴夜景

对形态开发和功能开发进行再认识再定位

随着浦东开发开放的层层推进，陆家嘴金融贸易区成为了国际上经济流量最大、服务最完善的金融贸易中心区，但与纽约、伦敦、东京等世界级金融贸易中心相比，在功能性建筑体量、国际银行与跨国公司总部数量、金融贸易交易额、投资软硬环境、前沿信息技术应用、国际化一流人才集聚等方面还存在着较大差距。

为此，2004年5月4日，中共上海市委、上海市人民政府对浦东新区的新时期发展提出了新要求：陆家嘴金融贸易区作为四大重点开发区之一，要担负起自身的历史责任，牢牢抓住"国家战略"这面旗帜，围绕上海建设"四个中心"总目标，找准定位、明确目标，加快推动区域功能的再造、延伸和发展。

当年，陆家嘴金融贸易区的目标定位是"一个中心，四个平台，建成完整社区"。一个中心，即全面建成"面向国际的现代化金融贸易区"；四个平台，即构筑金融平台、商贸平台、文化和旅游平台、会展平台；完整社区，即建设配套完善、兼具生态和人文环境、万商云集、安居乐业、24小时有活力的外向型、多功能、现代化城区。为实现上述目标，陆家嘴（集团）有限公司从整个浦东新区产业布局和产业结构调整的高度，对形态开发和功能开发进行了再认识、再定位。

形态开发：优化总体规划 拓展功能空间 实施统筹布局

一、加快对陆家嘴金融贸易区的整体规划。早在浦东开发之初，国家和市、区两级政府就极有远见地给陆家嘴金融贸易区设定了28平方公里的开发规模和明确的区域边界，从而留下了能与世界著名金融贸易区相媲美的发展空间，但还没有一个立足全局、统一的、有法律效力的区域总体规划。因此，必须加快对以陆家嘴中心区为核心；以世纪大道两侧区域为规划重心；以上海船厂地区、竹园商贸区、花木行政文化中心区、世纪公园周边、国际博览中心等区域为拓展区的陆家嘴金融贸易区的整体规划，并充分考虑与"后世博"规划的衔接，确保区内尚未开发的土地资源得到最大程度的合理利用，为整个区域的持续发展奠定基础。

二、拓展金融贸易功能区域。陆家嘴金融贸易区经过前14年的开发，原功能小区的规划容量已无法承载建设上海国际金融中心的功能需求，尤其是随着浦东新一轮开发高潮的兴起，大批投资者与海内外知名企业进驻陆家嘴的意愿十分强烈，如汇丰银行、渣打银行、香港和记黄埔、台湾鸿海、葛洲坝集团等，这些洽谈中的项目无不对金融贸易区的功能拓展具有重要的推动作用。因此，拓展金融贸易功能区域已刻不容缓，2004年以后拓展重点是世纪大道两侧和上海船厂地区。

世纪大道两侧在地理位置上自然形成对陆家嘴中心的延伸态势，且具有环境好、配套较成熟的优势，是金融贸易功能的重要延伸区，可对该区域原规划中住宅比例偏高的状况做调整，增加商办功能面积，同时加快推动其城市设计和用地性质的调整，推进项目入驻。

上海船厂地区功能定位是陆家嘴中央商务区的延伸以及沿江和周边地区功能的衔接。除了对原规划作进一步优化外，适当调整沿江地块的用地性质，加大商办建筑比例，这样，既增加了中心区的功能面积，又可丰富浦江两岸景观，促进浦江两岸的开发。

三、改进实施陆家嘴中心区的立体交通。改善陆家嘴中心区的交通，推动实施地下空间的综合开发，是陆家嘴金融贸易区新一轮发展的重要内容。目标是以立体交通为突破口，通过楼际连廊的规划、实施以及地下空间的综合开发利用，优化陆家嘴区域空间资源配置，同时，在楼际连廊的实施和地下空间开发过程中，探索市场化运作方式，大力引进商业配套设施，增加陆家嘴中心区的服务功能，为区内办公人员提供更便捷和人性化的服务。

功能开发：提升内涵 突出重点 完善配套功能

一、金融贸易功能。国际一流的金融保险机构、要素市场和贸易机构、世界著名跨国公司地区总部与职能总部（研发、采购、培训等）以及法律、财会、咨询等现代中介服务机构，是当代各国的金融贸易区一致认同的四大重点，要继续围绕这四大重点加强招商引资力度，进一步集聚资本、拓展金融贸易核心功能；以竹园商贸区为重心，加速建成我国最重要的期货交易中心，进一步鼓励和促进现有要素市场的快速拓展，并探索和发展一批新的要素市场，充实和加强陆家嘴金融贸易区的汇聚和辐射功能。同时，通过推动功能性政策试点、增强电子化商务中心区信息设施能力、搭建信息服务平台等手段，优化运行环境，加快陆家嘴金融贸易区的国际化进程。

二、商业功能。拓展陆家嘴金融贸易区的商业功能，是构建现代化、人性化完整社区的必然要求。陆家嘴（集团）有限公司的设想是形成3个在区域上相互呼应、功能上相互补充的商业圈。一是以正大广场为核心，以香格里拉、新鸿基项目等为周边的中心区商业圈，主要定位于为区内从业人员和旅游者服务配套；二是以新上海商业城为重心的商业圈，主要定位侧重于为浦东的居民提供日常购物消费，兼具娱乐休闲功能；三是以竹园商贸区2－3、2－4地块和"九六广场"为核心的商业圈，在突出休憩娱乐功能的同时，结合世纪大道两侧开发进程，尝试现代商业新业态，如创建国际采购中心、大型休憩购物、在适当地段开设商业贸易街等，其定位是建成浦东最具开放性的时尚消费中心。

三、文化和旅游功能。将世纪大道作为文化休憩产业区的主要载体，引进一批体现、传播人类文明的国际文化传媒机构和企业，开辟文化艺术型的步行商业街区，兴建一批专业博物馆等，有效开发世纪大道的文化产业市场，并配合商业、餐饮等配套服务产业的发展，将世纪大道从国际一流的景观大道转变为功能大道、文化休憩大道。

同时，以滨江大道、中心绿地、世纪公园等为载体，拓展陆家嘴金融贸易区的都市型旅游功能。滨江大道是上海最具观光潜力的景点之一，原陆家嘴轮渡站以南滨江成功引进沪上知名品牌店，证明了滨江大道发展都市型旅游和休闲娱乐功能的巨大潜力。因此，加快整个滨江大道的深化开发，在不影响整体景观的前提下，在滨江大道陆家嘴轮渡站以北增设具有特色的经营场所，引进高品质的文化娱乐休闲项目，使之与浦西外滩遥相呼应。同时，继续挖掘中心绿地、世纪公园、世纪广场的旅游地功能，以重大节日、重大活动为抓手，扩大品牌效应，加快完善旅游目的地的人性化配套服务，如结合景观要求，在陆家嘴地铁广场建设综合服务亭，在陆家嘴中心绿地建设玻璃长廊等，为游客提供正规商业服务场所，带动整个陆家嘴金融贸易区的人气聚集。

四、会展功能。加快会展产业的建设，全力促进会展相关产业向纵深发展，培育新的经济增长点。上海新国际博览中心2003年的展览业务总量已占到整个上海市的45%，室内展览面积达8万平方米，室外4.5万平方米，全部建成后展馆总面积将达到24万平方米。

此外，以上海国际会议中心为主体，包括各大宾馆与其他会展接待场所，陆家嘴金融贸易区内可用于举办国际性会议的面积约5万平方米。因此，陆家嘴金融贸易区会展产业的发展目标不仅要做大，更要做强，在尽快完善会展配套服务、努力搭台的同时，要积极组建展览公司和展览服务公司，提高办展办会的市场化运作水平，尤其是举办具有国际影响力的会议和国际知名品牌展览的能力，提升陆家嘴金融贸易区的国际知名度和竞争力，尽早实现亚太地区最具规模、功能最先进、设施最完善的会展中心之一的目标。

（资料来源：2004年5月18日上海陆家嘴（集团）有限公司《陆家嘴金融贸易区开发建设及陆家嘴（集团）公司发展情况汇报》）

用市场化手段完成政府交办的任务

浦东开发初期，在缺乏国家投入资金的情况下，上海市陆家嘴金融贸易区开发公司运用市场化的手段挖掘、筹集资金，推进陆家嘴区域的开发与动迁、基础设施投资建设与优化区域投资，较好地完成了政府交办的任务，履行了开发建设陆家嘴金融贸易区的历史使命。

到2009年9月，完成政府交办的任务如下：

区域动迁工作

至2009年9月，共动迁居民约3.9万户、单位约1200家，投入动迁资金近200亿元人民币。与此同时，还投资建设了金杨新村、锦博苑、御桥五街坊等动迁安置配套小区，并市场化购置了包括爱法新都、锦绣华城在内的动迁安置配套房，总面积超过150万平方米。

区域市政基础设施投资

至2009年9月，根据区域开发的需要，完成了开发地域的"三通一平"配套与街坊道路建设，并参与了世纪大道、源深路、张杨路等城市主要道路的拓宽和环境整治，累计投入建设资金近60亿元人民币。

区域土地开发

至2009年9月，历年累计完成约10.52平方公里土地的"七通一平"建设。主要包括：陆家嘴金融贸易区以内和陆家嘴金融贸易区以外的两大地域。

一、陆家嘴金融贸易区以内

8个功能性小区，共5.4平方公里，总开发量近1160.4万平方米，分别为：陆家嘴中心区、竹园商贸区、塘东总部基地、世纪大道中段、陆家嘴软件园、新国际博览中心、巴士地块与上海船厂地区。

2个住宅小区，共2.04平方公里，总开发量达254.78万平方米，分别为：龙阳地区0.56平方公里和杨东小区1.48平方公里。

此外，还与严桥乡、洋泾乡联合开发南城小区（0.21平方公里），桃林、桃源地区（0.92平方公里），共计1.13平方公里，累计建筑面积超过218.03万平方米。以上地块总计8.57平方公里。

二、陆家嘴金融贸易区以外

5块土地，总面积约7.41平方公里，总开发量达596.31万平方米：花木新民地块（0.76平方公里），御桥生活及工业区（2.92平方公里），金杨地区（1.24平方公里），上南、云台地区（0.13平方公里）和六里地区（2.36平方公里）。

详见下表：

地块名称			土地面积（平方公里）	建筑面积（万平方米）
陆家嘴金融贸易区内	功能性小区	陆家嘴中心区	1.7	473
		竹园贸易区	0.91	254.66
		塘东总部基地	0.12	45.9
		世纪大道两侧	0.5	89.81
		陆家嘴软件园	0.2	55
		小计	3.43	918.37
	住宅小区	龙阳地区	0.56	66.33
		杨东小区	1.48	188.45
		小计	2.04	254.78
	其他	南城小区	0.21	50.54
		桃林、桃源地区	0.92	167.49
		小计	1.13	218.03
	合计		6.6	1391.18
陆家嘴金融贸易区外	花木新民地块		0.76	61
	御桥生活及工业区		2.92	143.29
	金杨地区		1.24	100
	上南、云台地区		0.13	20
	六里地区		2.36	272.02
	合计		7.41	596.31
总计			14.01	1987.49

优化区域投资环境和公共环境

陆家嘴（集团）有限公司坚持把陆家嘴金融城的开发建设、功能配置、招商引资作为公司的核心工作，积极规划并开发了包括"滨江大道"和"陆家嘴中心绿地"在内的各项社会公益项目，为优化区域生态环境作出了贡献。

一、围绕陆家嘴金融城配套与区域环境优化，承担政府交予的功能性项目建设

1. 陆家嘴中心绿地　占地面积10万平方米，为开放式草坪。

2. 陆家嘴二层连廊工程　为构筑陆家嘴金融城立体交通组织体系，有效改善陆家嘴中心区东方明珠的周边地面交通，承担了陆家嘴二层连廊项目的建设，于2008年4月开工。二层步行连廊项目总投资预计超过5亿元；其中环形天桥"明珠环"工程在2010年春节前交付使用，"东方浮庭"工程在2010年世博会召开前交付使用。

3. 滨江大道　主要由防汛墙、景观绿地、亲水平台、驳岸组成，总投资约2亿元。2007年底启动该项目，2009年10月改建完成，全长2.5公里的南北滨江大道全线贯通，成为集观光、绿化、交通与服务设施于一体的陆家嘴金融城生态环境和配套功能的重要景观工程。

4. 人才公寓建设　为优化陆家嘴金融城的生态环境，提升金融城人才竞争力，陆家嘴（集团）有限公司根据新区的要求启动了人才公寓计划。

二、围绕国际金融中心建设，努力推进区域招商引资

2008年，陆家嘴（集团）有限公司以引进外资12.22亿美元，引进内资32.4亿元人民币的骄人成绩，获浦东新区2008年度招商引资一等奖。

2009年，浦东新区下达给陆家嘴（集团）有限公司的招商引资责任目标是外资8.71亿美元、内资12亿人民币。截至2009年7月底，陆家嘴（集团）有限公司完成了外资5.07亿美元、内资11.37亿人民币的招商任务，完成率分别达到58.22%与94.75%。

三、围绕金融城"二次创业"，努力完成浦东新区下达的重大项目投融资任务

2009年，浦东新区赋予陆家嘴（集团）有限公司新的历史使命，逐步从区域性开发公司转型为功能性项目、商业地产、金融、会展、旅游的政府导向的多元化、综合性投融资企业，逐步探索从更深的层次、更广的领域提升金融城区域的整体功能、开发综合能力和水平，从而更好地发挥国有开发公司的国家意识和社会责任。

公司承担的重大项目投融资任务主要为6项，资金总规模达50亿元。分别为：二层连廊人行天桥（约5亿元）、北滨江改造工程（约2亿元）、地铁7号线站点（约4亿元）、金融业投融资平台（约8亿元）、申迪项目等。

四、围绕"金融城"建设主力军的角色，全力推进商业地产的建设

从2004年至2009年9月这段时间里，累计投资建设竣工各类商业建筑10幢，总建筑面积约44.9万平方米，在建各类商业建筑8幢，总建筑面积约105.6万平方米。预计通过10年左右的努力，陆家嘴（集团）有限公司将持有的甲级写字楼、多功能综合型商业中心、国际社区、都市研发楼、高端商务酒店、会展在内的商业地产物业面积，达到300万平方米以上，年租售收入达到15亿元人民币以上，成为中国商业地产的领头羊之一与国有上市公司在商业地产领域的旗舰之一。详见下表：

类型	已建项目		在建项目		累计面积（平方米）
	项目名称	建筑面积（平方米）	项目名称	建筑面积（平方米）	
办公	华银大厦	34507	金融中心大厦	67062.21	1027921.75
	开发大厦	55674.75	世纪大都会	273000	
	钻石大厦	49349.79	塘东总部基地	459000	
			2-9地块	43996	
			2-11地块	45332	
	小计	139531.54	小计	888390.21	
商业	九六广场	67062.21			81516.21
	陆家嘴1885	14454			
	小计	81516.21			
研发大楼	软件园7号楼	17787.21	软件园10号楼	29051	218006.08
	软件园8号楼	32664.35	软件园11号楼	90640	
	软件园9号楼	47863.52			
	小计	98315.08	小计	119691	
公寓	东和公寓	98971	东银公寓	48462	147433
酒店	东怡大酒店	30253			30253
总计		448586.83		1056543.21	1505130.04

五、围绕"金融城"服务水平的提升，着力解决白领"吃饭难"的问题

金融城配套功能不足与配置空间缺乏的问题由来已久。为此，陆家嘴（集团）有限公司从小处着手，本着"缺啥补啥"的原则，通过对已建项目和零星土地的改造和建设，不断挖掘甚至创造功能的配置空间，在"寸土寸金"的陆家嘴中心区内"见缝插针"建造了47个餐饮配套设施，总面积近1.03万平方米。

（资料来源：2009年9月18日《陆家嘴集团开发建设情况汇报》）

担负企业的社会责任与区域建设主体责任

建陆家嘴金融城人才公寓

根据浦东新区人才公寓建设方案的规划要求，陆家嘴（集团）有限公司从提升金融城人才竞争力的创新和实践出发，为金融城青年白领度身设计、精心打造了"拎包入住式"租赁产品——陆家嘴金融城人才公寓。

陆家嘴金融城人才公寓项目定位为全装修、全配置的单身金融人才公寓，主要面向全国各地来陆家嘴金融城中外金融机构工作的暂时没有购房计划的青年金融人才。

该公寓位于陆家嘴金融贸易区的核心地段，由东绣路、锦和路、东建路围合而成，紧邻上海绿城、香梅花园等发展成熟的中高档居住社区和杨东绿地，周边公共服务设施一应俱全，地理位置优越，距离南浦大桥约2公里，距离陆家嘴金融中心区约6公里，有5条公交线路直达小区，并方便换乘轨道交通。公寓社区的总占地面积约4万平方米，由6栋11层与14层的公寓楼组成，总建筑面积超过7万平方米，可提供出租式公寓2300多套，并配备近万平方米的社区商业配套。

该建设项目于2009年3月开工，经过3年多的建设，于2012年3月15日正式开业迎宾。首期2栋楼、共765套公寓，其主要特点：

一、独立简洁的生活空间。设计简洁、功能齐全。单套建筑面积在25平方米，内设独立卫生间、储藏室、料理台、日用家电和家具，并配备数字电视和高速宽带信息网络接口。

二、活力四射的居住社区。社区内提供公共运动场所与活动空间，配有篮球场、乒乓房、阅览室等休闲娱乐设施，为青年人才提供社交场所、交友环境，营建和谐、活跃的文化氛围，创造积极向上、阳光活力的生活环境。

三、便利齐备的生活配套。以年轻居住群体的日常生活需求为着眼点，提供各种风味餐饮、休闲快餐等餐饮配套；银行、24小时便利店、药房等生活服务设施一应俱全，使入住青年在家门口就能拥有属于自己的生活配套广场。

人才公寓开业运营以来，不仅受到了社会各界的高度关注，还得到了有关部门的鼎力协助。开通了专程往返于金融城和人才公寓之间的巴士，有关优惠扶持政策也逐步得到落实。

公寓开业初期就迎来了260多位青年人才入住，意味着公寓产品获得了市场认可。该建设项目还在上海市房地产行业协会、上海市城市规划行业协会、上海市勘察设计行业协会共同举办的"我最喜欢的保障房"设计评选中，被市民票选为"我最喜欢的房型奖"。

为提供更专业的物业服务，陆家嘴（集团）有限公司组建了专业团队——上海陆家嘴人才公寓建设开发有限公司，负责公寓的租赁经营与物业管理。

人才公寓室内场景

（综合陆家嘴（集团）有限公司建设陆家嘴金融城人才公寓有关资料）

投资建设国内首个国际化合作大学——上海纽约大学

2011年6月30日上午，由华东师范大学与美国纽约大学携手打造，陆家嘴（集团）有限公司投资建设的中国内地首个中美合作的国际化研究型大学——上海纽约大学，举行开工仪式。浦东新区教育局、上海建工集团、华东师范大学、陆家嘴（集团）有限公司的领导与各参建方代表出席了此次仪式。

上海纽约大学基地位于陆家嘴竹园商贸区，西南沿世纪大道、东南紧邻上海期货大厦，处于陆家嘴金融贸易区的黄金地段。总占地面积约1.17万平方米，总建筑面积约6.45万平方米，规划建1栋高15层的教学办公主楼与1栋地上6层、地下2层的学校图书馆与报告厅。

上海纽约大学

纽约大学开学

这个地块原定位为甲级金融办公楼用地。2010年，为贯彻落实浦东新区教育局引进纽约大学项目的要求，陆家嘴（集团）有限公司将其改为了教育用地，并投资4.8亿元承担该项目的建设工作。

陆家嘴（集团）有限公司在有关部门的高度重视与大力支持下，积极做好工程筹备工作，在3个月内确定了施工质量过硬的参建单位和经验丰富的顾问公司，以高品质、高效率的施工将一所拥有国际一流硬件水准的校园交付金融城。

上海纽约大学从2012年起开设高端金融人才培训项目，同时在若干专业开展研究生的双学位联合培养工作。为金融城人才提供就近深造的良好环境，是丰富金融城配套环境、提高区域人才竞争优势的重要组成部分。整个项目已在2013年全面完工，并于同年向全球招收第一批本科生。

陆家嘴（集团）有限公司为上海纽约大学各项教育培训计划的顺利实施，提供了强有力的硬件保障。

（综合建设上海纽约大学的有关资料）

建造惠灵顿国际学校

惠灵顿国际学校是为居住在上海的国际家庭提供全球顶尖教育资源的文化配套设施。

她的母校是英国的惠灵顿公学，是英国维多利亚女王和英国首相德比伯爵在1859年为纪念英国军事家惠灵顿公爵，并以他的名字在19世纪创建的一所高品质贵族学校。150多年的历史积淀和极为淳厚的英式文化底蕴，为世界培养了一大批精英人才。

惠灵顿国际学校秉承英国惠灵顿公学的教学传统，提供一流的教学硬件设施，汇集来自世界各地的优秀师资力量，通过教师的引导以及均衡完整的课程设置，培养并启发最有影响力的一些精英。

惠灵顿国际学校位于前滩地区小黄浦河道以北，建有4栋教学楼与标准篮球场、足球场、游泳池等附属设施，总占地面积7万平方米，总建筑面积3.6万平方米；可容纳幼儿园至高中总计1500名学生同时就学。惠灵顿的品牌效应与质量保证一定程度提升了前滩的文化品位和项目能级，从而有利于前滩获得更好的招商客户资源，形成更佳的国际化城市氛围。该学校已于2014年9月开学。

（综合建设上海惠灵顿国际学校有关资料）

■ **上海惠灵顿国际学校**

2008年，惠灵顿公学与上海陆家嘴（集团）有限公司确立了在中国的战略合作伙伴关系，并依托陆家嘴集团在天津的国际社区建设项目，于2011年在天津设立了首个海外分校——天津惠灵顿国际学校。学校占地面积3.5万平方米，建筑面积2.3万平方米。2012年11月，双方合作在中国的第二所分校——上海惠灵顿国际学校在前滩国际商务区开工建设。

上海惠灵顿国际学校

上海惠灵顿国际学校总占地7万平方米，总建筑面积3.6万平方米，将为生活在上海的3至18岁的外籍学生提供国际化的、优质的教学设施，包括4座教学楼，先进的教室、计算机房与实验室、顶尖的剧场、网球场、篮球场、壁球馆、足球场、橄榄球场、板球场以及一个25米长的标准游泳池。学校在校生容量为1500名学生。

在向上海的国际家庭子女提供服务的同时，上海惠灵顿国际学校也在积极策划开拓国际市场，招收一定数量的海外留学生（中学生）到上海惠灵顿国际学校就读，争取成为全国首个招收海外中学生的国际学校。

投资迪斯尼乐园

得益于对资金长期以来的妥善管理和积极筹措，陆家嘴（集团）有限公司出色履行了市政府交予的申迪项目的投资任务。2010年至今，已累计投入资本金92亿元，并承担了相应的股东贷款，预期达到35.77亿元。迪斯尼乐园一期的各项游乐、配套设施正在积极建设中，未来将拥有一个全球最大最高的童话城堡、两家迪斯尼主题酒店和全球惟一的海盗主题乐园等。

作为上海旅游文化和对外开放的重点项目，迪斯尼乐园在坚强的资金保障下，这个涉及上海乃至全国最重要、最具里程碑意义的旅游文化项目，将按计划于2015年底开园迎客。现已完成了主题乐园与配套设施建设以及外围市政配套的建设。

（综合投资迪斯尼乐园有关资料）

负债筹措资金建公共市政项目

在开发建设陆家嘴金融贸易区的同时，陆家嘴（集团）有限公司还负债筹措资金，承担了政府交予的各项市政建设任务以及规划投资，开发多种社会公益项目，在优化区域生态环境方面，切实担负起了企业的社会责任。

陆家嘴（集团）有限公司投资建设的滨江大道、陆家嘴中心绿地、世纪大道、二层步行连廊等一批旅游休闲和市政交通项目，有效提升了区域投资环境，完善了服务功能。

2008年5月30日，公司启动了北滨江改造工程、二层步行连廊项目"明珠环"部分的建设工程、Z4-2地块地下商业城开发项目的前期准备工作。

北滨江改造工程，由亲水平台、驳岸、防汛墙、景观绿地等共同组成，是集防汛和景观休闲功能为一体的公益性综合性设施，建设投资约2亿元人民币。二层步行连廊项目总投资预计超过5亿元。

这些项目的建成，对于进一步优化浦东滨江景观的完整性，引导东方明珠电视塔周边人流以及增加陆家嘴金融贸易中心区的商业配套等功能起到了推进作用。现在，滨江大道和陆家嘴中心绿地已成为浦东新区具有时代标志的城市景观。

上海市陆家嘴金融贸易区管委会常务副主任、上海陆家嘴（集团）有限公司总经理杨小明颇有创意地提出了"金融城民生"的概念，即：金融城不能仅仅追求功能集聚、大楼林立，而忽视了人的需求和自在的生活。陆家嘴不仅要有大机构，而且也要有小商业甚至小摊贩；白领们需要香格里拉，也需要煎饼与油条。

杨小明说：我们计划在陆家嘴各地铁出口开设到各楼宇的环城巴士，解决白领们"最后一公里"的步行困难；在楼宇间设立标准的流动早餐点，解决年轻人吃早饭的困难；还要在陆家嘴开设小剧场，提升金融城文化氛围。

为此，陆家嘴（集团）有限公司本着"缺啥补啥"的原则，对已建项目和零星土地进行改造和建设，不断挖掘甚至创造功能的配置空间。在寸土寸金的陆家嘴中心区内以增加餐饮配套为切入点，见缝插针地建造了52个餐饮配套设施，总面积近1.03万平方米。其中，滨江大道上开设了17家餐饮设施，总面积约4665平方米。沿陆家嘴环路，利用土地"边角料"，开设了大大小小32家餐饮商铺和小吃店，总面积2578.7平方米。利用自建金融办公楼宇，开设商务餐厅2家，面积分别为120平方米与2666.58平方米。还将约175平方米的陆家嘴中心绿地原管理用房，改建为餐饮配套用房。

（综合有关资料）

商业街（临时商业项目）

陆家嘴商业街项目由A、B两块组成，A块为陆家嘴小亭休闲广场，B块为陆家嘴景庭商业广场。项目开发定位，是以休闲、餐饮、旅游服务为主要功能的商业服务建筑，满足陆家嘴中心区商务及旅游人群的消费需求，弥补东方明珠、水族馆等主要旅游景点周边商业服务设施的不足。

陆家嘴小亭休闲广场（A块）位于东方明珠西侧、海关大楼东侧，由绿化景观、固定式售货亭、户外休闲座椅、停车场等组成的开放式商业休闲广场，主要经营业态为快餐饮品和旅游商品零售。项目于2006年5月底竣工。现已改建为他用。

陆家嘴景庭商业广场（B块）位于国际新闻中心至水族馆之间沿陆家嘴环路街面。项目总建筑面积约1800平方米，为二层沿街建筑，沿陆家嘴环路线性布局，在营造休闲商业氛围的同时，形成较好的城市景观。经营业态以休闲餐饮、特色餐饮为主。项目已于2006年4月底竣工。

（综合有关资料）

陆家嘴商业街

在"五大板块"上发力 推进陆家嘴的开发建设

从1999年起，陆家嘴（集团）有限公司根据自身发展的业态分布和地域特点，提出了"五大板块"的发展战略，即"地产、房产、金融服务、高科技、文化旅游会展"为主的构想，以此保持发展定力，力争实现"蛙跳效应"，推进陆家嘴金融贸易区的开发建设。

在1999年到2003年的5年时间里，陆家嘴（集团）有限公司上下紧紧围绕这一战略，在"五大板块"上发力，齐心协力、不断进取，克服了金融风波等困难，取得了较为理想的成绩。

地产板块——好中选优招商，全力打造国内惟一的金融贸易区

作为陆家嘴（集团）有限公司的主要业务板块，陆家嘴（集团）有限公司以"建设面向国际的金融贸易区"为目标，坚持"好中选优"的招商标准，对掌控的土地资源围绕区域产业功能的战略储备和战略开发，以形态开发带动功能开发，引进了包括上海银行、平安保险、新加坡政府产业投资公司、东方基金管理公司、新鸿基地产等一批大型功能项目。一个现代化的金融贸易中心初现端倪。

新鸿基在陆家嘴中心区X2地块投资80多亿元，建设总建筑面积为41.5万平方米的融商业、办公、酒店等为一体的大型综合商业项目。该项目创下了上海办公楼项目单幅地块转让面积最大、单幅地块项目总投资最高这两项"第一"。

房产板块——概念领先，质量领先和市场领先的陆家嘴房产

陆家嘴（集团）有限公司仍以全国一流房产企业为目标，以品牌为核心，以市场为先导，以诚信为基础，突破了单纯房屋建设的理念，大胆创新，规划建设了在浦东和上海市有重大影响的"样板房产"，如：陆家嘴花园二期、涵合园、新景园等。其中，陆家嘴花园二期获"全国住宅设计夺标综合金奖"、"第三届（2003）上海市优秀住宅银奖"，并被评为首个"上海市价格计量信得过楼盘（2003年）"。

公司的努力和成绩得到社会的认可，在由国务院发展研究中心企业研究所、清华大学房地产研究所、搜房研究院推出的《中国房地产百强企业研究报告》中，上海陆家嘴（集团）有限公司位列"中国房地产百强企业"第2位。按上市公司总市值、总资产、利润总额、主营业务收入四个指标进行综合评比，陆家嘴金融贸易区股份有限公司名列2003年中国房地产上市公司综合实力第一。

金融服务板块——从无到有，迈向高水准

由于陆家嘴是惟一以"金融贸易区"为基本功能的国家级开发区，就势必要求陆家嘴（集团）有限公司做好金融和金融业的服务工作，并择机、择条件投资金融企业。陆家嘴（集团）有限公司以存量房产和现金进行参股的方式；以购买金融企业法人股的方式；以收购兼并和投资顾问的方式；以金融企业发起人的方式等，与一批中外金融机构进行战略合作和联合投资。

陆家嘴（集团）有限公司将都市服务业作为确保企业稳定、保持经济发展的重要前提，以"以人为本"、不断完善开发区功能为目标，结合集团征地劳动力较多、需要大量工作岗位的要求，通过对征地农民工的职业培训，使他们具有一定的职业技能，成为适应现代社会的劳动者，在动迁拆房、绿化工程、楼宇保洁以及市政综合养护等方面逐步形成了一批具有专业技能、起点高、素质好的队伍。

其中，陆家嘴物业公司加大市场开拓力度，提高市场占有率，管理总面积曾达到2019万平方米，位居全国同行业企业第一，并编辑出版了全国物业管理行业惟一的一套企业标准。

高科技板块——呼应"聚焦张江"，推进都市产业

陆家嘴（集团）有限公司积极响应"科技兴区"的号召，发挥资源优势，通过土地资源的目标整合以及定向配置等方式，多渠道发展高科技产业，以四两拨千斤的巧劲，实现了"较少的投入、较多的资源、良好的社会效益"的目标。

陆家嘴软件分园作为浦东新区发展"1+3"软件产业高地的重要组成部分，吸纳了包括深圳华为、摩托罗拉、清华紫光、日本穴吹在内的52家国内外知名软件企业。2003年共实现销售收入人民币35.9亿元，上缴税收3319万元。

文化旅游会展板块——陆家嘴旅游和高规格会展成为上海的聚焦点

陆家嘴（集团）有限公司以国际化、多元化、人性化现代都市为目标，以滨江大道、东方明珠电视塔、水族馆、世纪大道等一批生态景观和现代市政设施项目为标志，以合理的功能规划和招商引资中的"高门槛"保证了区内项目建设的特色和水准。经过一系列的举措，陆家嘴以其独特的现代建筑风貌成为都市旅游和高等级会议、大型展览的首选地之一。

其中，观光隧道是国内第一条集交通、观光为一体的行人机动车厢越江隧道；滨江大道和中心绿地是游客和办公楼白领休憩的理想场所；新国际博览中心是中德合资项目，也是国内第一家由企业建造并经营的展览场所，目前已全部建成。自2001年底开业以来，已举办了包括华交会、工博会等大型国内外展览在内的各种展事91场，布展面积200万平方米，参展商逾两万，观众360万人次。其在上海展览业市场占有率不断增长，2002年已接近50%，并表现强劲的增长势头。

（资料来源：2004年5月18日，《陆家嘴金融贸易区开发建设及陆家嘴（集团）公司发展情况汇报》）

以"五大组团"发展构想 推动新一轮开发建设

2002年初，中共上海市委、上海市人民政府作出了在黄浦江两岸实施综合开发世纪性工程的决策，这好比一剂强大的催化剂，使陆家嘴的开发建设掀起了新一轮高潮。相比第一轮高潮，此轮的开发难度更大，起点更高，内涵更广，而前景也更美好；相对于纽约、伦敦、新加坡等国际知名的中央商务区而言，这就需要陆家嘴（集团）有限公司发挥独特的区位优势、后发优势和国家战略优势，实现在2020年前基本把陆家嘴建设成为"面向国际的现代化金融贸易区"的目标。为此，陆家嘴（集团）有限公司在2002年提出了"五大组团"的发展构想，以推动新一轮的开发建设。

构筑以金茂大厦、证券交易所为重心的中外贸易机构与要素市场组团

陆家嘴（集团）有限公司的目标是：在2010年使陆家嘴金融贸易区引入的中外资贸易机构达到1200～1300家；国内、国际区域、全球性电子商务贸易网络达120～150个；年度商贸交易金额850亿～950亿美元；年度证券交易金额达47亿～52亿元人民币。

其次，以构筑中外贸易机构、要素市场组团为目标，注重改善和提高吸引外资到陆家嘴的服务水准和竞争能力。努力调整对陆家嘴金融贸易区的管理方式，努力改变招商引资以土地批租方式为主的局面，以楼招商，以服务招商，以特色招商，为进驻陆家嘴的中外金融贸易机构提供全方位的优化服务，并能够掌握中央商务区各办公楼宇的中外机构的运营态势。

充分发挥浦东与陆家嘴12年来跨世纪开发所成就的既有优势，以中外贸易机构、要素市场为招商引资工作的重点之一，全方位、全地域、全天候地进行招商引资的战略创新，提供区域经济流动的质量与数量。发挥浦东新区以往通过省部楼宇为载体，支持国家中西部地区开发的成功经验。按照国际惯例，努力探索发起筹建一批国际大众商品的交易所进驻陆家嘴，如煤炭、棉花、羊毛、石化等。通过以上要素大市场的探索与创建，进一步拓展流量经济，加大辐射力度，更加主动地参与西部大开发和全球竞争。

构筑以人民银行大厦、汇丰银行大厦等中心绿地周边为重心的国际银行楼群组团

陆家嘴金融贸易区在新一轮的开发浪潮中，继续加大吸引中外金融、保险机构进驻区内的力度。通过进一步加快陆家嘴区域的功能开发，实现"扩展金融服务网络、优化金融业布局结构"的宗旨。

目标是：到2010年，引进中外金融保险机构总数达到300～350家，其中：中资银行总行、分行、保险公司110～120家，外资银行120～150家，外资金融保险机构70～80家；力争区域年度货币交易额4万亿～4.2万亿元人民币，外汇交易额3500亿～4000亿美元，银行存贷款余额7500亿～8000亿元人

民币。

为此，以构筑国际银行楼群组团为目标，以搭建更加开放、优化的国际金融中心和国际贸易中心大舞台为己任，有效推动以创新为主要手段，以金融保险、期货证券、风险投资为主要内容的金融服务。还发挥成功参与创建上海钻石交易所的经验，积极寻找参与创建国际要素大市场的各种机会，继续争取作为主要发起单位之一，在陆家嘴探索创建一系列新的要素市场，包括国际分保、再保中心、保险经纪中心、国际票据结算中心、区域货币拆借市场、境外人民币离岸兑换中心、知识产权交易中心等。

构筑以东方明珠、香格里拉、正大广场为重心的休憩旅游会展组团

旅游会展产业作为21世纪第三产业中的"朝阳"产业，有着广泛的发展前景。尤其是在陆家嘴金融贸易区内有着大量具有现代都市特色的旅游景点与设施完备的会展场馆，为发展旅游会展产业提供了良好的"硬件"，为此，通过相应的软件配套措施，以争创陆家嘴国际会展、特色旅游新优势为目标，使陆家嘴成为上海乃至全国重要的旅游会展中心。而且以新国际博览中心、国际会议中心、上海科技馆等为载体，发挥区域产业优势与设施优势，以高质量的服务吸引各类国内外会议、展览前来陆家嘴召开、举办，并探索创建多项国家级、国际级主题会展活动的可能。

依据知识经济时代的客观趋势，在全面强化陆家嘴中央商务区（CBD）核心功能的前提下，在全国率先探索"RBD"（文化休憩产业区）的功能创新。把高科技的普及和健康的娱乐结合起来，在陆家嘴中心区、世纪大道两侧、花木文化中心区开展中外歌舞表演、主题游园、高科技娱乐、传统娱乐等各类文化休憩活动，尽快培育出体现社会主义精神文明特色的休憩产业。并充分发挥陆家嘴中心区、世纪大道、世纪公园等浦东开发标志性景点的旅游功能。兴建陆家嘴特色旅游街网。在陆家嘴创建国际级导游输出中心，创造条件发起组建中外合资旅行社。

构筑以仁恒滨江园、世茂滨江花园等沿江地带为重心的顶级住宅园区组团

在新一轮的开发浪潮中，将房产的开发建设全力呼应浦江两岸综合工程，以智能化为核心，推进陆家嘴房产系列品牌，提升区域的"人气"汇集。

以"成街坊批租"的新模式为基础，从沿江地块的顶级楼盘开发，纵深向沿道特别是沿世纪大道两侧拓展，努力使陆家嘴成为全国智能化住宅的示范区，形成一批在全国、全市有影响的房产建筑。

"筑巢引凤"，在陆家嘴业已形成的良好房产市场的基础上，全力吸引国际知名的不动产开发公司到区内来投资，以提升陆家嘴房产品牌在国际上的知名度；另一方面以良好的房产品质和社区环境，吸引更多的"金领"、"白领"到陆家嘴投资置业。

在陆家嘴打造以"数字化家庭办公室"为主线的住宅新社区。这是信息技术时代，国际上推出的最新一代的高档白领住宅新概念。从陆家嘴的特点而言，这一概念的住宅对于在陆家嘴金融贸易区工作的中外金融机构、贸易机构和跨国公司地区总部的高层管理者与员工十分适合。为此，就这一品牌概念房产的推进，进行积极的探索与实践，并汲取国际上的先进经验，形成陆家嘴房产的新亮点。

构筑以原"美食城"地块为重心的跨国公司区域总部大厦组团

跨国公司总部的引入对于提高陆家嘴金融贸易区的国际知名度，提升区域经济的内在质量有着非同一般的意义。

以"使陆家嘴金融贸易区成为跨国公司的决策中心、管理中心、营销中心和研发中心"为目标，抓住机遇，在"一轴五射"总体框架的指导下，抓住商办楼宇地产市场需求逐步攀升的有利时机，提高招商引资水平，吸引有质量、有影响的投资者进驻陆家嘴，不仅使陆家嘴名副其实地成为我国唯一以"金融贸易"命名的国家级开发区，而且成为我国国际化程度最高、经济流量最大、服务水准最完善的中央商务区（CBD）。

（资料来源：2002年《从"五个板块"到"五大组团"——对陆家嘴集团经营发展的战略思考》）

14年开发：一个现代化的国际金融贸易中心呈雏形

陆家嘴（集团）有限公司以国家战略为指引，以创建"面向国际的现代化金融贸易区"为目标，经过14年（1990年至2004年）的艰苦奋战，在浦东和上海城市经济发展的大格局中，圆满完成了陆家嘴金融贸易区的各项开发任务，将陆家嘴初步建成为一个现代化的国际金融贸易中心。

展望陆家嘴金融贸易区，形态初具规模，功能开发成效显著，其主要标志是：

一、陆家嘴已经成为全国经济流量最大、服务最完善的中央商务区；上海与浦东改革开放的窗口；浦东外向型、多功能、现代化的新城市中心。

二、陆家嘴（集团）有限公司从小到大、由弱变强，克服种种困难，勇于开拓创新，已成为国内最具竞争力的城市开发企业之一。

三、14年来积聚了5大产业功能。

陆家嘴成为外向型 多功能 现代化的新城市中心

陆家嘴（集团）有限公司全体员工经过14年的艰苦奋战，使陆家嘴在城市建设形态和金融贸易服务功能方面发生了巨大变化。陆家嘴已成为全国经济流量最大、服务最完善的中央商务区；上海与浦东改革开放的窗口；浦东外向型、多功能、现代化的新城市中心。

金融贸易区的城市形象发生根本变化

从原来的"厂区、棚户区、城乡结合区"变身为现在的现代化、智能化的高楼林立，隧道、地铁、大桥等立体交通便捷，绿地成片、绿树成荫的现代化园林城区，特别是陆家嘴（集团）有限公司开发的陆家嘴中心区，风格各异的智能化楼宇错落有致、交相辉映，勾勒出黄浦江东岸全新的天际轮廓线，并已经涌现出一大批代表国际先进水平的标志性建筑——东方明珠电视塔、金茂大厦、环球金融中心、上海科技馆、世纪公园、陆家嘴中心绿地以及景观性和生态型的道路——世纪大道等。

金融贸易等现代服务功能日益拓展不断跨上新台阶

14年来，陆家嘴（集团）有限公司通过土地批租选择具有实力、项目符合区域金融贸易开发整体目标的客商，在现代化楼宇拔地而起的同时，吸引了一大批中外金融、贸易、服务机构落户陆家嘴，形成了具有金融贸易区特色的"六大亮点"。

担当区域开发主力军圆满完成政府交给的工作任务

14年来，陆家嘴（集团）有限公司根据浦东新区政府的要求，承担了世纪大道、张杨路、源深路、世纪公园、世纪广场、滨江大道、中心绿地等在内的城市主要交通干道、景观工程建设以及"四个一工程"、迎"500强会议"、迎"APEC"会议等综合整治。

陆家嘴集团成为国内最具竞争力的城市开发企业之一

陆家嘴（集团）有限公司从小到大、由弱变强，克服种种困难，勇于开拓创新，已成为国内最具竞争力的城市开发企业之一。

14年来，陆家嘴（集团）有限公司全力以赴，严格按规划进行开发建设，先后投入资金130亿元，用于陆家嘴中心区的居民动迁、旧区改造和市政设施建设，相继完成"四个一工程"、滨江大道、中心绿地、世纪大道等重大工程的开发建设，建造了7座35千伏变电站，修建了世纪大道、银城路等市政道路70余万平方米，完成绿化面积70余万平方米，为陆家嘴金融贸易区的面貌巨变作出了积极贡献。

陆家嘴（集团）有限公司是浦东开发开放条件下应运而生的开发企业，借助浦东开发开放带来的有利形势，集开发、经营、管理于一体，融资、投资、还债于一身，形成了以国有资产为主体，股份制、中外合资等多种经济实体组合的集团公司。

公司从成立之初200万元贷款和政府注入的土地"空转"起步，发展到2003年底，陆家嘴（集团）有限公司总资产达到251.66亿元、净资产88.61亿元。累计上缴国家税收、红利28.07亿元（集团上缴红利65565万元，上缴国家股转让收入48700万元，上缴各类税款13.71亿元，土控公司上缴各类税款2.4亿元，六里公司上缴各类税款5258万元）。企业规模不断扩大，国有资产在发展中效益显著，形成了拥有全资、控股、参股企业60多家，在较好实现国有资产保值增值的同时，为上海市和浦东新区两级财政作出了较大贡献。1997年成为上海市重点扶持的大集团之一，拥有曾被誉为"中国地产第一股"的上市公司，在房产开发、物业管理等方面的实力，名列上海同行业前茅。

土地批租转让状况

到2003年年底，累计完成土地批租209幅，转让土地面积1648.5万平方米，规划建筑总面积1647.25万平方米，土地转让金额人民币193亿元、美元11.22亿元。累计建设各类房产358万平方米，相当于搬迁了一座中型城镇。

开发建设10年来，陆家嘴城区面貌日新月异。陆家嘴中心区以世界罕见的速度在建设，在发展。

10年时间，沧海桑田，高楼万丈平地起。陆家嘴成了世界各国建筑师发挥才能、显示智慧的舞台。

开发建设和招商引资情况

公司可开发土地面积（包括陆家嘴金融贸易区内的3个重点功能小区以及金融贸易区外的金杨、御桥、土控、六里、新高桥等）共38.6平方公里，实施土地开发27.66平方公里（含配套用地）。累计完成土地批租209幅，转让土地面积1648.5万平方米，规划建筑总面积1647.25万平方米，土地转让金额人民币193亿元，美元11.22亿元。累计建设各类房产358万平方米。

经过招商努力，几乎全部的中资银行，中保、平保等保险公司，20多个省部楼以及新鸿基、嘉里、日本森大厦株式会社、正大、新加坡GIC等国际著名企业建楼和进驻陆家嘴，区内已建成的244幢各类楼宇，吸引了4000多家功能性企业和机构，累计吸引投资约1772亿元人民币（注册资本），其中外资（含港澳台投资）48亿美元。

市政建设和固定资产投资

陆家嘴（集团）有限公司根据新区政府的要求，承担了包括世纪大道、张杨路、源深路、世纪公园、世纪广场、滨江大道、中心绿地等在内的城市主要交通干道和景观工程的建设以及"四个一工程"、迎"500强会议"、迎"APEC"会议等综合整治。累计完成固定资产投资209.5亿元人民币，建成市政道路128.5万平方米，35千伏变电站9座，种植绿化（包括临时绿化）231万平方米。

动拆迁与征地劳动力安置

累计完成居民动迁34279户，完成单位动迁998家，拆除各类旧建筑375万平方米，建造各类动迁安置住宅183.5万平方米；安置征地农民工11280人。

公司组织架构

发展至2003年底，已拥有控股企业24家，除劳服性企业弘安公司外，都已按现代企业制度要求规范了法人治理结构，参股企业51家。投资领域涉及房产、金融高科技、旅游、会展等，对外投资总额33.08亿元。

陆家嘴开发公司、股份公司、联合公司自成立之日起至2002年上半年，由3块牌子1套班子运作。根据中国证监委的要求，2002年6月，集团母公司与股份公司做到人员、资金、财务、办公场所等五分开，股份公司独立经营，集团公司留下部分管理人员和员工，运行集团母公司和联合公司。

14年来积聚了五大产业功能

一、金融。吸聚外资银行资产总额突破200亿美元，成为亚太新兴国际级"资本集聚极"之一。

截至2003年底，在陆家嘴开业的分行级以上中外资金融保险机构已达146家，其中，70家外资金融机构资产总额达2100亿元人民币，占全国外资金融机构资产总额的56％，花旗、汇丰、渣打、交通、浦发等19家中外资银行在陆家嘴设立了中国总部级营运中心（全市共22家）。

证券、基金和保险业务蒸蒸日上。2003年，上海证券交易所股票、基金和债券成交总额8.28万亿元，占全国总额的87％，在全球交易所中名列第13，在亚洲5强中名列第3（超过新加坡和吉隆坡），以证券为主体的资本市场功能得到进一步拓展。

根据不完全测算，陆家嘴中心区1.7平方公里内的各种机构和企业的各类税收超过620亿元。

二、贸易。华源、中油等国内39家大集团和中电、齐鲁等32幢省部楼的鼎力支持，陆家嘴在材料、机械电子设备批发领域占有重要地位。国家级要素市场的跨国资源配置、服务全国的国内批发贸易和对外进出口贸易，成为陆家嘴金融贸易区的特色。

上海期货交易所2003年成交额达6.05亿元，占全国期货市场总额的60％以上。上海期货交易所的期铜交易位居世界第2；期货天然橡胶品种则位居全球第1，成为全球交易的指示器。

上海产权交易所配合国企战略性改组和民企发展，交投活跃、作用显著。2003年成交金额突破1500亿元，成为长江流域产权交易的龙头和纽带。

由陆家嘴（集团）有限公司参与发起的上海钻石交易所发展迅速。全年钻石交易总量达3503万克拉，交易总额达到2.77亿美元，实现税收1.16亿元人民币，比2002年增长近1倍，创历史新高。

三、现代服务。金融、法律、会计、咨询和信息是现代服务业的五大领域，其中后4项中介服务在陆家嘴金融贸易区得到长足发展。1838家中介服务机构活跃在陆家嘴金融贸易区内，为上海企业辐射全国、走向世界提供优质的服务。人才市场和房地产交易中心日益繁荣，成为海纳百川的重要标志。

至2003年底，区内已开设律师事务所88家，占浦东新区律师事务所总数的85％，律师总人数970多人，并进一步向专业化方向发展，服务已全面渗透到金融与资本市场、国际商务、公司事务、保险、再保险、房地产、知识产权、能源和自然资源等领域。法律服务机构年均营业额达5.5亿元。陆家嘴金融贸易区内的法律与咨询业务量分别为全国十分之一强。

在咨询领域，至2003年底，区内共设立各类中外专业咨询企业与代表处600多家，其中外资背景的企业118家，代表机构77家。有安达信、波士顿、麦卡锡、安永等世界一流的咨询企业。仅金茂大厦内就聚集了美国道琼斯、格宁信用信息咨询公司等17家国际著名咨询公司。1998年以来，浦东的咨询产业产值连续以30％以上的速率增长，616家专业咨询机构营业额分别占全国同类企业额的1/10。

区内信息网络建设发展迅速。目前，光纤到大楼、到小区的工作名列全市前列；信息宽带网络基本覆盖全区；上海信息枢纽大楼、市宽带交换中心和市集约化信息管线工程等在陆家嘴金融贸易区内建设，陆家嘴还在全国率先开展了"电信增值服务试点"。2002年3月，中国银联落户陆家嘴，为陆家嘴成为上海乃至全国的银行卡资金清算中心创造了条件。

四、会展、旅游和文化娱乐。金融贸易的集聚促进了陆家嘴金融贸易区展览业的发展。以观光隧道、滨江大道、东方明珠电视塔、金茂大厦、水族馆、科技馆、中心绿地、上海国际会议中心、世纪公园、上海新国际博览中心、陆家嘴金融城为主要的旅游载体，使陆家嘴成为上海21世纪旅游的新亮点。每年接待中外游客1200多万人次，2003年超过了1500多万人次，并形成了一系列品牌旅游节目。

上海新国际博览中心由陆家嘴（集团）有限公司所属的土地发展控股公司与德国汉诺威等三家展览公司共同投资建设。截至2003年已建成7个展馆，室内展览面积80500平方米，室外展场45000平方米。自2002年建成以来，举办了各类展会99场，包括工博会、华交会、ATP大师赛等，布展面积达206万平方米，占全市的45%。吸引观众总人数超过360万人次。博览中心还率先与新加坡新达国际会议与博览中心、日本会展中心共同成立了亚洲展览业首个联盟组织——亚太展览业联盟。

受会展、旅游业的带动，陆家嘴金融贸易区内的宾馆、餐饮、娱乐等行业也得到迅猛发展。区内拥有涉外宾馆22家，客房9000多间，其中，4星级以上宾馆14家。客房平均入住率超过70%，国际会展和旅游旺季时更是"一房难求"。80多家楼宇餐饮品牌店年均总营业收入10亿元，营业税年均增幅超过80%。

五、房地产。良好的环境和便利的服务设施，使陆家嘴区域的生态规模得到很大改善。10万平方米中心绿地、140万平方米的世纪公园，区内逐步形成了点上成景、线上成林、面上成园的绿化景观，人均绿地由1993年的0.54平方米增至目前的11平方米，地区绿化覆盖率达35%。

78幢智能化办公楼宇总建筑面积494万平方米，平均租售率达80%以上。营运收入达到1480亿元，楼均营业收入超过20亿元。这些楼宇与国际会议中心、香格里拉、正大广场为代表的配套功能建筑群，不仅在形象上成为浦东的新地标，而且在功能上为浦东的经济发展增添了新的活力。楼宇经济成为新增长点，涌现出一批"亿元级（税收）办公楼"和"5000万元级（税收）配套功能建筑集群"。

区内已建成中高档住宅区809万平方米，吸引12.6万中外高素质人才入住陆家嘴。以"仁恒滨江花园"、"世贸滨江花园"和联洋新社区为代表的国际性社区成为外籍人士的安居之所。

（综合2004年5月18日《陆家嘴金融贸易区开发建设及陆家嘴（集团）公司发展情况汇报》与2004年8月14日《继承优良传统，迎接新的挑战，努力实现区域功能开发和公司业务的新发展》等资料）

开发建设进程中的若干"第一"

■ 1991年，上海市陆家嘴金融贸易区开发公司为启动陆家嘴中心区的动迁和建设，首先推进、建设的一号工程——120万平方米动迁房基地的金杨新村，开启了大规模旧城改造"兵马未动，粮草先行"的范例。

■ 1991年6月8日，陆家嘴金融贸易区第一块批租用地——银都大厦项目（中国人民银行上海分行）土地使用权的转让协议正式签订。同年12月18日，银都大厦奠基。1995年6月建成投入使用。

■ 1991年6月24日，陆家嘴金融贸易区内的第一幢批租的省部楼——安徽裕安大厦奠基开工。

■ 1992年5月间，陆家嘴金融贸易区开发公司第一次在港、澳、台的报纸上刊登转让陆家嘴2-2-1地块（竹园商贸区内、现汤臣大厦）使用权的国际招标广告，开了浦东新区乃至全国由一家开发企业全权委托境外公司进行土地使用权转让国际公开招标的先河。

■ 1992年5月19日，陆家嘴金融贸易区开发公司成为上海市第一批整体上市的国有企业，改制为上海市陆家嘴金融贸易区开发股份有限公司，同年8月30日在工商局注册登记，并分别于1993年6月与1994年11月在上海证券交易所实现A、B股上市。

■ 1992年11月20日，上海市陆家嘴金融贸易区开发公司牵头组织了中国历史上第一个国际规划咨询会议——上海市陆家嘴中心地区规划与城市设计国际高级顾问委员会会议。十多个国家三十多位专家出席了此次会议，中、意、日、法、英5个国家的设计专家推出了各自的设计方案，为陆家嘴金融贸易中心区进行城区规划设计。

■ 1992年12月28日，由陆家嘴金融贸易区开发公司投资组建的第一家城乡一体化的联合公司——南城经济联合发展公司创立。

■ 1994年10月7日，上海陆家嘴金融贸易区开发股份有限公司同市财政局签订回购协议，使得国内首家"上市公司回购减资"圆满完成，为公司发行B股奠定了基础。11月22日，上海市陆家嘴金融贸易区开发股份有限公司的人民币特种股票（B股）正式在上海证券交易所上市发行交易。

■ 1996年2月20日，全国第一家大型中外合资零售企业——上海第一八佰伴新世纪商厦在陆家嘴金融贸易区内开业迎客。

■ 1996年12月30日，上海粮油商品交易所浦东新址落成暨东迁仪式举行，该交易所成为上海市第一家东迁的期货交易所。

■ 1997年5月9日，经中国政府批准的第一家在中国经营保险业务的欧洲保险公司——瑞士丰泰保险（亚洲）有限公司上海分公司正式进驻上海陆家嘴金融贸易区，在上海招商局大厦隆重开业，成为第一家在陆家嘴落户的外资保险公司。

■ 1997年8月27日，将列为世界第一高楼101层的上海环球金融中心破土动工。

■ 1998年8月，时为中国第一高楼、世界第三高楼——420米的金茂大厦全面建成。

■ 1998年底，陆家嘴（集团）有限公司在全国开发区中赢得五个"第一"，即：创造了全国开
　发区中单位面积吸引外资总额第一；外企银行与金融保险机构集聚程度第一；国家级要素
　市场迁入和创建数量第一；国际、国内金融和对外对内贸易增加值第一；区域流量经济总
　量及GDP贡献值第一。

■ 1999年，香港新鸿基在陆家嘴中心区X2地块（国金中心）投资80多亿元，建设总建筑面积
　为41.5万平方米的融商业、办公、酒店等为一体的大型综合商业项目，创下了当时上海办公
　楼项目单幅地块转让面积最大、单幅地块项目总投资最高这两项"第一"。

■ 2000年4月18日，国内第一条以景观和交通功能兼容的100米宽的世纪大道建成通车。

■ 2000年10月27日，我国第一个国家级的钻石交易所在上海市陆家嘴金融贸易区内落成开业。

■ 2001年，上海陆家嘴（集团）有限公司发行8亿元数额的地方企业债券。这是第一个由地方
　企业发行的企业债券。

陆家嘴景观

五个"一流" 五个"率先" 五个"第一"

从1990年至1998年这段时间里，陆家嘴集团有限公司（开发公司）开发建设陆家嘴金融贸易区取得了累累硕果，实现了历史性的跨越。在区域形态上实现了五个"一流"；在功能开发上突破了五个"率先"；在开发成效上在全国开发区中赢得了五个"第一"。

形态开发形成五个"一流"

一流的总体发展规划

早在开发之初，陆家嘴金融贸易区开发公司就从21世纪国际金融贸易区的定位出发，通过国际规划方案征集，吸收借鉴了欧美、亚太各国专家设计智慧的最新成果，对陆家嘴中心区作出了国际一流的总体规划，并在以后的开发与招商引资过程中，严格按照这一规划实施，从而使今日陆家嘴中心区初具现代都市的雏形。

一流的基础设施建设

南浦大桥、杨浦大桥，地铁2号线、4号线、6号线、9号线，世纪大道、行人隧道等将浦东与浦西联为一体，以"四个一工程"、"世纪系列"为标志的一流基础设施的滚动实施，筑就了陆家嘴立体、便利、四通八达的基础设施网络。

一流的智能办公楼宇

以享有"中华第一高楼"美誉的88层金茂大厦（1998年时为最高）为领头羊的一百二十多座国际一流智能化的办公楼宇已成为陆家嘴中央商务区中不可或缺的亮丽风景线，陆家嘴地产"黄金三角"作为"亚太世纪"的号角之一，引起了世界的广泛关注。

一流的生态居住园区

"仁恒滨江苑"、"世茂滨江花园"、"陆家嘴花园"等各具品牌风格的生态型住宅区在陆家嘴星罗棋布，为区域内各类国际、国内企业的中外员工提供了优美、舒适的生活环境和良好的社区氛围。

一流的文化休憩设施

以"中心绿地"、"滨江大道"、"东方明珠"等为象征的休憩娱乐设施，吸引着与日俱增的区内居民和国内外旅游者，以"现代都市"为特色的陆家嘴之旅已成为上海新的旅游亮点。

功能开发突破五个"率先"

率先进行外资银行人民币业务试点

自1997年起，进驻陆家嘴金融中心区的美国花旗、香港汇丰等24家外资银行的浦东分行，在全国外资金融机构中率先获准经营人民币业务，试点效应日益显现，外资银行纷纷进入陆家嘴金融贸易区。迄今为止，陆家嘴的外资银行数量，已相当于中国大陆境内外资银行总数的四分之一，资产总额的比例超过40%。

率先进行中外合资人寿保险业务试点

全国首批中外合资寿险公司之一的"金盛保险"率先在陆家嘴注册并投入运营，一批国际上领先的新险种推出之后受到普遍好评，促进了我国保险业的改革与创新。

率先进行中外合资信息增值和零售业务试点

中外合资信息增值业务和中外合资零售业务在陆家嘴金融贸易区得以率先试点，为"入世"后在全国范围内扩大上述两项服务贸易领域的对外开放，探索了有益的经验。

率先进行中外合资外贸公司试点

东菱、大宇、中技—鲜京等全国首批3家中外合资外贸公司率先在陆家嘴建立，提供了中外著名国际贸易集团强强联手的大舞台，使金融贸易和技术贸易获得了可喜的业绩。

率先进行中央部委和兄弟省市外贸子公司的试点

近百家外地外贸子公司和22家国家专业外贸公司组成了强大的外贸集团军，在陆家嘴共用舞台，共享政策，借船出海，充分体现了浦东开发"服务上海、辐射全国"的作用。

开发成效在全国开发区中赢得五个"第一"

陆家嘴金融中心区单位面积吸引外资金额数"第一"

在总面积1.7平方公里的陆家嘴金融中心区内，吸引了包括外资房地产开发、外商投资企业在内的外资投资总额超过30亿美元，平均每平方米土地吸引外资超过1800美元，创造了全国开发区中单位面积吸引外资总额之最。

外资银行及金融保险机构集聚程度"第一"

在陆家嘴鳞次栉比的高楼大厦中引入了128家中外金融机构，其中包括48家外资银行、9家外资保险公司、1家外资财务公司，中外金融机构共有从业人员约2.5万人；中资银行存贷款总额超过2442亿元，占全市中资银行存贷款总量的14.6%。外资银行经营人民币业务规模迅速扩大，经营方式呈现多元化发展，经营范围已拓展至长江三角洲地区。

国家级要素市场迁入和创建数量"第一"

陆家嘴金融贸易区要素市场发展良好，已有证券、房地产、期货、人才、产权、钻石、出版物在内的7家国家级要素市场落户陆家嘴。仅以证券交易为例，在上交所挂牌交易的全国其他省市的股票已达500余种。

国际、国内金融和对外对内贸易增加值"第一"

据不完全统计，2001年陆家嘴金融贸易区内的金融、保险、证券、期货、国际贸易、国内批发零售所实现的增加值超过145亿元，位居全国所有开发区之首。

区域流量经济总量及GDP贡献值"第一"

抽样统计表明，2001年，以金融保险服务和要素市场为主体的流量经济总量已达到1.1万亿元人民币，陆家嘴区域流量经济对新区GDP的贡献值达到126亿元人民币，占新区GDP总额1082.02亿元人民币的11.7%。

这一系列的标志性成就，不仅意味着陆家嘴金融贸易区的功能日益完善，形象日益提升，更表明陆家嘴金融贸易区的第二轮开发浪潮将在更广的舞台、更高的起点上展开。

（资料来源：2002年11月《从"五个板块"到"五大组团"——对陆家嘴集团经营发展的战略思考》）

开发建设进程中的大数据

　　下列数据是按照开发建设陆家嘴金融贸易区的时间节点列出的：1990年9月至1992年是上海市陆家嘴金融贸易区开发公司成立以后的2年多起步阶段；1993年是陆家嘴金融贸易区开发实施"一年一个样，三年大变样"取得突破性进展之年；1997年、1999年、2000年是浦东新区"九五"时期3张时间表的第一份答卷的交卷年；2004年是陆家嘴集团有限公司（开发公司）实施战略转型的第1年；2009年是集团公司实施战略转型的第一个5年；2013年是集团公司实施战略转型的又一个5年。

　　下列数据均摘录于陆家嘴集团有限公司（开发公司）的历年工作总结。从这些数据中可以看出陆家嘴开发建设的推进速度与大致情况。

1990年9月起

　　陆家嘴金融贸易区与繁华的外滩隔江相望，面积28平方公里，人口54万，是一个地处城郊结合部的待改造区域，规划目标是要建成一个上海市的中央商务区，以金融、贸易、商业、高级办公和居住、旅游为功能的区域。

　　上海市陆家嘴金融贸易区开发公司成立后，立即对开发区域内的现状进行了调查，并积极参与、推动规划工作，提出了启动开发范围、金融项目的安排、土地开发经营的总体设想等，但由于开发区的规划一时不能确定，影响了土地预征、实征、项目谈判与动迁等后续开发工作。

　　1991年3月12日，市长专题会议确认了陆家嘴金融贸易区5.47平方公里的规划控制范围和1.51平方公里的一期开发范围后，公司展开了1.51平方公里范围内的地籍状况调查，完成了房产建筑物现状、产业情况、户籍人口的调查，并汇集成资料。6月22日，公司获得市政府出让1.51平方公里的土地使用权，出让总金额为6.7亿元。

　　经过一系列的开发准备，1992年开始，陆家嘴地区进入了加速开发期。截至当年年底，累计完成土地开发15幅、13.5万平方米，完成动迁居民1531户，动迁单位38个，组织开工了一系列市政基础设施工程项目，市政投资2133.6万元。

　　截至1992年10月底，签订土地转让合同或项目用地协议29个，土地面积21.2万平方米，建筑面积141.2万平方米，吸收投资人民币约57.8亿元，外资约3.6亿美元，外资比例占26.6%，这些项目建设标准都比较高，平均每平方米建筑成本合人民币5400元或1002美元。

　　同时，已开工项目9个，预计1993年春节前还可再开工项目近10项，这批项目到1995年末都可建成使用。其中金融综合楼4个，商贸综合楼14个，行政办公楼（海关）1个，高级公寓楼1个。

截至1993年底

自1991年启动开发以来，3年多来开发建设取得了突破性进展：

一、完成土地规划6.5平方公里，其中占地1.7平方公里的陆家嘴中心区规划和城市设计，组织了设计方案的国际咨询，先后5轮17次方案调整，并经市政府正式批准，进行该地区的交通规划国际咨询。

二、累计开发土地2平方公里，配套基地1平方公里。动迁居民7500多户，单位178家，拆除各类旧建筑60多万平方米。

三、吸引投资项目50多个，其中外商投资项目占34%，吸引投资折合22.73亿美元，平均每平方米土地吸引投资5464美元和每个项目吸引投资4920万美元，均在全国各开发区居领先地位。

四、动迁房开工59.6万平方米，竣工14.5万平方米，完成投资5.86亿人民币，在建动迁厂房3.6万平方米，完成投资4585万元人民币。

五、总投资21.36亿元的一批市政基础设施项目相继开工建设，已完成投资3.76亿元，平均每平方公里开发土地投入1.88亿元。

六、创办各类安置劳动力的企业近50个，吸收农村劳动力2500多人，养老800多人。

由此，形成了1991年抓启动突破，1992年抓规划和项目进区落户，1993年抓动迁和项目开工，1994年抓市政建设的进展态势。

截至1997年底

1997年是我国恢复对香港行使主权和党的十五大召开的重要年；浦东新区"九五"时期三张时间表（1997、1999、2000）第一份答卷的交卷年；陆家嘴中心区"四个一工程"出形象的决战年。公司全体员工通过共同努力，基本完成了全年工作目标。

一、全年开发土地面积0.28万平方米。

二、动拆迁：全年完成单位动迁29家，完成年计划的88%；动迁居民1907户，完成年计划的83%；全年拆除各类旧建筑13.47万平方米。

三、土地批租：全年批租土地3块，转让土地面积5.43万平方米，合同金额6914万美元，完成全年计划的52%；盘活土地项目3个，盘活金额36188.93万元；实现土地收款62338.28亿元，完成年计划的90.7%。

四、房产销售：全年实现商品房销售收入12775万元，完成年计划的101%；其中：实现动迁房销售金额1475万元。

五、市政建设：按计划完成了证券大厦、金穗大厦、华能大厦等5个项目的市政配套工程；全年完成区域市政道路0.43万平方米，为年计划的126%；完成区域绿化面积27.88万平方米，为年计划的139%；开工电站2个。

六、动迁房建设：竣工动迁房3万平方米，完成年计划的100%。

七、企业返利：全年实现投资企业返利0.57亿元，完成年计划的103%。

八、财务状况：由于"四个一工程"、世纪大道等一批重点市政项目的建设，进一步扩大了资金投入，全年完成财务用款23.28亿元，利息支出3.24亿元，完成固定资产投资总额13亿元，年末贷款余额30亿元。

九、区域综合治理：配套实施了区域综合环境整治工作，先后完成了陆家嘴轮渡站、东方明珠电视塔、浦东南路与建设工地的整治工作，参与组织了陆家嘴地区的灯光工程，确保了"三迎"活动的圆满进行。

十、综合治理：为确保区域开发建设的顺利进行，全公司系统开展了"四防一保"为主要工作内容的综合治理工作，通过检查、自查以及抽查的方式，较好地完成了区域开发所涉及的各项稳定工作的落实。

截至1999年底

1999年，公司任务完成情况如下：

世纪大道工程，累计摊铺三渣约11万吨、沥青混凝土约6万吨；种植行道树近2000棵；花岗石地面铺砌面积约10万平方米；二标段扩大景观用地动迁居民392户，动迁单位23家，整个工程累计动迁居民3717户，动迁单位80家。

陆家嘴中心区景观路线的环境综合整治一年来，新建绿化面积达33.89万平方米；新砌及粉刷围墙72处，计17870平方米；平整场地17处，计29700平方米；处置无主垃圾235吨；整治乱堆物14处，3750平方米。

全年实际完成土地批租7幅，占年度目标的100%，合同金额13125.43万美元，占年度目标的84.68%，完成土地转让金收款26800万元，占年度目标的99.26%。此外，南城、陆洋等公司也有3幅土地批租出让，整个集团公司年土地批租达10幅。

房产公司全年销售陆家嘴花园一期商品房176套，金杨公寓125套，锦城公寓4套，花木、沪东、金杨、海上新村等动迁住宅房200套，房产销售和租赁款为32000万元，占年度计划的106.67%。

到年底，投资企业返利按计划完成，实际返利5342.19万元，占年度计划的106.2%。

截至2000年底

拥有10家全资企业，19家控股企业，18家参股企业，总资产140多亿元，净资产60亿元。

历年累计开发土地面积5.82平方公里。历年累计土地批租79幅，转让面积107.28万平方公里，历年累计吸引投资57.27亿美元。

历年累计开工的大楼146个（243幢），建筑面积862万平方米。1月至11月竣工大楼1个（1幢），在建大楼46个（114幢）。

历年累计开工动迁房面积129.72万平方米，历年累计竣工面积129.72万平方米。

11月份完成固定资产投资21928.63万元，全年累计完成56273.63万元，历年累计完成1179170.49万元。

历年开工建设电站7座，已完成6座。

11月份动迁居民189户，全年累计动迁居民854户，历年累计25775户。

绿化种植历年累计完成769600万平方米。道路建设历年累计完成691300平方米。

截至2004年底

集团完成销售收入31.27亿元，比2003年增长2%，比浦东新区国资办下达的指标增长55.8%；实现净利润4.42亿元，比2003年增长18.2%，是浦东新区国资办下达指标的6倍；净资产收益率为6.9%，比2003年提高了0.69个百分点，是浦东新区国资办下达指标的3倍。

2004年，陆家嘴金融贸易区各项社会、经济指标持续走强，功能区域内引进合同外资达9.31亿美元，内资项目注册资金28.8亿元人民币，引进外资、内资额分别为目标额的159%和188%，超额完成了浦东新区下达的2004年全年招商引资目标。

2004年，区内实现金融贸易增加值216亿元，同比增长16%，占浦东新区GDP的12.1%；中外金融机构人民币存贷款余额达5631.59亿元，同比增长19.7%；外汇存贷款余额超过200亿美元，同比增长39.2%；在国家宏观政策调控的背景下，2004年证券交易额（含股票、国债等）仍达7.69万亿元，同比增长27%，其中股票成交2.65万亿元；年证券交易印花税入账106.5亿元，同比增长28.7%；期货交易8.43万亿元，同比增长39.2%。

产权交易完成5155个项目，实现3612.35亿元，同比增长11.4%，约占全国产权交易的半壁江山，成为我国产权交易的主导力量。

上海钻石交易所的交易突飞猛进，各类钻石交易总量为1.18亿克拉，同比增长237%，交易金额达到3.68亿美元。

会展旅游发展势头强劲，区内举办各类展览108场，展出总面积203.8万平方米，同比增长85.3%。

光临陆家嘴的游客达1487万人次，同比增长73.5%。

　　法律服务与管理咨询服务产业的增加值，从2002年至2004年连续3年双双相当于上海全市的1/3和全国的1/10，约2000家现代中介服务机构（法律、会计、财务、咨询、经纪、信息等）活跃在陆家嘴金融贸易区内，为浦东浦西、市内市外、长三角与长江流域的中外资企业辐射全国、走向世界提供优质的服务。

截至2009年底

　　集团（并表后）总资产达到300亿元，净资产达159亿元（其中归属于母公司为100亿元），分别较2008年底增长11%和18%；全年上缴国家税收达11.5亿元人民币，较2008年增长61%。集团实现净利润9亿元，较2008年增长211%。净资产收益率达到14.3%。其中，上市公司对集团的利润贡献率达到61%。

　　全年集团系统新增权益类投资共13笔，实际出资27.64亿元，全部用于浦东新区重点培育产业的启动和拓展。投向分别为：房地产板块18.08亿元、金融板块8亿元、会展板块0.85亿元、文化旅游板块0.6亿元、功能性板块500万元。其中，搭建产业平台——设立陆家嘴金融发展公司、投资迪斯尼乐园的申迪项目总计8.6亿元，占比31%；斥资13.8亿元收购浦项商务广场，占投资总额50%。

　　金融机构人民币存、贷款余额稳步增长。1～3月，陆家嘴金融贸易区金融业增加值为142.53亿元，同比增加24.9%；金融业增加值占浦东新区比例为85.4%，占全市的比例为35.8%。截至4月底，共有507家金融机构入驻陆家嘴金融贸易区，机构数同比增长9.7%；中外资金融机构人民币存款余额6687.27亿元，环比增长11.9%，比上年同期增长25.8%，贷款余额6844.82，环比增长3.5%，比上年同期增长8.0%。

　　外商直接投资实际到位金额继续增长，投资力度不减。4月份区域内招商引资继续保持良好态势：引进外商直接投资项目合同金额2.32亿美元，同比增长11.4%（企业规模达1933万美元/户，同比增加95.2%）；外商直接投资实际到位金额1.11亿美元，同比增长76%。

　　到2009年12月，陆家嘴金融贸易区成片开发区域5.4平方公里内，共引进合同外资10.89亿美元、内资15.92亿元人民币、实到外资9.24亿美元，分别达到浦东新区下达责任目标的125%、132.7%和116.6%；平均每平方公里引进合同外资达到2.01亿美元。

截至2013年底

　　2013年是陆家嘴（集团）有限公司向着"二次转型"目标加速迈进、奋力突破的重要一年。

　　截至2013年12月底，集团并表后账面总资产为751亿元，净资产为238亿元；归属于母公司净资产为132亿元。

　　集团系统全年实现收入72.95亿元，创造利润总额27.5亿元。其中，归属于母公司的国资净利润为5.4亿元；上缴税金18.16亿元，上缴国资红利0.97亿元。

陆家嘴（集团）有限公司负责开发的金融城5.4平方公里成片开发区，保持了稳健的招商势头和良好的稳商态势，1～11月共吸引外资13.16亿美元，占金融贸易区招商总额（23.19亿美元）的57%；实到外资8.58亿美元，占区域总额（14.39亿美元）的60%；吸引内资86.69亿元，占区域总额（379亿元）的23%。1～9月，重点开发区实现GDP产出1400亿元，约占浦东新区GDP的30%；区内办公的企业税收贡献总额达到431.96亿元。

商业地产经营业绩超过预期，租金收入超过21亿元。股份公司全年在陆家嘴、浦江镇、天津等地7个项目新开工，总面积43万平方米；14个项目稳步推进，总面积233万平方米；9个项目竣工交付，总面积22.5万平方米，年度建设投资达到31.7亿元。年末在营物业面积达103万平方米，其中可租赁面积89万平方米；预计年租赁收入将达14.41亿元。

同时，股份公司参与投资管理的新国际博览中心，也继续以稳定良好的运营，巩固了在业界的领先地位。全年共举办展会99场，实现合同销售面积582万平方米，实现租赁收入6.87亿元，税后利润总额2.38亿元，全年预算完成率达到105%。场馆总利用率保持在62%的较高水平。

截至2014年底

2014年是陆家嘴集团进一步巩固浦东开发"主力军"、"野战军"地位的重要一年，更是集团系统国资改革的"破冰"之年。

至2014年12月底，集团并表后账面总资产为968.47亿元，净资产为285.03亿元；归属于母公司净资产为168.98亿元。

集团系统全年实现收入82.29亿元，创造利润总额33.67亿元。其中，归属于母公司的国资净利润为10.99亿元；上缴税金25.41亿元，上缴国资红利0.58亿元。

陆家嘴（集团）有限公司负责开发的金融城5.4平方公里成片开发区，保持了稳健的招商势头和良好的稳商态势，1～12月共吸引合同外资7.08亿美元，实到外资6.56亿美元，内资注册资本175.75亿元人民币。分别占陆家嘴金融贸易区相应招商总额的33%、52%和24%，较好发挥了区域招商的主战场、主功能区作用。

商业地产经营业绩超过预期，租金收入超过25.74亿元。股份公司全年在陆家嘴、浦江镇、天津等地共实现4个项目新开工，总面积8万平方米；7个项目竣工，总面积50万平方米；12个项目在建，总面积212万平方米，投入建设资金约37亿元（含集团委托代建项目）。至12月底，股份公司在营物业面积为140万平方米，已入市楼宇的整体出租率达到90%以上。全年创造租赁收入18.2亿元，销售收入25.6亿元。

同时，会展物业对内加强管理，压缩成本、突出品牌、提高服务，使博览中心保持了稳健经营。新国际博览中心全年举办展会104场，合同销售面积638.55万平方米，销售收入10.4亿元，其中场租收入7.54亿元，税后利润2.92亿元，场馆总利用率保持在72.35%的世界最高水平。

陆家嘴金融城5.4平方公里经济指标表现良好

2012年，陆家嘴金融城5.4平方公里（陆家嘴中心区、竹园商贸区、世纪大道中段、陆家嘴软件园、塘东地块、巴士地块、船厂地块、新国际博览中心）克服宏观经济增速放缓的压力，以不到陆家嘴金融贸易区总面积17%的土地，在固定资产投资、外商直接投资、金融要素交易量、金融机构数和商品销售总额等多项关键指标中表现突出，撑起了陆家嘴金融贸易区相关指标总量的半壁江山。

主要表现为：

一、陆家嘴金融城固定资产投资额占陆家嘴金融贸易区总投资额近六成。2012年1～6月，金融城5.4平方公里共完成固定资产投资额65.78亿元，占金融贸易区上半年全社会固定资产投资总额112.79亿元（下称全区）的58.32%。

其中，办公楼投资额14.14亿元，占全区相应投资额（23.61亿元）的59.89%；商业营业用房投资额11.38亿元，占全区相应投资额（18.6亿元）的61.18%；城市基础设施投资额为7.26亿元，占全区相应投资额（12.08亿元）的60.10%；其他投资额为28.87亿元，占全区投资额（30.08亿元）的95.98%。

二、陆家嘴金融城吸引外资，优势突出。2012年1～6月，5.4平方公里内吸引外商直接投资的合同金额为5.91亿美元，吸引合同项目数60个，分别占金融贸易区外资招商总额的52.12%和50%。其中，重点开发区吸引的独资项目和第三产业项目的投资额与项目数，也均超过全区总额的50%。

三、陆家嘴金融城作为金融产业及要素市场发展主功能区的作用进一步凸显。由于要素市场高度集聚、发展迅速，2012年1～6月陆家嘴金融贸易区金融及要素市场交易量已全部体现于金融城5.4平方公里内。上半年，上海证券交易所成交额达252147亿元、上海期货交易所成交额为414094亿元、钻石交易所交易额为19.38亿元，均占金融贸易区相应指标的100%。

同时，凭借较好的产业优势和综合配套优势，金融城5.4平方公里历年累计吸引金融机构487个，占金融贸易区总数（649个）的75.04%；吸引银行机构179个，占全区总数（202个）的88.61%，其中外资银行75个，占全区总数（78个）的96.15%，从而进一步奠定了重点开发区作为陆家嘴金融产业发展主战场、主功能区的重要地位。

四、商贸企业繁荣发展，城市综合配套环境日趋完善。上半年，5.4平方公里共实现商品销售总额达4244.36亿元，占陆家嘴金融贸易区4642.91亿元的91.42%；社会消费品零售总额144.31亿元，占全区的78.03%。至2012年6月，金融城商业配套已初见成效，5.4平方公里内累计建成商场、餐饮等商业设施总面积28.11万平方米，其中，陆家嘴中心区共建成17.4万平方米，竹园商贸区建成6.68万平方米，缓解了部分白领的就餐难、休闲难问题，进一步繁荣了金融城的商业文化氛围，优化了城市综合配套环境。

2013年，5.4平方公里陆家嘴金融城共完成GDP1949.33亿元，第二产业22.73亿元，第三产业1926.60亿元。其中：金融业895.12亿元，金融机构数544家。

经过23年的发展，陆家嘴金融城5.4平方公里已成为陆家嘴金融贸易区固定资产投资、招商引资、金融贸易产业发展、要素市场发展的主要地区，为金融贸易区的发展和"两个中心"核心功能区的建设发挥更积极的作用。

（综合浦东新区统计三所等资料）

第四篇

转型发展　再创辉煌

经过25年的开发，陆家嘴（集团）有限公司成功地将一个旧城区按规划改造成了一个功能全新的城区，实现了经济社会高起点、跨越式的发展，也为推动社会进步和浦东开发开放做出了巨大贡献。然而，改革无止境，不改革就没有出路。

　　从2004年下半年起，陆家嘴（集团）有限公司开始实施主营业务战略转型与企业经营模式创新，逐步完成了成片开发—房地产商—楼宇房东—金融资本家的华丽转身，转型为房地产、金融、会展、旅游、城市综合体，并以国有开发公司的国家意识和社会责任，一步步将自身打造成涵盖中心城开发、商业地产、金融投资等产业方向的战略性投资公司。

　　展望下一个25年，陆家嘴（集团）有限公司任重而道远。在进一步解放思想、开拓创新、全面建成上海国际金融中心的进程中，依旧需要改革创新，依旧需要勇气、毅力和智慧。改革创新，没有勇气和毅力干不了，没有智慧更干不成。陆家嘴（集团）有限公司在履行实施国家战略任务进程中，继续发挥着主力军的作用，以其睿智、大气、丰富的实战经验，昂首阔步跨入了"二次创业"、"二次跨越"新的历史发展阶段，

　　本篇讲述的是陆家嘴（集团）有限公司在转型过程中如何调整主营业务、创新公司治理方式；打造现代企业管理制度；收购浦项商务广场；并购爱建证券；引进渣打银行；实现商业地产租赁累计收入超七十余亿元；开发陆家嘴软件园以及转战前滩，南下临港等一系列实例，从而使读者能够了解陆家嘴（集团）有限公司是如何审时度势，迅速把思路从土地开发调整到区域城市功能开发上来；又是如何以卓有远见的战略眼光与长远规划，通过实现各类功能性建筑的产品开发，进一步寻找拓展企业发展空间的。

　　希望在这里生发，梦想在这里升华。"陆家嘴人"以坚韧不拔的精神、充满想象力的憧憬和敢于创新的实际行动，将自己的一腔热血和爱撒在了陆家嘴金融贸易区这片土地上。

开发"老兵"壮心不已
——记浦东陆家嘴集团总经理杨小明

2014年4月28日《解放日报》一版头条"中国梦基层好干部"专栏刊载了记者撰写的《开发"老兵"壮心不已——记浦东陆家嘴集团总经理杨小明》，并配发了《记者的掌声》。现转摘如下：

在浦东，61岁的杨小明是位传奇人物，即使是刚到公司的大学生，也能说上一两则有关他的"江湖传说"。交谈中，浦东干部会不自觉地将杨小明称为"我们杨总"。言辞间，骄傲与尊敬溢于言表。

杨小明的确配得上这样的尊敬。外高桥IT产业园、金桥碧云社区、陆家嘴金融城，还有如今风生水起的前滩、临港开发，都曾留下他的脚印。在含饴弄孙的年纪，杨小明依然在延续他的开发故事，吹着冲锋号，勇往直前……

对话

记者：您是第一批参与浦东开发开放的成员，而且现在仍旧奋斗在浦东开发的第一线。您还记得，当年到浦东来是怀着怎样的心情吗？

杨小明：当时的心情是既紧张又兴奋。当我接到组织部电话，通知我参加市里的会议时，我还不知道要调我去浦东。那时候，从浦西坐隧道4线去浦东，往往一路上都坐不满人，大家都说，宁要浦西一张床，不要浦东一间房啊。但到了浦东后，我就决定要扎根这里，因为这里可以实现自己的抱负，展现自己的才能。我记得，浦东开发开放初期，我曾和同伴们讨论未来，当时我说现在月工资是一两百块，要是到退休的时候工资涨10倍，到1000多块钱，有一套三房一厅的房子，就很开心、很满意了。现在回头看，这些都成为了现实，不仅仅是个人的抱负得以实现，更关键是，我们创造了浦东开发的奇迹，对得起时代，对得起党和人民交托的重任。

记者：谈起浦东开发，现在有些人认为，改革创新的勇气和激情不如以前。您怎么看？

杨小明：现在条件好了，一事当前，有的人首先问有没有瑕疵？会不会违规？改革创新本来就是对旧体制的一种挑战，要认清改革和违规的差别。能不能继续保持当初的那种闯劲，那种无所畏惧的创新精神，对我们、对浦东是一种很大的考验。

当然，也需要看到，浦东二次创业与一次创业时的环境不同了，时代发生了变化，国家、人民对我们的要求也更高了。因此，不能简单地说，现在干部不如以前有冲劲，只不过改革进入深水区，更需要勇气和智慧。

记者：您今年61岁，作为浦东开发的"八百壮士"之一，从浦东开发的第一天起就在这片热土上拼搏。24年来，您先后执掌过浦东三大国有开发公司，现在又在前滩和临港吹响冲锋号。您为何能一直保持这份激情？

杨小明：陆家嘴集团前20年一直在开发陆家嘴金融城，从2011年开始转战前滩，去年开始转战临港，接下来还有新的任务。我们就像野战军打仗，打完辽沈战役打淮海，打完淮海打平津，打完平津战役要去解放大西南，一直在转战新的战场，开创新的局面，去打下一片新的天地。作为国有开发公司，一次又一次创业，一个又一个新战场，是我们必须完成的历史使命，我认为这是很正常的事情。

当然，经过第一次创业，我们现在能够知道，之前做的事情哪些是成功的，哪些是有瑕疵的，是需要改进的，这是我们宝贵的经验。有些事情不经过20年的发展，不经过20年来的风雨，是很难体会的。我希望能尽可能把这些经验给浦东的年轻人分享。

记者：很多人抱怨，开发公司不好做，一边要完成国家交付的开发任务，一边又要在市场上打拼。但您在每个开发公司，都能做出不俗的业绩，是如何做到的呢？

杨小明：党交给我们新的开发任务，是希望我们为浦东创造更多的功能。但是对公司来说，这的确是很大的压力，因为钱从哪里来？可能原本我们只能挑50斤的担子，现在要努力挑100斤，这就要动脑筋，改善经营，盘活资产，努力去筹集这些资金，而且要在市场环境中锻炼自己，磨炼本事。我做开发公司的原则只有一条，能盈利，可持续，只有自己壮大了，才能为国家和人民多做事。

记者：听说您夫人现在规定您每天晚上9点前必须回家休息，而且8点半必定会打电话"查岗"。您认为自己在开发第一线还能干多久？在您心中，怎样定义群众路线？

杨小明：我一直开玩笑说，一个人一出生就受人管，只有退休后，时间才属于自己。我很期待"没人管"的日子。不过，只要在岗位一天，我就要全情投入每一天，二次创业，我和其他人一样，都在路上！至于群众路线，我的理解很简单，就是把国企办好，对得起国资，对得起党和人民。

记者的掌声

第一次，采访完一名"典型人物"后，所有记者鼓掌致敬。也是第一次，记者们觉得，时间过得好快，故事还没听够，2个小时就过去了。

这样的第一次发生在杨小明身上，发自于对一个浦东"老开发"的由衷敬意。

"老兵"身上到底是什么样的精神如此吸引人？是他的闯劲。一个开发公司接着一个开发公司，一程创业连着一程创业，每一次都是全情投入，每一次都是硕果累累。即使年逾花甲，身染疾病，依旧初衷不改，依然冲锋在前，这样的"老兵"倔强得可爱，甚至倔强得让人心疼。

是他的智慧。都说开发区难做，要赚钱还要完成功能开发任务，婆婆、媳妇两头受气，杨小明偏偏能两全其美，游刃有余；都说商场如战场，处处是陷阱，杨小明却能见微知著，洞察人所未察之商机，运筹帷幄，决胜千里，很多人尊其为"商业领袖"，正因其人有眼光、有魄力、敢担当。还有他的忠诚。堂堂国企老总，生活朴素得"不像样"，被人称为"铁公鸡"，也不改其初衷。在杨小明心中，始终视搞好国企、做好开发为己任、为骄傲。他开玩笑说，自己已经"超期服役"，期待着过上没人管的生活，但在位一天，就要负责一天，就要奋斗一天。

这是一个在市场经济的熔炉中千锤百炼、在竞争激烈的行业中冲锋陷阵的企业家，有着敏锐的市场意识、过人的胆识与魄力以及现代经营理念，还有对事业的忠诚。

向"老兵"致敬，向那些在上海建设开发中，始终坚守信念，勇于探索、乐于奉献的"杨小明们"致敬！

杨小明

调整主营业务 创新公司治理方式

转型的三大阶段

2004年下半年起，陆家嘴（集团）有限公司直面挑战、顺时应变，从创新公司的企业治理方式入手，主动果断地进行主营业务的调整，经历了三大发展阶段、两次战略转型，形成了"1+4"的事业发展格局，目前正处于二次转型的关键窗口期。

第一阶段：土地开发阶段，为区域土地一级开发商（1990～2004年）

1990年，陆家嘴金融贸易区开发公司成立时，主营业务是土地一级开发和基础设施投资建设，主要负责陆家嘴金融贸易区内的金融中心区和竹园商贸区等开发工作，同时投资建设了世纪大道、陆家嘴中心绿地、浦东滨江大道等一批市政交通和旅游休闲项目，提升了区域投资环境，完善了服务功能。

在该阶段，公司的95%～99%的营业收入都来源于传统的土地开发批租收入，总体上是一个区域土地一级开发商。

第二阶段：商业地产开发阶段，区域发展集成服务商（2005～2009年）

2000年，公司获得了浦东新区政府注入的最后一批土地，原有政府给土地的惯性面临终止。

为解决土地资源消耗殆尽与发展不可持续等问题，从2004年下半年开始，陆家嘴（集团）有限公司主动果断地进行战略转型，以陆家嘴股份公司为平台走向市场，寻找"面粉"做"面包"，完成了从"土地批租"向"商业地产开发"、"地主"向"业主（房东）"的第一次成功转型。

在该阶段，陆家嘴（集团）有限公司一步一个脚印，逐步从地产独大过渡到房产、地产并举；从短期项目过渡到短期、长期项目并举；从住宅项目过渡到各类功能性房产项目并举；从单一地域过渡到跨地域开发经营。

投资建设的项目，包括甲级写字楼、多功能综合型商业中心、国际社区、都市研发楼、高端商务酒店等。以持有物业出租为主的招商模式已经取代原来的"以地招商"。

截至2009年，商业地产板块的业务占集团的主营业务比重超过67%。

这次战略转型达到了两大战略目标：一是通过持有功能性物业，为政府主导区域产业发展、实施功能配置提供了载体和空间；二是为上市公司找到了新的发展道路，实现了功能与市场的双赢。

第三阶段：综合投资阶段，为综合性投资商（2009年至今）

2009年，陆家嘴（集团）有限公司开始投资迪斯尼项目和金融产业项目，踏上了"二次转型"

的新征途。"陆金发"公司、"迪斯尼"项目这两个市区级大项目都落在了陆家嘴（集团）有限公司的肩上，预示着政府对陆家嘴（集团）有限公司定位为综合性投资商的要求和期望，有力地推动着陆家嘴（集团）有限公司从"房东"向"股东"的第二次战略转型。

在产业发展上形成"1+4"的格局

目前，陆家嘴（集团）有限公司的"二次转型"在产业发展上逐步形成了"1+4"的发展格局：

"1"是指上海陆家嘴（集团）有限公司，是陆家嘴（集团）有限公司系统的总部、中枢，负责实施全系统的投资和管理。

"4"是指四大产业板块，分别是金融城功能深化板块、金融城商业地产板块、金融投资板块、新区域开发板块。

金融城功能深化板块　对应的是陆家嘴城开公司。经过20多年的开发建设，一个现代化的金融城初步建成，并初步形成了区域招商优势和产业聚集优势。当前，金融城发展已从基础设施等硬件建设转向软环境开发为主的城市功能深度开发。重点是针对金融城发展的难点、热点、重点，投资建设包括立体交通、商业配套、公共服务、人才居住等一切有利于提高金融城整体竞争力的功能性项目，精深化开发、精细化管理，提升更加人性化的城市综合功能。

金融城商业地产板块　对应的是陆家嘴股份公司。股份公司已经从房地产开发为主转型为商业地产投资，并已走出陆家嘴区域，在上海市浦江镇、天津市红桥区等地区开发和投资项目，朝着"根据地"多元化、运营市场化、业务多元化目标迈进。

2009年，在金融危机席卷全球、房地产交易陷入低谷的时期，股份公司采取市场化方式，整体收购了浦项商务广场，成为业界商业地产市场运作的经典案例。新国际博览中心项目已完成17个展馆、30万平方米展览面积的建设和运营。近两年，股份公司所有的收入中已经没有一分钱来自土地批租收入。2012年，股份公司租赁收入达到12.63亿元。随着浦东金融广场、浦东世纪金融广场、世纪大都会等大型城市综合体的建成，预计5年后长期持有的楼宇面积将达到300万平方米。

金融投资板块　对应的是陆家嘴金融发展投资公司。投资金融产业项目，对于固守开发业务20年的陆家嘴（集团）有限公司是一项艰巨的挑战。陆金发公司承担着浦东新区金融产业投融资平台使命。目前，已陆续收购控股爱建证券，参股投资"黑石基金"，发起成立中银消费金融公司、国和现代服务产业基金。2012年，公司自主收购"海协信托"并更名为"陆家嘴信托"，而且实现了"当年批复、当年开业、当年盈利"。金融投资这一板块，为浦东新区金融创新、金融机构集聚发挥了重要作用。

新区域开发板块　包括后世博前滩国际商务区和迪斯尼区域。临港新城区域、迪斯尼区域、前滩国际商务区是浦东"十二五"三大新的战略发展区域。

陆家嘴（集团）有限公司积极贯彻国家的战略意图，勇于承担国企责任，运用陆家嘴金融城开发的经验和优势，着力开辟"二次创业"的新战场。迪斯尼区域开发，陆家嘴（集团）有限公司承担了控股股东的投资使命。前滩开发，由陆家嘴（集团）有限公司主导，对应的是前滩投资公司。在新的形势下，陆家嘴（集团）有限公司创新开发思路，对前滩开发实行"两个先行、两个并行"的开发策略，即综合体开发先行、功能性基础设施先行；一级开发与二级开发并行、吸引外来投资与自主投资并行，目标是打造升级版的陆家嘴。

"1+4"发展格局的形成，标志着陆家嘴（集团）有限公司已经初步实现了"两大超越"：一是业务领域已经超越了土地开发为主的房地产领域，投资范围涵盖商业地产、金融投资、旅游文化的三大领域；二是业务空间已经超过了陆家嘴区域。

陆家嘴金融城、后世博前滩国际商务区、迪斯尼区域"三大战场"成为陆家嘴（集团）有限公司驰骋的战略空间，成为助推浦东"二次创业"的重要动力。这"两大超越"，标志着陆家嘴（集团）有限公司进入到了一个崭新的发展历史阶段。

（资料来源：2013年7月，德勤管理咨询（上海）有限公司《陆家嘴集团转型发展与公司治理方式创新》）

陆家嘴中心绿地秋景

打造现代企业管理制度的集团化企业

随着2000年建立了浦东新区政府，政府的功能越来越强大，社会功能逐步形成，整个区域不再是以开发为主，而是以社会建设任务为重。而且，从2004年起，土地资源枯竭，成片土地批租不可能再继续下去，在这一背景下，开发公司何去何从？当然，城市功能建设任务尚未全部完成，从2000年起，大家开始逐步探索，一直到2004年，陆家嘴（集团）有限公司正式提出转型发展战略。

转型发展不是脱离陆家嘴这片土地，而仍是以浦东为主战场，致力于打造一个大型的现代企业管理制度的集团型企业。从房地产开发投资经营管理的企业角度来考虑，不仅是要将公司打造为区域开发型企业，自身也要变为一个顶天立地的公司。这个公司不仅要面向资本市场，更要面向国际。这样的大型集团公司如何打造，这就需要考虑企业行为，规范企业运作，使公司在市场经济浪潮中逐步成长为可以长袖善舞的、可以弄潮的、可以不断壮大的企业。这一目标对于公司的自身发展任务提出了更高的要求。

在前一阶段开发区域、开发浦东、组建城市功能等任务完成后，步入后一阶段转型发展之时，企业的自身壮大与发展任务自然而然地被提上了议事日程。说到转型发展阶段时，可分为三大块：

第一块，立足浦东建设、浦东开发，继续深化建设发展，将陆家嘴开发得尽善尽美，做功能，解决以前的一些缺陷，解决它的完整性，包括打造东方浮庭二层步行连廊建设等陆家嘴中心区改造、拾遗补阙，解决功能上的缺失，如白领吃饭难等。

第二块，在发展金融贸易功能、城市区域完整性方面做积极探索，组建陆家嘴金融发展投资公司以及其他与金融功能相关的工作。例如，帮助设立金融学院、上海纽约大学，建造人才公寓。围绕陆家嘴的金融功能做文章。

第三块，从企业自身发展的角度做文章，这些文章既有空间上的延伸，也有自我请愿打造前滩，也有响应政府号召开发临港。这些是空间上的延伸，实现陆家嘴品牌输出，包括天津项目开发。后世博的开发，不仅将陆家嘴的品牌输出，更引进了惠灵顿国际学校，取得了区域建设的良好效果，实现文化配套与开发并举。同时，研究企业的经营模式。

土地一级开发是一个模式，但，一级开发土地资源减少后，陆家嘴（集团）有限公司主业转型，立足的不仅是房地产开发，而是延伸房地产开发，在自己建造持有物业和经营性物业上做文章。2014年，房屋租金收入可近20亿，实现了过去所说的两条腿走路。另外，在企业管理方面、企业管理机制、年轻员工培养、资深员工能力发挥、机构调整等方面进行了长远谋划，不仅在空间方面有延伸，在企业运行模式、盈利机制方面也有新的设计，使得公司的管理更上一个台阶。

当然，其中还有更细化的东西，还有更深层次的故事，让别人看到陆家嘴转型发展实质的东西，如上海纽约大学、惠灵顿国际学校、人才公寓、前滩打造等。

　　企业发展的新阶段，一是以陆家嘴金融贸易区开发为己任的一个阶段，二是兼顾区域开发与企业发展两条腿走路，继续打造陆家嘴金融贸易区功能一直到建成；企业开发，不是投资投机，而是围绕浦东功能建设为重点，实现企业螺旋式的上升。

（综合有关资料）

立新船厂旧址

上海陆家嘴（集团）有限公司显现综合性投资公司特点

随着投资迪斯尼乐园、陆家嘴金融发展投资公司，投资业务逐步取代了实体开发业务，陆家嘴（集团）有限公司越来越明显地显现出综合性投资公司的特点：

一、小资本金撬动大投资。从公司资本结构来看，2012年陆家嘴（集团）有限公司实收资本23.57亿元，长期股权投资却达到了127.18亿，总资产是580.1亿。这意味着陆家嘴（集团）有限公司以1倍的资本金撬动了约5倍的长期股权投资和约25倍的总资产。因此，在公司资本结构上，已出现了投资公司的特征，即大部分的原始资本和大部分的积累都用于对外投资。

二、利润主要来源为投资收益。2010～2012年，陆家嘴（集团）有限公司投资收益占净利润比值分别为79.63%、85.83%、53.32%，近3年的投资收益占比均高达50%以上。

三、园区任务基本完成。经过二十多年的努力，陆家嘴（集团）有限公司基本完成了区域内市政道路建设等"七通一平"工作。近年来，担负的城市功能的配套建设，如：二层连廊、人才公寓也已基本完成。到目前为止，陆家嘴区域内的一级开发已基本完成，二级开发项目和金融城功能深化项目预计5年内将结束。

陆家嘴（集团）有限公司在业务、在经营范围上已经超越了土地开发为主的房地产领域，投资范围涵盖商业地产、金融、旅游等。计划到2020年，实现：

商业地产板块以陆家嘴股份公司为主，为陆家嘴（集团）有限公司的利润贡献率达到40%；

金融投资板块以陆金发和集团公司为主，为陆家嘴（集团）有限公司的利润贡献率达到30%；

旅游文化板块以申迪和相关旅游文化公司为主，为陆家嘴（集团）有限公司的利润贡献率达到30%。

陆家嘴（集团）有限公司的业务在空间上已超越了陆家嘴区域，在天津等地开辟了新的业务区域。2010年，在浦江镇和塘桥地区各拍得一块地块；走出去的第一个项目——天津的城市综合体项目初步建成。陆家嘴（集团）有限公司开始了浦东后世博前滩地区的开发工作，努力实现"3年出形象、5年出功能、10年基本建成"的目标。形象化地说，陆家嘴（集团）有限公司应该是"野战军"，转战浦东各个新型园区"造城"，以充分体现其核心价值。

陆家嘴金融贸易中心区一级开发的退出是必然趋势，综合投资公司是参与二级开发的常见市场化主体。从世界金融城的普遍发展历程来看，大规模的一、二级开发业务必将慢慢淡出，陆家嘴（集团）有限公司向投资公司转型是实现持续发展的重要趋势之一。

随着陆家嘴金融贸易中心区开发任务的基本完成，陆家嘴（集团）有限公司由园区开发公司向综合性投资公司转型，是实现持续经营、做强做大、打造"百年老店"，继而进一步服务和推动浦东区域发展的前瞻性选择。

　　陆家嘴（集团）有限公司的业务发展尽管已进入二次转型的关键窗口期，越来越显现综合性投资公司的特点，但其治理方式仍然保留着园区公司的固有模式和本质特征，治理方式与市场化要求之间的矛盾已成为阻碍陆家嘴（集团）有限公司转型的最大障碍与发展的最大瓶颈。毫无疑问，只有建立面向市场的公司治理模式，着力解决陆家嘴（集团）有限公司当前制约转型和发展的最大障碍和瓶颈，才能为陆家嘴（集团）有限公司的持续发展提供长久的动力，才能创造更大的发展空间。

（资料来源：2013年7月，德勤管理咨询（上海）有限公司《陆家嘴集团转型发展与公司治理方式创新》）

转型成功与否 关键看"三个是否"

陆家嘴（集团）有限公司正在进行着转型。这项工程的展开也清晰表明了企业未来发展的思路。即从向市场提供成熟的七通一平的土地产品到为终端客户提供各种服务业发展所需要的功能空间。

1990年，伴随着浦东开发开放的启动，陆家嘴（集团）有限公司应运而生。从成立之初到2004年的14年间，其主要的工作是土地一级开发，提供给市场的产品是经过开发的城市用地。

陆家嘴是一个城市化地区，陆家嘴（集团）有限公司进行的土地一级开发，不仅包括难度高、数量大的动拆迁，也包括在拆平土地上进行基础设施建设，把符合开发建设需要的土地通过招商引资，提供给符合产业方向的投资人。土地动拆迁、土地基础设施建设、土地招商引资，是陆家嘴（集团）有限公司成立以后14年的主要经营模式。

这段经历奠定了今天世人看到的陆家嘴金融贸易区的形象。也就是说，陆家嘴（集团）有限公司打造了一个让海内外企业机构在陆家嘴唱戏的平台。

所谓主营业务转型，从商业地产角度讲，即从过去提供土地这一房地产初级原料，转变为现在提供终端物业。

2004年下半年起，陆家嘴（集团）有限公司开始了主营业务转型，公司的主营产品从提供土地转为提供各类现代服务业发展所需要的功能空间，不仅建造适合金融机构使用的写字楼、适合商业发展的购物中心、适合会展产业发展的展览场馆，也根据国家发展生产型服务业的要求，大力开发了一些都市研发楼。这些产品都是直接提供给市场终端使用者的。

在整个房地产产业链中，陆家嘴（集团）有限公司关注并重点进入的是广义的商业地产行业，即非住宅类产品。广义的商业地产行业有它的特殊性，仅从量上讲，是很难像住宅一样做得很大。所以，陆家嘴（集团）有限公司更注重商业地产产品的品质和经营，精心打造商业地产这一特殊产品。

商业地产经营的转型定位可以为陆家嘴（集团）有限公司的可持续发展带来怎样的利好因素呢？

未来的陆家嘴（集团）有限公司将是一个长期资产与短期资产并重经营的公司。单纯经营短期资产而欲持续获利，只能寄望于市场环境不会发生大的变化。之所以现在重点发展长期物业，主要是因为相对于短期物业而言，长期物业可以更有效地抵御金融和市场环境的变化与房地产行业周期波动的风险。

渣打银行大厦是陆家嘴（集团）有限公司2004年转型后做的第一个商业地产项目，这个项目最重要的意义，是证明陆家嘴（集团）有限公司是有能力开发符合跨国银行中国总部技术和管理要求的甲级写字楼的。

渣打银行大厦原名开发大厦，是陆家嘴（集团）有限公司和一家外方股东共同开发的项目。项目在打桩阶段时，由于股东的变化，一度停滞。陆家嘴（集团）有限公司于2005年收购合作方股权，重新启动了这个项目，经历了一个重新研究、重新设计、重新开发的过程。由此也使陆家嘴（集团）有限公司认识到，做好一个商业项目，最重要的是技术的掌握和观念的改变。在技术的掌握上，首先要了解什么样的楼才是跨国银行总部所需要的楼。尽管不同的人有不同的理解，但实际上有一定的客观规律，这就需要开发商做大量的研究。因此，陆家嘴（集团）有限公司花了大量的精力去研究这个课题，直到今天，仍在继续研究，这些研究都是公司很宝贵的技术财富。而在观念问题上，是否能做到市场第一，客户第一，是否能够建立公司的一切劳动都是为客户创造更大价值的价值观至关重要。

目前，公司做的商业地产产品主要有4类：

第一类是金融写字楼，这些写字楼的各项技术指标都是按国际先进水准进行设计的；第二类是为陆家嘴金融贸易区配套的商业项目，有3个，即96广场、1885文化中心和世纪大都会；第三类是为生产型服务业、跨国公司中国研发中心等提供的都市研发楼；第四类是会展中心，新国际博览中心目前已成为全世界最繁忙的会展中心。

这些项目跟市场上其他同类型的项目相比，是不同的。

陆家嘴（集团）有限公司对市场的研究非常用功，希望能够找准细分市场，然后尽可能满足细分市场的需求，使客户能得到更大的价值。比如，陆家嘴（集团）有限公司开发的项目非常重视空间使用效率，确保客户租赁的大楼使用效率一定是最高的，提供的环境满意度、空间舒适感一定是最好的。在硬件上，同步采用目前世界最先进的高科技空调系统、呼吸式幕墙、环保节能系统等设计，使项目绝对物超所值。

商业地产的经营将是一个长期备受考验的任务，对陆家嘴（集团）有限公司来说是一个很大的考验。尤其是物业的经营管理、物业的硬件管理和租户的长期服务，努力满足客户入驻后提出的各种要求，应作为业主自觉服务的一种常态。

陆家嘴（集团）有限公司为中国钻石交易中心量身定制的大厦落成后，主要的租户是上海钻石交易所和从事钻石交易经营的各会员单位。这些企业有相当一部分是犹太人，这些人的吃饭问题怎么解决就显得尤其重要。犹太人可能有他们固有的饮食偏好，如何能够针对这一群体的需求，提供适合的配套与最好的服务，这都是需要陆家嘴（集团）有限公司思考与努力的。

从近几年转型商业地产的开发商的发展轨迹看，商业地产人才是经营中至关重要的一环。目前很难找到有一所大学培养现成的商业地产人才，陆家嘴（集团）有限公司历来坚持"在战争中学习战争"。"陆家嘴人"在商业地产领域中大都是半路出家，只能从实践中不断总结学习。陆家嘴（集团）有限公司倡导一种价值观，即：出成果和出人才的相辅相成。有时是人才带动出成果，有时是成果带动出人才。陆家嘴（集团）有限公司希望通过商业地产的开发经营的实践，为公司培养出一批优秀人才。

在商业地产市场领域，陆家嘴（集团）有限公司最大的核心竞争力在于高质量的硬件产品和高质量的长期服务，希望能代表上海市场的最高水平。

房地产是一个非标准产品的开发，客户对产品的需求和对服务的需求，又有一定的差异性。陆家嘴（集团）有限公司的专业化水平正在提高，技术进步的能力也在增强，陆家嘴（集团）有限公司会充分运用专业化水平为客户提供高质量的产品和最高水平的服务。

陆家嘴（集团）有限公司在商业地产市场的经营理念是：最好的产品是能够充分满足客户的需求，最大限度提高细分市场客户满意度的产品。陆家嘴（集团）有限公司对客户的需求进行充分研究，产品所有的功能定位都是在客户需求的主导下进行。愿不愿意站在客户生活的角度去看待问题，愿不愿意花一点时间和心思去思考一项技术对客户生活的影响，愿不愿意更细致一点、更认真一点，其实是衡量一个企业专业道德的重要标准。

另外，所有产品都经得起该项目所定位的细分市场顶级客户的检验，是陆家嘴（集团）有限公司的价值观。以客户为本，勤于思考，换位观察，持续改善，也将成为公司软实力的支撑。

陆家嘴（集团）有限公司应该拥有超过100万平方米的商业地产长期经营的物业，做到这个目标，转型才算转过来。过去几年，公司租赁物业的租赁收入每年增长40%以上，增长的速度较快。相信几年以后，租赁收入在公司整个营业收入中的比重，会有较大提高。

一个公司是否能成为行业领头羊，是否转型成功，关键是看其是否得到了市场的承认，是否为这个市场提供了技术最先进的产品，是否得到了最重要顾客的最重要的评价，这才是最重要的。

（资料来源：《杨小明：给客户"最好"的产品》）

公司转型后第一单商业地产市场化运作

成功收购浦项商务广场

在2008年下半年全球经济形势日益严峻的不利情况下，陆家嘴（集团）有限公司不仅成功地规避了房地产市场下滑和金融环境恶化的风险，而且在逆境中成功地收购了浦项商务广场。这不仅是公司历史上市场化运作商业地产的第一单，而且也是公司实施分业发展、主业转型的战略调整和发展规划的一次探索实践。

2009年7月2日，陆家嘴（集团）有限公司向浦东新区工商行政管理局申请变更上海浦项房地产开发有限公司（以下称"上海浦项公司"）的法定代表人，这意味着历经7个半月的浦项商务广场收购项目画上了圆满的句号。

本次收购，既是公司加快推进主营业务转型的体现，也是公司优化资产结构战略实施过程中的一笔浓墨重彩。收购的成功不仅提升了公司的知名度，令业界对陆家嘴（集团）有限公司刮目相看，也为我公司驱动转型、创新发展开启了新的篇章，对陆家嘴商业地产乃至浦东商业地产的发展具有指导意义和示范作用。

收购成功之余，陆家嘴（集团）有限公司深刻地认识到，在外部经济形势严峻的大环境下，仍要保持清醒的头脑，认真总结正反两方面的经验，继续发挥浦东开放开发主力军的作用，为将来陆家嘴（集团）有限公司通过并购的方式优化公司资产之路，做好各种积累。

决策谈判阶段

从2008年10月下旬，陆家嘴（集团）有限公司获得浦项商务广场出让的信息，到2009年3月19日，公司与出让方韩国浦项正式签署股权转让协议，历时4个多月的决策谈判，节奏紧凑，扣人心弦，充分展现了公司高层决策的魄力和谈判的艺术。

一、信息来源及时准确。市场信息来源及时、准确是公司抓住本次收购机会的先决条件。由于仲量联行对于本项目充分及时的信息掌握，使得公司快速作出了进一步的判断。因此，及时准确的信息是本次收购成功的第一个成功之处。而且从中也可以看到，活跃的房地产业界是信息来源途径的沃土，因此，陆家嘴（集团）有限公司在平时工作中与有着良好口碑、专业化素质较强的中介团队保持稳定良好的关系，使他们成为陆家嘴（集团）有限公司可靠的长期合作伙伴，形成信息来源的系统化，从而能够从中选择稍纵即逝的机会，形成决策的有利前提。

二、决策迅速、有效。决策的迅速和有效是公司本次收购成功最为关键之处。首先，基于对标的——浦项商务广场的区域位置、行业口碑、基本经营状况的了解，使得公司高层迅速形成第一个决策——介入该收购项目，在获得信息到形成报价只用了一周时间；然后基于对潜在对手的判断、

陆家嘴广场（原浦项商务广场）

交易环境的了解，又迅速形成第二个决策——提高报价，果断的将报价从17.1亿元增加至17.6亿元，以获得至关重要的"独家谈判权"；最后，基于对出让方作为世界500强公司从而形成对风险可控的判断，以及以买卖双方共赢为着眼点，迅速形成第三个决策——接受以股权转让的方式达到最终收购目的。

　　也正是上述3个正确决策使得公司顺利地签署了购买意向书，成为惟一的购买意向人，从而占据了谈判的有利地位。

　　三、调查工作全面、充分。调查工作的全面、充分是本次收购成功的基石。意向书签署后，公司不仅立即聘请长期为国有企业服务的财瑞评估事务所，对上海浦项公司展开财务状况调查，同时又聘请仲量联行的专业物业团队，就浦项商务广场的物业情况进行全面调查，完整掌握收购标的（包括浦项公司本身及物业本身）的现状。全面充分的调查工作，不仅再次证实了公司的价值判断，也为下一步的谈判工作找到了合理的支撑和有利的论据。

　　四、保密工作扎实、稳固。保密工作的扎实、稳固是本次收购成功的"防火墙"。在公司正式报价后不久，就与出让方签署了保密协议，成功地将该谈判项目的有关内容作了保密。公司内部只有为本项目操作的工作小组知晓具体内容，而公司外部在很长一段时间内根本不了解该项目的情况，从而为我们掌握谈判的主动赢得了有利的时间。

五、谈判高效、有力。谈判的高效有力是本次收购成功的核心。为提高谈判的效率，我们果断地要求对方来沪，采取面对面的谈判方式进行。在谈判过程中，我们充分了解对方所关心的利益点，稳扎稳打，并在清楚了解自身底线与核心利益的前提下，最大限度地用自己可控的风险来换取最终价格上的优惠。在谈判的尾声，通过两次延长意向书的有效期，打了一场心理战，最终取得了谈判的成功。

六、合作团队专业、可靠。合作团队的专业、可靠是本次收购成功的保障。在前期，仲量联行亲赴韩国了解情况，进行有效沟通；调查期间，财瑞事务所与仲量联行在非常短的时间内完成了对收购标的的全面了解和掌握；到合同谈判阶段时，"小耘所"以其专业的法律背景，帮助我们快速应对对方抛来的"炸弹"。这些专业、可靠的合作团队，为陆家嘴（集团）有限公司完成本次收购提供了专业的保障与强有力的支持。

合同执行阶段

2009年3月19日，双方签署了股权转让协议后，即进入合同执行阶段，而该阶段主要是进行行政审批程序以及与上海浦项公司进入共同管理期。因此，在这个阶段中，人的作用凸现。选择正确的人选，各方面群策群力，成为这个阶段顺利完成最重要的因素。

一、公司高层高度重视。公司高层非常重视这个阶段的执行力。公司高层的领导在第一时间都亲自带队拜访各审批环节的行政部门，了解审批环节的关键点，为缩短审批流程打下了基础。公司高层也定时召集每周一次的小组会议，理顺各环节安排，解决各环节出现的问题，并作出下一步的安排。公司高层的重视不仅成为了这一阶段强有力的推动力，也提升了本项目小组成员的积极性，让所有人都能以充分的热情投入到这场战斗中。

二、小组成员团结精干。本项目小组成员均是从各部门抽出的精英。虽然，该小组为松散型的组织，以每周例会的形式开展工作，但成员之间的沟通十分有效，形成了团结一致、齐心协力、各司其职的局面，进而及时通报问题，提出解决问题的办法与借鉴经验。

三、共管团队作用凸现。上海浦项公司的共同管理是谈判中出现的妥协产物。外汇汇出前，上海浦项公司处于共同管理阶段，在不能掌握其全面管理权而已履行股东变更的工商手续的情况下，对交易双方都存在一定风险。因此，需要共同管理团队在实际的操作中将此风险降至最低。公司选择了正确的共同管理团队人选，不仅全面掌握了解了上海浦项公司的现状，为上海浦项公司最后的交接打下了坚实的基础，而且也通过各方面的工作，如员工大会、以发函的形式让租户与员工稳定人心，使得公司员工在共同管理期间以及将来能继续为公司的发展，尽心尽力。

本次收购是公司历史上市场化运作商业地产的第一单，也是公司第一次的涉外并购，在这几个月的收购进程中，也凸显了很多问题与自身的不足之处：

一、行政审批环节耗时太长。本次收购项目经历9个行政环节，审批耗时79天，如果再加上事先与行政部门沟通的时间，将近100天左右。由于国际经济环境与金融状况在这段时间内瞬息万变，外汇市场也是跌宕起伏，繁琐的行政公文流程消耗了大量时间，大大增加了交易的不稳定性，甚至在交易过程中，出让方曾出现反悔的意向，使共管期间的工作遇到了很大的困难，而且也增加了交易双方对对方诚意判断的难度。

但我们也应该看到，在本次收购中，各行政部门给予了相当大的支持，审批时间已经尽可能地作了缩短；通过本次收购，公司与各行政部门建立了良好的关系，在今后的工作中，应当继续推进与行政部门之间的良好合作关系。

二、对收购程序不太熟悉。尽管公司各部门各有所长，业务能力不尽相同，但普遍来说，对于收购程序并不十分熟悉，面对产生的问题不能及时给出答案。通过本次收购，提升了各部门的业务能力，也给了各部门激励，在今后的工作中及时更新专业知识，以便更好地应对将来的业务项目。

三、细节把握上待加强。陆家嘴（集团）有限公司作为国有公司一直根植于国内市场，很少与外资企业打交道，对外资企业的办事作风也不甚了解。本次收购中，在操作过程中曾出现过不注意细节、仍采用大而化之的办事作风与外资企业打交道。比如，在向商委报批程序中，我们取得的收件单上载明的文件目录与我们提交的文件不能一一对应，甚至没有提交的文件也被记载在目录中，我们虽然注意到了这一点，但并没有太在意，认为没有大碍，但是，却让韩方产生了极大的误解，认为我公司隐瞒了上报的文件，因此要求我公司予以澄清。为消除误会，我公司不得不要求商委退回文件，重新申报并要求其出具正确的收件目录。尽管，最后我们提交了完整正确的收件单，并及时取得了商委的批复，但自此之后，韩方就要求在以后的程序申报时，由双方人员共同到窗口递交材料。由此可以看出，我们习以为常的这一"小疏忽"不仅浪费了交易时间，更重要的是使交易双方产生了不必要的误会与不信任，给以后的工作带来了难度。

四、招商事项上没有把握主动权。在前期谈判过程中，没有充分认识到股东的变动给浦项商务广场的招商带来的影响，因此在合同中并没有就这个方面加以约定与描述。在共同管理期间出现了部分客户提前退租的情况，特别是原主力客户之一"德国商会"。虽然，"德国商会"通过有关渠道向我公司表达了对浦项商务广场招商策略的不满，以及在适当降租的前提下愿意留下的意愿，尽管我公司也单方面表态愿意挽留，但最终因我公司对于招商没有决定权而造成德国商会不仅应续租部分没有续租，相反还提前退租了已续租部分，对浦项商务广场造成较大的负面影响，从而丧失了机会和客户。

上海浦项公司已经成为了上海陆家嘴（集团）有限公司的新成员。上海浦项公司自2000年运行以来，持续对物业进行改善，成本控制也较好，并且培养出了一批高素质的从事营销与物业服务的员工，其管理运作模式对陆家嘴（集团）有限公司来说，是一个很好的借鉴模式，我们应该总结经验，以便进一步推广到公司的营销与物业管理方面。

在提升公司资产规模和质量、塑造企业品牌和竞争力的方针指导下，陆家嘴（集团）有限公司一方面面临着开发任务繁重，自身产品创新能力仍在接受考验，另一方面，在商业地产市场"供大于求"的矛盾中，仍在积极寻找优良资产，以期由开发型投资向并购与开发并重型投资转变。这一改革，正是由浦项商务广场收购项目开始的。

（资料来源：2009年7月28日，浦项收购项目小组《浦项商务广场收购项目总结》）

陆家嘴广场室内景象

公司转型后的第一个投资控股实践

进军金融业 并购爱建证券

根据浦东新区政府关于打造浦东金融领域投资平台的总体要求，陆家嘴（集团）有限公司与浦东其他两家国资企业共出资了20亿元人民币成立了上海陆家嘴金融发展有限公司，主要负责浦东新区金融产业的投资与管理、投资咨询服务等业务。这一举措填补了浦东新区政府投资金融领域的空白，使"陆家嘴金融贸易中心"更加名副其实。

2009年8月，陆家嘴金融发展有限公司以股权收购方式获得爱建证券有限责任公司51.14%的股权，正式成为爱建证券第一大股东。这不仅标志着陆家嘴（集团）有限公司在进军金融业的进程中迈出了实质性的一步，而且也是公司转型后实施的第一个投资控股实践。这是陆家嘴（集团）有限公司建立综合性投融资平台的重要一役。

在收购爱建证券的过程中，陆家嘴金融发展有限公司派遣了专业过硬、经验丰富的工作小组进驻该公司，在并购过渡期内深入了解公司运营情况，确保以后的管理权交接工作能够不断不乱、稳步推进。经过半年多的努力，陆家嘴金融发展有限公司获得了中国证监会关于收购爱建证券股权的批复，完成了该公司的工商变更登记，由此宣告收购工作圆满结束。

"并购爱建证券"为陆家嘴（集团）有限公司翻开了新的一页——"金融"正成为集团主营业务的极其重要的组成部分。

陆家嘴（集团）有限公司着手制定了爱建证券的远期发展规划，并研究增强其整体实力的可行性方案，力争通过准确的定位和不懈的努力，使其在不远的将来成为带动浦东金融产业发展和壮大的有力助手。而陆家嘴金融发展有限公司也将以此为良好的开端，为下一步实施更为艰巨的投融资任务做好准备，更好地履行浦东新区金融行业投融资平台的职能和使命。

爱建证券有限责任公司于2002年经中国证券监督管理委员会批准成立，并于2006年10月完成增资扩股，2013年时注册资本为11亿元人民币。

公司总部所在地为上海市，并在上海、深圳、厦门、宁波、嘉兴、重庆、北京等大中城市设立了16家证券营业部，员工总数500余人。公司形成了包括证券经纪、投资银行、证券投资、资产管理、固定收益等业务体系以及风险管理、研究咨询、信息技术等业务支持体系。

2012年，受到行业影响，爱建证券主营业务下滑。截至2012年年底，爱建证券预计累计实现营业收入1.71亿，实现净利润721万元；其中：核心业务的经纪业务预计实现收入9087万元，实现利润1861万元。

（综合《陆家嘴金融发展公司并购爱建证券》与北大纵横管理咨询公司《陆家嘴集团战略定位及产业策略研究》等资料）

公司转型后的第一个商业地产项目

投资10亿元开发渣打银行大厦

渣打银行大厦是陆家嘴（集团）有限公司2004年转型后的第一个商业地产项目。

2006年1月25日，渣打银行与陆家嘴金融贸易区开发股份有限公司正式签署了"陆家嘴金融贸易区D3-5地块"（即陆家嘴开发大厦）命名与楼宇使用意向书。渣打银行预计投资超过4000万美元（约合3.2亿元人民币），以租赁与购买的方式入驻该大厦，并获得了该大厦的冠名权。这标志着继汇丰、花旗等一大批世界著名银行、跨国公司总部等机构入驻陆家嘴金融贸易区后，渣打银行在上海也拥有了以自己名字命名的中国区总部大楼。

从2005年初起，陆家嘴（集团）有限公司与渣打银行中国区总部开始接触谈判，对大厦的命名权、使用面积、建筑标准、建设质量进行了反复研究、多次协商。该项目地块面积为6000平方米，建筑总面积约43000平方米，建筑高度120米，地上26层，地下3层。为了满足渣打银行提出的适合跨国银行地区总部办公需要的各项建设标准，陆家嘴（集团）有限公司投资10亿元人民币，对大厦的机电设备、建筑结构，外观和内部空间设计以及施工方案都作了较大的调整，在2008年初完成了该大厦的全部建设，各项建设标准达到了渣打银行提出的适合跨国银行地区总部的办公需要，并且从中也积累了开发建设甲级金融写字楼的宝贵经验。2008年7月9日，渣打银行中国区总代表处、上海分行以及相关机构举行仪式正式入驻该大厦。渣打银行大厦与上海证券大厦、中国保险大厦、国家开发银行大厦、浦发银行大厦等形成了一个建筑组团。

这个项目对陆家嘴（集团）有限公司来说，最重要的意义是证明了陆家嘴集团是有能力开发符合跨国银行中国总部技术和管理要求的甲级写字楼。当然，这只是万里长征第一步，接下去的服务和管理也是一个很长的过程。

渣打银行大厦原名陆家嘴开发大厦，是陆家嘴（集团）有限公司和一家外方股东共同开发的项目。该项目在打桩阶段由于股东的变化，一度停滞，陆家嘴（集团）有限公司于2005年收购了原合作方的股权重新启动了该项目，经历了一个重新研究、重新设计、重新开发的过程。由此也使整个公司的员工认识到，做好一个商业项目，最重要的是技术的掌握和观念的改变。在技术的掌握上，首先要了解什么样的楼宇才是跨国银行总部所需要的楼宇，尽管不同的人有着不同的理解，但实际上是有一定的客观规律，这就需要开发商做大量的研究。因此，陆家嘴（集团）有限公司花了大量的精力去研究这个课题，甚至直到今天仍在继续研究着，没有停止。这些研究都是公司很宝贵的技术财富。而在观念问题上，能否做到市场第一，客户第一，能否建立公司的一切劳动都是为客户创造更大价值的价值观，这更为至关重要。

（综合《渣打银行中国区总部入驻陆家嘴金融中心区》等资料）

渣打银行大厦

公司转型10年以来

累计实现房产租赁收入逾75亿元

2011年12月12日，对于陆家嘴（集团）有限公司而言，是一个值得庆贺的日子。这一天，公司迎来了房地产年租赁收入突破10亿元人民币的大喜日子。据统计，陆家嘴（集团）有限公司从2004年转型10年来，累计实现房产租赁收入逾75亿元。

自1990年以来，陆家嘴（集团）有限公司一直是以"土地成片开发"、"熟地协议转让"为主营业务，但是随着国家土地管理制度的调整，由企业向政府购买毛地进行成片开发的经营模式，已经不能再继续下去了。为此，从2004年下半年起，公司果断选择了主营业务战略转型，公司的主营产品从单一土地向土地与功能性商业地产项目并重转变，并将商业地产的投资开发和长期经营作为自己的主营业务，由于积极培育新的经营途径，把写字楼作为招商引资的重要战略资源，转型10年，硕果累累，办公楼宇租赁收入直线上升，租赁性收入逾75亿元，不断提高了公司的竞争力和抗风险能力。

2013年，陆家嘴（集团）有限公司成为上海第三产业纳税百强企业，名列第41位；列入《2014中国房地产企业持有物业营业收入榜》"前10"和《持有物业营业规模榜》第24位。

据统计，2011年实现办公楼租金收入超10亿元；2012年实现办公楼租金收入9.6亿元；2013年实现办公楼租金收入14.84亿元；2014年实现办公楼租金收入达18.7亿元。

从实施主营业务战略转型开始，公司以"两建设"、"两维护"、"两创新"为抓手，突出团队、制度、监督体系完善，开展了一系列卓有成效的工作。

回顾商业地产发展所走过的路程，公司营销体系从无到有，从分散营销—整体营销—专业营销的演变，从物业招商能力—客户服务能力—物业综合运营管理能力的提升，每一步都走得很踏实。

具体的工作实践是：

一、创新团队建设。从转型伊始，公司十分重视营销团队的建设以及从租售中心到营销中心，再到现在的营销中心与专业化团队并重的格局；丰富营销团队工作职责，创新营销体系构架模式，以满足各类产品的发展运营需求，不断推进营销体系重组和优化，并形成立体化的营销体系，即：本部营销中心兼顾招商管理和物业管理两大职能，外部组建了分别负责办公、商业、研发、国际化社区产品租赁的专业化营销团队，从而形成了从市场调研、品牌设计、业务研发、产品定位、市场评估、服务设计、业务管理、产品招商和客户服务为一体的营销组织模式，形成了能够快速响应市场的营销运作体系和管理机制。

二、完善制度建设。公司租赁业务不断发展的过程，也是租赁业务制度建设不断完善的过程。配合商业地产租赁业务的发展，在管理方面，公司先后制定了《经营性物业营销管理办法》、《经营性物业营销业务规范流程》、《土地使用权租赁管理办法》、《甲级写字楼物业管理服务标准》、《中介业务管理办法》等一系列规章制度，并结合实际执行过程中出现的新情况、新问题，按年修订，确保业务推进有章可循。在业务推进方面，建立了营销预算月度执行情况分析、新产品营销方案审批、租赁物业报价季度审批、租赁物业季度租控信息汇总等业务规范，定期检查营销业务的推进情况。

三、重视客户维护。随着营销物业规模的不断扩大与业态的不断丰富，产品客户的多样性和需求的差异性也日益明显，公司开始强烈地感受到客户维护的重要性，逐步建立了"客户至上"的服务理念。各在营物业已设立了全天候服务的业主代表和客户代表，开通了4001860663的24小时客户服务热线，"7×24"的及时响应客户需求，通过周密的循环监督体系，形成"点对点的客户响应与服务机制"。一线的营销团队注重收集在租客户对产品使用的感受、意见、建议等，及时获得使用者对产品创新的信息，持续进行产品创新，不断开发建设好的产品。而且，良好的售后服务有助于提升公司在客户中的信誉，进而促进新产品的营销和新客户的引进。

四、提升物业维护。作为后续服务的重要组成部分，物业管理服务的重要性日益凸显。公司从三方面着手，提升在营物业管理水平：一是建立物业管理两级监管体制，二是确定公司竣工物业移交工作流程，三是物业管理团队提前进驻项目一线，确保实现项目投入运营后的无缝衔接。同时，积极推进"钻石行动计划"，通过持续不断的努力，使公司的各个在营物业处于良好的运营状态，减少维护成本支出，在实现物业资产保值增值的同时，不断提高租户的满意度，使租户愿意长期租赁公司物业，并愿意为所获得的满意，支付更多的租金。

五、注重产品创新。从产品设计伊始，公司上下就确立了一个信念，那就是陆家嘴开发的产品从设计到建设再到管理，都要体现一流水平、一流质量，不能给自己留遗憾，不能给客户留隐患。正是这样的信念，促使公司关注和重视产品未来客户的需求和产品的实际使用效果，并不断把租户对产品的最新需求和建议及时向产品开发建设部门传递，不断实现产品在功能、品质上的提升。

六、实践投资创新。"开源"是业务不断发展的关键。在营销业务不断发展的过程中，公司重视投资模式的创新，通过并购型投资的积极实践，拓展了公司商业地产资源获取的渠道和方式。2009年，公司抓住市场机会，成功完成了浦项商业广场的收购，并更名为"陆家嘴商务广场"。如今，陆家嘴商务广场已和渣打银行大厦、星展银行大厦一起成为了公司年租金收入超"亿元"的高端办公产品。

2500多个日日夜夜的不懈努力，不仅使我们收获了成功，而且也印证了"只要坚持，就会有回报"这句话。这个过程，我们走得虽然很辛苦，但充满了成就感，我们赢得的不仅仅是丰厚的回报，而且还有市场的认同、客户的认同与股东的认同。

（资料来源：2011年12月6日《营销8年总结》）

对陆家嘴软件园的投资开发与经营管理

2001年9月29日挂牌成立的上海浦东软件园陆家嘴分园，作为浦东软件园的延伸项目之一，是国家级软件园——浦东软件园的重要组成部分。陆家嘴（集团）有限公司响应浦东新区"一园三基地"产业发展格局的构想，运用陆家嘴的区位优势和功能优势，以原峨山路工业街坊3—1地块为基础组建，通过十多年的不断投入建设和发展，陆家嘴软件园已成为上海市和浦东新区软件和信息服务业布局中举足轻重的特色产业基地之一。

陆家嘴软件园规划区域为：东邻世纪大道和杨高南路，南至峨山路，西至东方路，北至浦电路，紧邻世纪大道、浦东新区行政办公中心与陆家嘴金融贸易区各交易中心。

陆家嘴软件园经过了"腾笼换鸟"和"筑巢引凤"两个阶段。

"腾笼换鸟"阶段：园区坚持政府主导、市场化运作的模式，充分贯彻"腾笼换鸟、转型发展"的策略，动迁老企业、改造老旧工业建筑，成功实现了园区1～6号楼老厂房的升级改造，并迅速集聚了上海华为、新致软件、国信朗讯等一批国内优秀软件和信息服务业企业。

"筑巢引凤"阶段：园区从楼宇建设、服务配套、环境改善、公共服务等方面着手，全面提升楼宇规模品质、园区配套服务等综合竞争力。投资新建6幢研发办公楼、中央绿地、休闲广场、步行桥等公共设施；完善了银行、餐饮、休闲、健身、超市等各种配套设施；建设了人才培训中心与信息化公共服务平台；为园区企业提供完善的人才、政策配套服务，成功吸引了一大批国内外知名IT企业，研发中心，跨国公司地区总部、销售中心等。

陆家嘴软件园的产业规模：截止到2011年底，陆家嘴软件园入驻企业总数89家（配套企业未计入），园区从业人员约2.5万人。园区企业共实现经营收入294亿元，上缴税款总额66.79亿元，软件出口额4078万元，与2010年同比分别增长48.04%，78.72%，101.78%。年度营业收入超亿元企业达11家，89家企业中有29家（三分之一）企业年度营业收入超千万元。陆家嘴软件园连续多年单位面积名列全市第一。

2009年以来陆家嘴软件园园区企业销售收入和税收汇总表

项目 ＼ 年份	2009	2010	2011
销售额（亿元）	84.30	198.87	294.41
增长率（与上一年相比）	19.6%	135.9%	48.04%
税收（亿元）	4.43	37.37	66.79

续表

项目 \ 年份	2009	2010	2011
增长率（与上一年相比）	43.36%	743.56%	78.72%
每平方米产值贡献（万元）	6.7068	14.3652	17.3760
每平方米税金贡献（万元）	0.3525	2.6994	3.9420

园区产业服务与产业特色有三：

一、重点企业与产业特色　陆家嘴软件园里的企业主要从事金融信息服务、软件技术服务外包、现代服务业、软件研发、信息通信、网络游戏等。园区企业的数量增加不大，但规模不断壮大、企业的税收贡献显著增长、企业品质持续提升。金融信息服务、信息技术服务外包和现代服务业已成为园区产业的重要特色。

代表企业包括保时捷（中国）汽车销售中国有限公司（地区总部）、沃尔沃汽车销售公司、欧特克中国研发中心、大智慧、华讯网络、海辉软件、完美时空、菱威深软件、法国船级社中国总部、新致软件、华泛信息、现代商友、国讯新创、竞天科技等。

其中，海辉软件、新致软件、现代商友、华泛信息均为上海市服务外包重点企业；海辉软件、新致软件、大智慧多年被评为国家布局内重点软件企业；在工业和信息化部公布的"2011年中国软件业务收入前100家企业名单"中，上海有中国银联、宝信、贝尔软件、华讯网络、华虹、卡斯柯、大智慧等7家企业上榜。其中，大智慧与华讯网络入驻陆家嘴软件园。园区的信息技术服务企业注重企业技术积累，不断提升产业能级及技术实力。如：新致软件取得CMMI5认证，ISO27001、ISO9001认证，21个软件著作权，软件产品12个；现代商友取得ISO9000认证，9个著作权，5个科技成果认定。大智慧股份有限公司为上海市证交所的上市公司，软件著作权、软件产品达到几十个。

截至2011年底，年度营业收入超亿元企业达11家。为保时捷（中国）汽车销售中国有限公司、上海华讯网络系统有限公司、上海大智慧股份有限公司、欧特克软件（中国）有限公司、上海华东电脑存储网络系统有限公司、上海竞天科技股份有限公司、上海新致软件有限公司、上海鲍麦克斯电子科技有限公司、上海恒为信息科技有限公司、上海西科姆电子安全有限公司、文晔领科商贸（上海）有限公司等。

二、配套设施特色　园区陆续投资新建研发7~12号楼等6幢研发办公楼；同时建设了园区中央绿地、休闲广场、步行桥（400多万元）等公共设施；进一步完善了银行、餐饮、休闲、超市等各种配套设施（面积超过1.3万平方米，年让利租金差额达1180万元）；建设了"陆家嘴软件园人才培训中心"与信息化公共服务平台；与陆家嘴金融贸易区管委会联合调研推出《关于上海市陆家嘴功能区域"十一五"期间扶持软件产业发展的实施办法》，为园区企业营造了良好的产业发展环境，提供完善的人才、政策配套服务。

三、人才与政策服务特色　2011年，陆家嘴软件园以实训基地为依托，打造园区信息服务公共服务平台。进一步与园区核心企业积极联动，从技术培训、政策服务、人力资源服务等方面深入合作，与申信信息技术学院合作，为园区服务外包企业提供系统的服务外包职业技能培训，成功举办了16期培训班、培训人数453人。此外，培训中心成功承办了欧特克、泛微等园区企业的各种内训近百次。为园区企业的人才培训发挥了有效的平台作用。

园区为提升产业能级，聚焦重点企业的招商稳商工作，对重点企业采用按需建楼、留存发展空间、专项政策服务等特殊优惠办法，如对欧特克、华东电脑、大智慧、华泛信息等企业开展专项政策服务，破解政策及人才瓶颈，推动企业稳步发展。

根据《关于上海市陆家嘴功能区域"十一五"期间扶持软件产业发展的实施办法》，园区负责收集、审核企业数据，受理、初审后，筛选符合条件的企业，上报功能区审批，发放政策性补贴。"十一五"期间，园区发放政策扶持费用达2740万元，得到园区企业和各级政府部门的一致好评。

（综合2012年9月10日《市经信委领导调研陆家嘴软件园汇报稿》等资料）

公司主营业务发展转型5年来的收获

上海陆家嘴（集团）有限公司主营业务发展战略调整5年来收获巨大，主要包括四个方面：

首先，从地产独大过渡到地产、房产并举。即股份公司不将自己的开发土地全部转让，而是选择地段好、能够带来高附加值的部分土地，自行实行房产开发。

其次，从短期项目为主过渡到长短期项目并举。其中长期项目主要有四类：一是针对金融机构的甲级写字楼；二是研发楼宇，如软件园；三是商业和办公楼，如：九六广场，1885广场，世纪大都会等；四是高端公寓出租项目。

再次，从住宅项目为主过渡到各类功能性房产项目并举。功能性房产有5A级的智能化办公楼宇、国际会展产业的房地产、支撑和促进现代服务业在陆家嘴发展的专业园区和区域商业中心等。

而后，从单一地域开发经营到跨地域开发经营。陆家嘴股份有限公司于2004年3月取得天津小伙巷地块的土地使用权，开始了跨区域开发的尝试。

转型第一步：2004年下半年至2008年底，从土地、房产的销售向商业地产的开发性投资转型。

两年多的努力，先后完成了世纪大道、连廊改造、陆家嘴中心区商业街、北滨江玻璃房、崂山东路天合厂改造、陆家嘴软件园7、8、9号研发楼、东怡大酒店等多个项目的开发建设，吸引了招商银行信用卡、AUTODESK软件设计公司等多家功能性项目进驻。包括陆家嘴金融中心大厦、渣打银行大厦、钻石大厦、陆家嘴九六广场、陆家嘴1885、陆家嘴东和公寓、陆家嘴东银公寓等13个功能性项目，在2008年底前已陆续建成投入使用。公司在建的功能性物业面积达到130万平方米（除天津红桥区已开工的约10万平方米外，其余项目均在浦东）。

在上述项目建设招商的同时，还启动了包括世纪大都会、外高桥微电子研发配套基地、金桥镇商业中心等项目的前期策划工作。

功能性商业地产的租赁收入对公司利润贡献率显著提高。转型之初，公司的利润几乎100%来自于土地转让，一旦土地资源殆尽，公司利润将"断源"。通过功能性商业地产的开发经营，至2008年末，租赁收入对公司利润的贡献率已超过了10%。

转型第二步：2009～2013年，从功能性商业地产的开发向开发性投资和并购性投资并重转型。

由于商业地产项目开发所需的周期比较长，为提速公司发展战略转型进程，在对经济形势和房地产市场周期性发展进行研判的基础上，公司从2009年开始实施战略转型的第二步，即开发性投资和并购性投资并重，通过对优质商业地产资产的有效并购，提升公司转型步伐。2009年初，公司实施了市场化商业地产的第一个并购项目——浦项商务广场。

（综合2008年5月《陆家嘴集团发展战略研究》与2009年9月18日《陆家嘴集团开发建设情况汇报》等资料）

2010年"二次转型"的三项工作实践

历史告诉我们："转型一小步"，成就"发展一大步"。陆家嘴（集团）有限公司要做大做强，保持浦东国资企业的领先地位，就必须培养独立的市场竞争力，转型势在必行。

作为"二次转型"起步之年的2010年，陆家嘴（集团）有限公司主要进行了以下三项工作实践：

一是探索主业转型方向　2010年上半年，陆家嘴（集团）有限公司中层以上干部与投资企业负责人就公司转型问题召开专题会议。结合陆家嘴（集团）有限公司目前的资产结构和组织结构，针对实际工作和发展瓶颈，与会人员达成了陆家嘴（集团）有限公司向"综合性投资企业"战略转型的共识，并对陆家嘴（集团）有限公司与股份有限公司的区别定位有了新的认识。

陆家嘴（集团）有限公司首先要成为金融城深度开发的战略投资人，积极承担国家战略、社会责任和政府要求，要针对金融城深度开发的难点、热点、重点，投资一切有利于提高金融城整体城市竞争力的项目；其次，要结合实际情况和投资水平，培养高瞻远瞩的投资眼光，逐步面向市场，争取有利于提高国资质量，且风险可控、收益可观的投资机会。

股份上市公司要成为完全的市场竞争主体，勇于走向市场，提高竞争力，要以商业地产、金融投资为主业，以市场竞争为方法，逐步摆脱对开发区土地资源的依赖，摆脱以"一区一园"为单一基地的开发惯性思维和行为模式。

基于这一认识，陆家嘴（集团）有限公司的转型目标是要成为一个"非实体经营"公司，一个兼具"国家意识"和"市场意识"的控股股东和投资管理人。为此，从加强和改善投资管理职能入手，结合"十二五"期间各项目标，对集团本部部门设置、各大业务板块进行了大刀阔斧的改革。

二是推进业务板块整合　以商业地产与政府功能板块为重点，完成了系统内14家企业的重组改制。

其中：向商业地产板块注入6项地产类和物业经营类资产，股份公司的业务规模得以扩大、资产质量实现提升。同时，集团也通过这一契合转型战略、提升管理效能的方式，有效提高了公司的资产证券化率。

其次，以城开公司为主体，通过委托管理方式，实施对欣州公司、城建配套公司、市政绿化公司和动拆迁公司的改制重组，并完成了对东城公司和锦利公司的吸收合并。该两项举措不仅使征地安置、市政养护、动拆迁等政府功能性业务向专业板块归拢集中，进一步缩小了管理幅度，更为城开公司体制机制的进一步调整和改善夯实了基础。

业务板块的改制整合，使陆家嘴（集团）有限公司的资源获得合理配置，经营思路更为清晰，有效减少了同业竞争，为"轻装"上阵，开展投资业务创造了有利条件。

三是改进管理体制机制　转型方向一经确定，管理职能调整的步伐也随之加快。2010年下半年，陆家嘴（集团）有限公司首先对国资管理部实施调整，抽离投资业务，使其成为对口和落实浦东新区各部门业务考核任务的专职部门；其次，将投资职能根据业务属性分类，建立城市建设投资部、商业地产投资部以及战略投资部，对应负责城市开发投资管理、商业地产投资管理和浦东新区指令性重大项目投资管理，并对相关资产和管理权限进行梳理、分类和归并，实现了条线清晰化和管理专业化。

此外，对于参与市场投资后可能遇到的风险，进一步加强了风控职能，实施审计室与内控管理小组职能的合并，成立了审计室和风险控制部。并从制度建设和程序规范入手，建立并完善了企业内控工作评估和持续改善制度，汇总修订了相关的5项管理办法；坚持做好OA流程监控和对投资企业的飞行稽核，全力保障集团战略转型过程的合规可控。

（资料来源：上海陆家嘴（集团）有限公司《2010年度工作报告及2011年工作计划》）

转战前滩 再创辉煌

随着后世博开发的启动，陆家嘴（集团）有限公司又被赋予了新的历史使命——主导"前滩国际商务区"的开发建设。

"前滩国际商务区"位于黄浦江南延伸段、北面是世博后滩拓展区和耀华地块的南端。北起川杨河，南至中环线华夏路段，东起济阳路，西至黄浦江，与徐汇滨江隔江相望，沿黄浦江岸线长约2.3公里，沿川杨河岸线长0.8公里，总面积2.83平方公里；距离人民广场20分钟车程，并有6、8、11号3条轨道交通穿越其中，区位优势突出、交通条件优越、景观资源丰富。

该地块在2004年以前作为环球影城项目备用地，地块内已建成了占地约34.52公顷的东方体育中心。2011年12月1日，浦东新区政府专题会议明确，陆家嘴（集团）有限公司授让滨江公司（前滩地区开发主体）70%股权，并主导前滩地区的开发建设，希望陆家嘴（集团）有限公司发挥陆家嘴开发20年的经验智慧和团队优势，使前滩开发得以更快、更好的推进。

根据规划，前滩拥有350万平方米的建筑容量，计划建成集总部商务、文化传媒、体育休闲等功能为一身的城市副中心。前滩国际商务区已被列入上海"十二五"期间六大重点开发区域，成为上海城市转型发展和功能提升的重要载体。

在不到两年的时间内，前滩地区以前所未有的高效率取得了"规划落地、市政基础设施开工、主要功能项目意向签约"的积极进展，在2013年内基本完成了市政基础设施的建设。未来5至10年时间里，现代化城市综合体、国际化居住社区、媒体城、能源中心等将陆续现身前滩，共同构筑"立体城市、垂直城市、24小时城市、低碳城市"的新典范，打造与陆家嘴金融城交相辉映的活力新地标。

经过前期的精心准备和各方的协同努力，前滩地区控制性详细规划于2012年8月4日获上海市人民政府批复。同年11月25日，举行了市政道路与管线工程、小黄浦改造工程、惠灵顿国际学校项目、上海友好城市公园项目的联合开工（奠基）仪式；与此同时，前滩地区的招商工作也取得了实质性的进展，并于2012年12月5日前后，举行了前滩中心、美国中心、步行商业中心、能源中心、国际学校等一批主力功能性项目的意向性协议签约。至2012年底，前滩开发已成功展现出良好的发展势头，正沿着"一年上轨道、三年出形象、五年出功能"的总体方向顺利前进。

前滩开发"一年上轨道"

前滩开发在短短的一年时间里"上轨道"，加快了开发建设速度。

一是高起点定位。市、区领导和中外专家早就在地区功能研究之初就明确了前滩地区要坚持城

前滩路网建设

市中心的功能定位，要在前滩地区集中打造一个大型的国际商务区，迅速形成一个能与陆家嘴中心区相并肩的、与世博园区交相辉映的、以发展地区商业、办公、文化、娱乐为主体的城市副中心，成为浦东新区乃至整个上海的一个新的活力中心；浦东"三新"格局的重要组成部分；上海"十二五"重点发展区域。

正是有了这样清晰的高起点的功能定位，在前滩商务区城市形态规划、交通流量设计、建筑形态分布，以及招商客户选择等方面起到了至关重要的目标引领作用。

二是高水平规划。一流的开发，首先必须有一流的规划。前滩的规划是在广泛听取和充分吸收国际著名设计师、潜在客户的高度智慧与陆家嘴中心区成功开发案例的智慧与经验基础上进行的，主要源自以下几方面：

（一）凝聚了各有关部门的高度智慧。前滩的规划在形成中得到了各有关部门的高度重视，凝聚了各有关部门的高度智慧。比如："设置一定的居住比例，注重产城融合，形成宜居宜业的城市中心"；"打造内资企业总部，在前滩汇聚中国的世界500强企业"；"体现地区特色，注重滨江景观的塑造"；"打造立体城市、垂直城市、24小时城市"；"注重对地下空间的统一开发和利用"。这些都是市、区各级有关部门集思广益的结果，正是这些高屋建瓴的观点和思路，共同形成了前滩规划中的设计亮点。

（二）汇聚了国际大师的先进理念。为使前滩规划与世界一流设计接轨，体现出其国际化商业中心的功能和价值，在上海市规土局和规划院的指导下，组织过三轮（前滩2.83公里的整体城市形态方案、核心区0.4平方公里的建筑概念方案和前滩近1平方公里的滨江景观方案）国际征集工作，邀请了一批具有丰富经验的国际一流设计公司参与，充分汲取他们的先进设计理念和设计成果，并将其在前滩控详规中予以充分融合和有效展现，使前滩规划设计体现出世界较高水准和一流水平。

（三）融合了意向客户的使用需求。前滩规划从一开始便十分重视对客户需求的收集归纳工作，三轮国际方案征集的成果讨论和评审中，均邀请了潜在客户参与，充分倾听并吸取他们从使用和运营角度提出的相关诉求与宝贵经验，使前滩规划能兼具先进性与实用性，符合国际客户需求，与市场无缝衔接。

（四）借鉴了陆家嘴的开发经验。为充分贯彻前滩开发建设要"高于陆家嘴、优于陆家嘴、精于陆家嘴"的要求，前滩地区的规划是在总结陆家嘴开发建设经验与不足的基础上进行的，陆家嘴当初开发的各种限制和缺憾将在前滩的开发建设中得到尽量补足。比如：陆家嘴中心区城市规划中没有设置一定的居住比例；缺乏人性化的交通设计，步行不方便；没有对地下空间进行统一的规划和开发等等，这些缺憾在前滩规划中均得到充分考虑。可以说，前滩的规划中凝聚了各方的高度智慧，体现了国际先进水平，同时兼具实用性和有效性，是陆家嘴开发二十多年经验的总结和各方精英智慧的结晶。

三是高效率推进。前滩开发得以高效率推进，归纳起来主要有三个层面原因：

（一）节点目标非常明确。市、区两级政府对前滩开发提出了非常明确的目标要求和节奏步调，要求前滩开发"一年上轨道、三年出形象、五年出功能"，并围绕这一目标，提出了每一年度的具体节点目标。比如：围绕"一年上轨道"，明确了2012年的工作要从3个方面着手："规划落地、基础设施开工、招商项目意向性签约"。前滩开发各项工作正是围绕这些节点目标和节奏要求不断推进的。

（二）协调机制非常得力。浦东新区政府为了推进前滩开发，专门成立了由分管副区长牵头，各委、办、局参加并定期召开的推进会议制度，帮助协调解决前滩在项目审批、开发资质认定、土地转让方式、土地年限补足、跨区域土地置换、地块动迁等疑难问题；此外，还专门明确了由世博地区办公室作为前滩项目审批的主体，世博办公室派专人驻前滩现场办公，定期协调总结前滩开发中的重点和难点问题，及时加以解决，并予以大力推进。

这些协调机制的建立对推进前滩开发起了至关重要的作用，是前滩开发得以高效率推进的保障。

（三）团队配置非常合理。前滩开发有一支对开发区建设抱有强烈的使命感、归属感和认同感的开发团队，这是一批参加过陆家嘴开发的能力与经验兼备的业务骨干。他们不仅对开发建设的流程熟悉，对企业文化认同，更对开发建设有激情、有憧憬，是高效推进前滩开发的主导力量。

（综合2012年11月7日陆家嘴集团《推进前滩国际商务区开发建设的几点体会》等资料）

实现"三年出形象"的目标

前滩地区，是上海"十二五"规划的六个新型发展区域之一，也是六大区域中最晚启动的区域。浦东新区政府要求陆家嘴（集团）有限公司"三年出形象"。所谓的"三年出形象"，即：一是荒地要变熟地；二是二级开发要启动；三是关键项目要开工。

基于这些认识，前滩启动开发以来，陆家嘴（集团）有限公司聚焦基础设施开发、土地招商、核心功能项目3项具体工作，采取了"两个先行，两个并行"的策略，即：核心区招商先行，功能性配套先行，一级开发与二级开发并行，吸引外来投资与自主投资并行。

两年来，围绕"核心区业态功能项目落地、市政道路设施基本建成、滨江绿化景观工程开工"3个里程碑目标，前滩开发取得了令人瞩目的开发成绩。

一是地块面貌焕然一新。2013年的前滩完成18条道路和3座桥梁的建设，敷设各类配套管线近114公里，道路总面积59万平方米，工程完成量约占前滩道路总工程量的89%以上。前滩滨江绿化景观中的友城公园防汛墙开工，小黄浦河道改造基本完工。前滩国际商务区的整体形象有了巨大变化。

二是功能开发取得突破。2013年完成了约130万平方米的招商工作。包括6个项目：

1. 北美中心：容积率面积35万平方米的城市综合体，引进了美国铁狮门为合作开发商。

2. 前滩中心：容积率面积42万平方米的超大城市综合体，包括一栋270米的前滩最高建筑。

3. D组团的一幅土地：为40号地块，容积率面积5.7万平方米，引进海南航空集团下属亿城集团进驻开发。

4. 能源中心：引入上海电力合作开发，成立了合资公司。

5. 惠灵顿国际学校：由前滩公司自主开发，并引进历史悠久、全球一流的英国教育品牌——惠灵顿国际学校。学校于2012年底开工，至2013年底土建竣工，2014年对外开学招生。

6. 企业天地项目：容积率面积44万平方米，由前滩公司自主开发，将成为集聚中外现代服务业企业总部的重要办公基地。总量17万平方米的企业天地一期、二期已开工建设。

2013年，前滩各项工程总投资额超过50亿元；吸引内资增资超过60亿元。

2013年的前滩开发紧抓"两个先行、两个并行"，使得前滩整体面貌在"三年出形象"阶段的第二年有了实质性的突破，也为2014年开发工作奠定了稳健基础。具体是：

地块动迁与基础设施建设基本完成

2013年1月，前滩地区控规附加图与前滩国际商务区地名相继获批。3月，经浦东新区规土局协调，公司与土储中心签订了土地出让合同补充协议，同时完成了土地年限补地价、土地边界调整工作，取得了前滩一期经营性土地的小产证，为供地工作奠定了基础。

动迁工作取得突破性进展，已完成了大部分居民和村镇企业的动迁。地面建筑已经拆除完毕。前滩土地基本变为"净地"，为友城公园、小黄浦河道改造、市政道路一期等工程的推进以及雨水泵站等工程开工开创了有利局面。

2013年8月31日，前滩首批18条市政道路和3座桥梁，总长约12.9公里，116公里各类配套管线全线贯通，标志着前滩路网格局基本形成。荒地变成了熟地，地块形象大为改观。

小黄浦河道改造工程历时6个月，完成了防汛墙工程和泵闸设备施工，抢在2013年5月汛期前安全开闸通水。

2013年，友城公园的二级防汛挡墙新建工程与一级防汛挡墙改造工程，即全部防汛墙工程，以及其他公共绿地的景观工程也已开工。建成后，友城公园将成为前滩公共绿地景观工程的重要内容之一。

重要功能性项目相继开工

前滩重要的教育配套项目之一——上海惠灵顿国际学校自2012年11月25日开工以来，经过9个月建设主体结构封顶，2013年土建竣工并完成80%精装修工程。2014年8月，该校正式落成，对外招生，为前滩地区注入独特、活力、优质的品牌教育力量。

2013年9月12日，前滩公司与新加坡莱佛士医疗集团签订了合作框架协议，协力开发前滩最重要的医疗配套——国际医院项目。新加坡莱佛士集团是新加坡最大的私人医疗集团，在心脑血管、肿瘤、骨科治疗上享有盛誉，前滩致力于打造高端社区配套医院，该医院的建立将是前滩国际医院提供高水平医疗保健服务的有力保障。

由前滩投资公司与上海电力公司合资建立的上海新能源发展有限公司于2013年3月正式挂牌成

立，投入前期运营，进行了能源站可行性研究，协商天然气、电源接入事项，完成建设用地出让方案与价格评估以及项目地块的详勘工作。

核心区四大综合体招商落地

"A组团"项目规划有一个12万平方米的商业广场与办公、住宅、高端酒店，其商业项目的开发品质对整个核心区的能级与投资环境有着举足轻重的影响。公司启动了该项目潜在投资者遴选机制，积极和各类优秀企业洽谈，并多次赴美国、中国香港与台湾等地区，考察意向合作商的成功开发项目，希望通过反复比选、商谈，找到契合前滩开发理念的合作伙伴。

"B组团"占地逾10万平方米，建筑面积42万平方米，坐落在轨交3线会合处上方，是前滩最大的人流集散地，计划于此打造一个近10万平方米的低密度步行商业广场和酒店式公寓，形成前滩最具活力的城市CBD；同时通过核心区二层连廊和地下连通道，将人流引导至周边的商业综合体。2013年6月28日，陆家嘴股份公司通过公开市场交易获得B组团项目公司（上海前滩实业发展有限公司）60%股权，涉及金额45.15亿元。四大综合体中，B组团率先落地。该组团中高270米的前滩标志性超高层建筑"2进1"方案也已确定。

"C组团"于2013年7月与美国铁狮门公司达成部分股权转让协议。铁狮门公司为纽约标志性建筑洛克菲勒中心和克莱斯勒中心的所有者，拥有欧美先进的开发理念和成熟的地产运营机制，将与陆家嘴集团共同开发这个规划容积率35万平方米的"北美中心"项目，以吸引欧美跨国企业为主的外商落户浦东，形成前滩500强企业的集聚地。

"D组团"中的40号地块于2013年9月由亿城集团成功摘牌，单价为2.89万元/平方米。40号地块为商办、住宅混合用地，住宅性质占了地块总面积的一半。作为首幅在公开市场完成土地转让的前滩地块，为前滩后续土地出让提供了非常重要的价值参考。

（综合2013年11月8日《鼓足干劲，力争上游，全速推进前滩开发》等资料）

向着"五年出功能"的目标挺进

2014年，前滩开发实现三个目标：

一、核心区及功能性项目开工建设总量逾100万平方米；

二、公共配套及景观工程开工总量逾100万平方米；

三、为浦东新区贡献土地收入约68亿元，借此实现固定资产投资超80亿元，国内投资超60亿元。

动迁工作全面完成，园区管理渐成体系

2014年第二季度，前滩地区动迁清盘工作全面告捷，项目进展障碍全部扫清。在城开公司的不

懈努力下，因动迁受阻的最后百米道路施工已全部完成。至此，困扰前滩开发长达一年多的难题得以破解。

2014年上半年，土地供应工作取得阶段性进展，能源中心项目与国际学校操场分别于年初取得了供地批文和土地证；举足轻重的社区配套项目——莱佛士国际医院项目申请用地规划调整（用地性质由C6调整为C5）及协议出让的请求得到了浦东新区政府的同意。

基础设施基本建成，景观绿地全面动工

随着居民动迁全面完成，前滩一期道路及管线工程施工受阻的最后百米路段已于2014年2季度末竣工验收。

2014年年初，小黄浦河道全线贯通，小黄浦集中绿地与体育场的施工于4月底完工。前滩最早动工的滨江景观绿化工程——友城公园防汛挡墙全部建成，配套建筑地下部分实现结构封顶，正进行地上建筑及绿化景观部分的施工。

2月20日，前滩雨水泵站项目正式开工，其位于滨江休闲绿地内部，预计2015年汛期前完工并投入使用。该项目将成为前滩最重要的排水防涝及水资源处理调度设施。

6月17日，第二个景观项目滨江休闲绿地（防汛墙工程）开工建设。为打造独一无二的滨江岸线，前滩公司还邀请了几位国内新锐设计师为友城公园及滨江休闲绿地设计了9座建筑小品。截至6月底，前滩三大绿化景观工程全面动工，向着公建及景观配套开工量达到100万平方米的目标迈进了一大步。

自建项目相继开工，主力项目如期进展

1月9日，企业天地一期项目取得主体部分施工许可证。

4月18日，企业天地二期项目（桩基工程）开工，这也是2014年前滩首个开工的自建项目。占地1.7万平方米，总建筑面积近13万平方米，包含2幢高100米的塔楼和4座裙楼，预计在2017年竣工。

6月20日，企业天地三期项目（桩基工程）开工，其占地面积与总建筑面积与二期相当，由2栋16层的办公楼及公寓式酒店、商业裙房组成，将与二期同年竣工。这两期项目的开建，标志着2014年前滩自建项目开工总面积达25万平方米，约占主力功能性项目开工目标的四分之一。

（综合《上海前滩国际商务区投资有限公司2014年上半年工作总结及下半年工作计划》等资料）

前滩航拍图（2012年摄，右侧白色的圆形建筑物为东方体育中心）

建设一个全新理念的前滩国际商务区

前滩地区实际上蹉跎了10年时间，大家都认为无从下手，一直闲置着。最早是环球影城的选址，2001年、2002年为环球影城的建造，已经完成了80%~90%的动迁工作，然而，环球影城的项目最终下马。前滩地块何人来做？浦东新区政府经过酝酿，决定给陆家嘴（集团）有限公司机会，让陆家嘴（集团）有限公司再一次担负起开发的重任。

我们在陆家嘴开发建设了二十多年，有团队、有资金、有经验，各项要素都具备，正苦于无处发挥。1990年，陆家嘴金融贸易区开发公司成立之时，只有一张工商执照，没有土地，没有资金。如今，我们有经验、有资金、有团队，进驻开发比较顺利。我们干得顺风顺水，历时半年时间，规划全部完成，这样的速度让人折服。通常这样的地块规划至少要1至2年，1990年陆家嘴金融贸易区开发公司成立后，陆家嘴的规划做了三四年，直到1993年时才完成。

浦东开发初期做基础设施建设，我们美其名曰：滚动开发。其实是穷人在修路，因为缺钱，所以不断地用卖地所得到的款去修路，周而复始。现在，截然不同，不再是小米加步枪。十几条道路一次性完工，在1年之内，道路市政建设全部完成，所以是顺风顺水。开发陆家嘴的10条不足，现在成为我们在前滩开发中极为注意的10点。我们将努力克服这些缺点后，剩下的就是优点了。况且，我们经过了这么多年的实践，懂得要弥补当年的不足。所以，这里的规划没有犯大的错误。真正困难的是先进的城市开发理念和落后的城市规范矛盾，执行者和规划部门的意见不一。

我在外高桥新发展公司工作时，心里一直比较忐忑，不知道钱投入后是否正确，不知道土地开发是否正确。但，开发前滩，心里就比较有底。然后，开发临港也是如此。现在开始要振兴临港，我们是第一批冲锋队。一般人没有这个机会，我们正好有这个机会，没有什么特别。做开发区有一个好处，你可以看着这片区域一点点的成长。我认为，前滩这块地方绝对不会成为"鬼城"。

我们第一个项目就是建造学校，建幼儿园、小学、中学。惠灵顿国际学校现在人满为患，国庆节期间每天有四五十批人自发前来参观。我认为，大学对社区没有意义。对于社区而言，最有意义的是幼儿园、小学、初中。幼儿园面向社区的孩童，就会有人愿意来住。我们一直有个误区，认为高级住宅集中的地区就是好的社区，其实不然。最好的社区，首先要有最好的学校、最好的医院。如此，才会有人因为要进入这个学校而入住社区。我到欧洲去考察，看了许多城市，问他们，什么是最好的社区后，才知道，我们的认识是有偏差的。

金桥的碧云社区一共有两个国际学校，平和学校算半个，仅这两个半的学校就引来2000多户居民集聚碧云社区。此外，我们在陆家嘴建造了一个日本社区，边上有座日本学校，一下子引来了1000多户居民居住，其中一半的居民居住在公司建造的东和公寓，剩余的一半入住了周边的香梅花苑等社区。所以，一所学校是一个社区的灵魂。

前滩地区也是如此，惠灵顿国际学校建成后，地价飙升，变为学区房。这是前滩地区不会成为"鬼城"的首要原因，第二个原因，前滩地区地理位置极佳，地铁到人民广场15分钟。到浦西的交通极为便利，到虹桥枢纽半个小时，到浦东机场也只要半个小时，所以绝对不会成为"鬼城"。一个地区是否会变为"鬼城"，最重要的因素就是人们能否在这里安居乐业，有好的居住环境、有好的工作。

我心中最有底的是，有一大批客户想要进驻前滩。陆家嘴开发初期，不全部是金融机构，有许多是实业公司的总部与各省、部的大楼，这些客户是以"央企"为主；第二类是外地的民营企业，发达后将主要力量放在上海，放在陆家嘴。

金桥公司有个副总辞职后，去了全国最大的一家不锈钢企业。据说，这家不锈钢公司在全国各地设有工厂，但公司总部在金茂大厦。还有舟山的一家房地产公司总经理说，在舟山发了很多广告招募人才，但招不到人。别人一听是舟山地区的房地产公司，便无人问津。之后，他到陆家嘴租了个办公楼，成立了上海某某公司，办公地点设在星展银行大厦里，再向市场招聘。招聘时有一个条件，要到舟山去出差，额外支付出差补贴，求职的人竟然门庭若市。在求职者看来，到陆家嘴工作，去舟山出差，还有额外补贴，极有吸引力。但这类人现在大都被陆家嘴（集团）有限公司拒之门外，因为他们的价值观与我们不同。

建设国际金融中心就是要引进越来越多的金融机构入驻，金融机构对租金的承受力更高，面对租金上涨，金融机构可以承担，但一般的公司就无力承担了。很多企业因租金原因被迫搬离陆家嘴。

有一家日本公司，是金桥开发公司引进的最大项目。他们的公司在陆家嘴办公，结果租金上涨到7元/平方米·天，无力承担了，就四处寻找办公楼。全上海办公楼的品质与此相当的、价格又可以控制在6~7元/平方米·天的，只有漕河泾地区了。他们要将公司搬到漕河泾去，竟引发了员工的不满。员工表示，他们到公司来工作就是看中了公司位于陆家嘴，所以不愿意到漕河泾去上班。无奈之下，公司总经理就来找我说，公司搬到漕河泾去，就会面临着解散。他问我，还有没有其他等价、等质的办公楼可供租赁？我向他介绍软件园地区。他看了良久，认为软件园的办公楼环境过于朴素。如果现在他再来找我，我会向他推荐前滩地块。其实，我们现在从事的是服务业，服务业一定要在办公楼中经营。办公楼，特别是甲级写字楼，或者扩大到周边配套环境，是现代服务业的基础设施。俗话说"巧妇难为无米之炊"，公司再强大也无法在马路上办公。因此，前滩就可以承接陆家嘴的第二档租户大军。陆家嘴租100元，我们可以租70~80元，这样的生意永远做不完。

前滩地区的名字叫"前滩国际商务区"，国际商务区的规划定位是"一个定位、三个功能"。

一个定位是上海城市中心3.0版本。上海作为一个现代化的经济中心城市，1.0的版本在外滩，外滩是上海城市中心的象征，是帝国主义创造的；2.0是陆家嘴，陆家嘴是改革开放的象征，是中国共产党人创造的新的城市中心，现在代表上海的形象。3.0版本，不是在更加高的高度上去冲击，也不是要建设600米高、800米高的大楼来超过陆家嘴，而是要解决内在的灵魂问题，解决它的合理性，解决由于当年经验不足犯下的10条不足。前滩地区较陆家嘴地区没有高度上的优势，但可以更为科学、更为合理。我们定位引进3类人，这3类人还可能会带动10类人。

第1类人。上海是全中国最大的国际化大都市，有55万外籍人员，成为超过北京外籍人口集聚最多的城市。外籍人士在一处生活，需有共性和个性的需求平衡。共性就是要融合中国文化，个性就是要适合外籍人生活习惯的配套。这是我们的一个定位，前滩地区将被打造成为最适合外籍人士居住的国际社区。外籍人士，首先需要学校，我们拥有全上海最好的国际学校，许多外籍人士听闻这个学校都要肃然起敬。第二，需要医院，我们这里是全上海首个在社区中规划国际医院的国际社区，引进了新加坡最好的莱佛士国际私人医院。第三，需要户外休闲体育活动场所。前滩2.8平方公里，一个街道中不仅有10万平方米的足球场、网球场，还有高尔夫练习场，这些全部都对社区居民开放，这是在上海找不到第二处的绝对物超所值的住宅。前滩地区将打造成为最适合国际家庭居住的社区。

第2类人。最适合中外中小企业总部入驻的地区。全世界的公司分为大公司、小公司两类公司。大公司不是政府部门服务的主要对象，他们的作用较政府有过之而无不及。政府部门服务的主要对象是中小企业。美国50个州，每个州在上海至少有十几处商务办事处，这些办事处的主要职能是帮助州内的中小企业到中国来发展，包括各类贸易、投资、实业企业。欧洲也是如此。中小企业是大型企业的基础，是国家吸收劳动力的基础，所以中小企业非常重要。赢得中小企业就是赢得未来。众所周知，中小企业大部分都是民营企业。上海有两种中小企业，一种是外资中小企业。第二种是国内民营企业，发展到一定程度，或要走向全国或要走向世界。从小地方出来首选肯定是上海。上海的首选，之前是陆家嘴，以后一定是前滩。他们入驻前滩后，信息等条件各方面都会有新的突破。所以，这个地方是国内外中小企业总部集聚的地区。

第三，是最适合体育、文化、艺术、时尚产业发展的地区。前滩除了有东方体育中心之外，上海各产业中真正有竞争力的、尚未全部开发的是文化产业。早前，市里的领导同志来调研时，我向他们提出了我的想法，得到了认同。

文化产业是个天才行业，靠人的脑袋，一夜睡醒就可能出现一个好的创意、好的故事、好的剧本。但这个行业是重资产与轻资产结合的行业，天才面临资金短缺，很多构想就无法实现。举个例子，有好的想法、好的故事，最多完成剧本，但需要有人投资，演员、摄影棚都需要资金。我们这里做的事情，就是将天才与基础设施相结合。由我们投入重资产，加上天才的碰撞，一定会取得成功。

韩国在这方面就是花了大力气，引发了"韩风"、"韩潮"，韩国的电视剧在亚洲地区是最成功的。我们要做全上海甚至全中国最好的文化孵化产业基地。其中，包含了将故事变为最终产品的全部过程。但这仅是其中之一，另外，我们还要打造消费类的文化产业。上海最好的剧场是上海大剧院，但在国际上只能算是二三类。上海惟一做得较好的是奔驰中心，拥有全世界演出的网络资源，但奔驰中心本身是个体育场。在美国，最好的剧场是大型的剧场，不仅可供人民集会、演唱会使用，还可供大型庆典使用。

此外，艺术品（奢侈品）的消费、艺术品（奢侈品）的房地产。艺术品（奢侈品）放在何处？静安区"11·15"火灾后，有些赔偿的账目结算不了，原因在于有两类账无法清算。第一种，是从小到大的证书都被付之一炬了；第二种，拥有的艺术品是无价的，无从查证。艺术品之所以被烧毁了，在于没有找到合适的放置场所，如果放在安全的地方就不会发生这样的事情。这就是奢侈品房地产产生的原因。

我们要做奢侈品的收藏中心，类似于银行保险箱。我们可以向客户承诺，不仅原子弹炸不掉，火也烧不到，水更淹不了。这是我们的优势，不仅可提供百姓存放房产证，甚至可提供一个房间。我们正在和欧洲第一保安公司接洽。目前，上海最便宜的保管箱也要几百元，按照平方米算也不便宜。我们做艺术品的消费，不是去拍卖，而是做艺术品的基础设施，无论是谁拥有这些艺术品，都能成为我们的客户。

前滩有3个大功能：最适合国际家庭居住；最适合中小企业成长；最适合文化、体育、艺术产业的入驻。■杨小明

（本文根据记录稿整理，未经本人审阅，标题为编者所加。）

附记：

2014年12月16日，杨小明在前滩指挥部与上海新闻界的两位资深记者倪祖敏、吉建富就前滩国际商务区的建设作了一次深谈。从此次谈话的内容中至少可以认定，杨小明是一位敢想敢干的实干家，而且还是一位充满了青春活力的思想者。

正因为有了杨小明的这种"想象"，所以就有了上海陆家嘴（集团）有限公司的创新、转型，有了昂首挺胸走向可持续发展道路的坚定信心。正因为有了杨小明这种大胆的"想象"，所以，上海陆家嘴（集团）有限公司能够在前滩毫无畏惧、得心应手地大胆"干"起来。所谓"艺高人胆大"，大概就是这种境界。凭着高超的技艺和思想，在前滩施展拳脚，因此可以无往而不胜了。

挥师南下 进军临港

2013年上半年，浦东新区区委、区政府向各大开发公司下达了"挥师南下，进军临港"的战略部署，这既表达了浦东新区加快临港开发的坚定决心，也显示出政府对开发公司的未来发展方向寄予的厚重希望。

2013年7月4日～5日，陆家嘴（集团）有限公司召开全系统干部会议，传达了浦东新区政府关于开发公司要发挥主力军、野战军的作用与挥师南下、进军临港的动员令。会议就如何贯彻落实新区政府要求，进行了深入讨论，并达成共识：积极投身浦东新兴区域的项目开发，努力再铸浦东"二次创业"新辉煌，开辟集团自身发展的新天地，充分运用陆家嘴（集团）有限公司主持过城市开发和运营博览中心的宝贵经验，决心在临港打造一个以会展、旅游、文化功能为核心，集展览、会议、度假、休闲、娱乐、餐饮、购物、酒店等业态为一体的综合性城区，从而达到"旅游汇人气、会展强功能"的目标。

作为上海"十二五"期间六大重点战略区域之一，临港既是浦东"二次创业"的重要载体，又是历史赋予陆家嘴（集团）有限公司的难得机遇。

作为国有开发公司，陆家嘴（集团）有限公司不仅要有"责无旁贷转战临港"的国企使命感，更要树立"走出陆家嘴开辟新战场，才是集团可持续发展道路"的企业发展观。将浦东开发大局与公司市场化改革的要求紧密结合，在更广阔的天地里，更大程度地发挥和提升陆家嘴（集团）有限公司在城市功能开发领域的核心竞争力，为临港等新兴区域的经济发展和产业转型做出贡献。

集团在贯彻落实去临港"带资金、带团队、带项目"的指示时，牢牢把握住了两个关键因素：一是做好内部资源的整合；二是争取新区支持，创新开发体制。

内部资源的重点整合

一是团队组织。"南下"团队的干部配置、薪酬管理、绩效考核要更符合市场规律，更体现市场价值，以激发员工的积极性和潜在生产力，培育团队成员对此项事业的使命感、成就感和荣誉感。开展了"临港项目开发指挥部总指挥"人选的"公推直选"，并积极动员集团系统各有关单位做好人员选拔的准备。

二是加快国企改革，整合内部资源。打破集团系统内，股份公司和集团公司分立分治的局面，形成一级开发、二级开发和金融投资等3个竞争力的共振效应和协同效应。

三是项目选择。根据临港管委会的要求，集团主要领导牵头成立了"临港投资项目前期工作小组"，开展临港会展中心项目的实地考察；并启动了投资可行性研究，提出了项目投资的第一批问题

临港地区

清单。会议强调，要充实工作小组成员，在前期的研究基础上进一步深化，尽快制定初步的项目选择方案和投资决策方案。

创新开发体制与机制

与浦东新区相关部门共同研究临港开发的商业模式，建立相应的责任体制和激励机制，使开发公司有积极性，使团队有活力。陆家嘴（集团）有限公司既要圆满完成浦东新区政府下达的开发任务，更要实现国有资产的保值增值，创造国资的良好回报。

根据浦东新区区委、区政府"挥师南下、决战临港"的指示，陆家嘴（集团）有限公司组建了专业团队进驻临港现场开展工作。在2013年底前，基本完成了项目前期投资可行性评估与功能定位研究，并与利益相关方进行了多轮沟通；牵头组建了陆家嘴临港指挥部，广泛招贤纳士，指挥部积极与当地有关部门沟通，加快项目选址、买地，开展规划编制等前期工作。

在半年多的时间里，陆家嘴（集团）有限公司统一思想、攻克难题、另辟蹊径，把对城市开发数十年的丰富经验融入临港会战的构想之中，充分体现了陆家嘴（集团）有限公司的智慧和实力以及服从党的领导、推进浦东开发大业的坚定信念。

陆家嘴（集团）有限公司敢干事、干实事、干成事的工作态度，以及临港团队高效、高质量的工作业绩，赢得了浦东新区区委、区政府的充分肯定。虽然集团派驻临港的团队，大部分由年轻人组成，但他们没有丝毫的"骄、娇"二气，也从未因地处偏远、交通困难而叫苦叫累，所有同志几乎都是日夜驻扎在当地，一到两周才回家一次。他们默默无闻、任劳任怨的工作作风，体现了一支"野战军"部队的大局观和战斗力。

（综合2013年7月至12月间陆家嘴集团有关临港资料）

展望前滩，展望临港，这是一部还没写完的故事，或者说，是一部还在继续书写的故事，她将掀开人们畅想更加美好未来的大幕。

从城市形态来说，陆家嘴在建筑上已饱和，在功能上有待更丰满，还在发展。今天，陆家嘴（集团）有限公司又碰到了一个很好的发展机遇和计划，就是在浦东前滩地区有一个很好的下一个10年发展规划，将来黄浦江沿线会出现"陆家嘴"和"前滩"这一对双城。将来还会有一组城市：在黄浦江上游有前滩和徐汇滨江，下游有陆家嘴、北外滩，再下去是自由贸易园区，前景无限看好。

从陆家嘴到前滩——黄浦江上的未来双城。我们期待着下一个10年，浦东将更加辉煌，更加美好，更加开放！

上海临港国际会议中心（一期）酒店会议中心

如果今天我们再建陆家嘴

　　20世纪50年代的曹杨新村、闵行新城；60年代的梅山钢铁基地、金山石油化工基地；70年代的曲阳新村、田林新村；80年代的宝山钢铁基地、虹桥开发区、漕河泾开发区；90年代的陆家嘴、金桥、外高桥、张江开发区和浦东空港；21世纪的松江新城、芦潮港新城、大小洋山深水港和世博会区域，都是上海土地成片开发的典型代表和成功案例。

　　上海土地成片整体开发最大的好处是能够在较短的时间里迅速形成产业功能和城市形态，从而成为城市发展在某一阶段的主要推动引擎。

　　陆家嘴中央商务区是上海市中央商务区的最重要的组成部分。陆家嘴中央商务区的发展为上海的城市建设形态和产业功能发展，提供了坚实的平台和强大的推力。但是，在陆家嘴中央商务区的建设过程中也的确出现了一些不足和缺陷。从今天的角度看，最大的一个问题是在分期、分片、分项目的开发过程中，立体公共空间的利用程度不高，土地资源附加值放空，公共配套实施建设不同步而且滞后，结果，在开发完成后很快就产生了生态、交通、商业服务和区域功能等方面的遗憾。

　　这些不足和缺陷与开发建设过程中客观存在的宏微观环境密切相关。我们的规划理念跟不上发展的需求，开发和管理经验显得相对稚嫩。在东亚金融危机时，抗风险能力显得不强，在对市场真实需求的理解和金融贸易发展潜力的预判也出现过偏差，以及在总体规划整体开发过程中对项目实施的监管缺位和乏力。例如：陆家嘴中央商务区域中的楼宇建设进度差异化很大，地下公共空间缺乏有效利用，地面交通连接组织一直未得到改善；也出现过烂尾楼盘；为了功能的实施和呼应全国支持浦东开发而用较低的土地批租价格出售给一些外省市和中央单位，但建设竣工交付使用的楼宇有的自用功能比例并不高，造成资源放空和功能转移；一些规划的调整缺乏长远考虑，有一定随意性，项目之间的部分公共设施相应滞后。

　　将陆家嘴中央商务区开发建设的主要不足进行归纳，有以下几点：

　　一、配套问题。在陆家嘴中央商务区规划实践过程中，强调了CBD地区以集中建造高档金融写字楼为主的发展模式，对构建完善的城市服务体系，保持区域配套的平衡发展重视不够，这直接影响到了功能区的作用发挥。

　　办公方面，在密集的办公楼宇内外，严重缺乏能够满足白领工作群体不同消费需求的商业分布和服务网点。在旅游方面，尽管由于滨江绿地、中心绿地、东方明珠、金茂大厦和水族馆等标志性建筑的存在，吸引了大批中外游客到陆家嘴来观光，但在软服务方面仍相当缺乏，影响了游客的滞留时间，带动消费有限。

　　二、交通问题。陆家嘴中央商务区交通线路不少，但是车流人流却都感到不方便，隧道口附近的道路白天拥堵已常态化，这种状况已经严重影响到陆家嘴服务产业的进一步聚集。

　　根据1995年《陆家嘴中心区城市设计报告》中所做的建议，整个中心区内从地下二层至地上二层均为连续的商业和交通服务设施，然而，从实际的建设情况来看，根本未实现这样的目标。

　　尽管在陆家嘴中心区的规划中对四通八达、舒适宜人的步行系统做了细致的安排，但在实际建设中，世纪大道和陆家嘴路对步行空间的分割作用非常强，导致了在这一带，步行系统非常不便。另外，在陆家嘴中央商务区还普遍存在着停车难和公共交通不完善的缺陷。

　　三、容量问题。1.7平方公里的陆家嘴，通过十多年的发展，办公、金融、会展、旅游、休闲、购物、宾馆和高档居住等功能已经具备，地块批租工作也已基本完成，460万平方米的建筑总量已经基本完成。从已经建成的楼宇看，普遍出现租金高、入住率高、空置率低、需求旺盛的情况。随着开发的逐步深入，规划中的入驻企业的容量、工作人员的容量、旅游购物人员的容量、停车泊位的容量、商业设施的容量、交通车辆的容量等都将受到严峻考验。这些容量之间是否能够平衡协调也将受到实践检验。

　　总之，陆家嘴这个地方发展太快了，有很多准备不足。一个是强调金融功能，生活的东西少了些，居住、商业、文化娱乐少了些。第二个是陆家嘴项目地块比较小，楼都像铅笔一样往上长，空间狭窄。第三个是交通问题。第四个是环保节能问题。讲得再细一点就是：

　　一、规划功能比较单一。那时候提出建金融贸易区，省部楼基本不往里放，只放金融楼办公楼。所以，城市概念不丰满，这是个办公集聚区，是城市的布局，但是就面积1.7公里来说，不构成完整的城市功能概念。

　　二、地块划分比较小。这直接导致了建筑尺度受到限制，建筑形态也比较单一。楼宇都像铅笔一样，这是我们的规划有缺陷。当时做地块规划时，需要考虑能否卖得出去的问题，还有动迁的问题，所以地块都比较小，除了3幢超高层，其他每块仅仅1万至2万平方米左右，使得建筑形态都比较单一，只有证券大厦是两块地连起来开发的。

　　三、地面车行交通系统不合理。当时的设计是英国人设计的，最后出炉的完美的车行系统是双层道路系统，很先进，但那时候根本没有条件去实施，这就导致了现在整个地面交通流量能力不足，交通也不是很通畅。

　　四、城市地形本身的缺陷。陆家嘴的地形是盲肠段的端头区，特别是与外部的交通系统联系困难，过江的能力不足。由于功能设置的单一，使得高峰时候的交通单向性拥堵比较突出，这主要是由于区域内较少居民，没有晚上足够的使用人群造成的。

　　五、未实施空中连廊。其实，当时的规划是设计了二层连廊，但是没有能力去实施，导致了行人出行不方便。

六、地下空间缺乏整体联系。没有将地下空间进行整体开发，而且停车位不足，当时的设计是2万个停车位，现在还是这样，完全不够。其实，当时参观过加拿大蒙特利尔的地下空间开发，看都看了，想都想了，但是做不起来，既没钱也没能力。直到现在还是地下空间开发成本比地上的还高。

七、沿江设计需要完善。沿黄浦江富都段保留了一段样板段，对防汛墙进行了抬高，景观也比较好，但没有完全沿滨江连起来，虽然有局部地区抬高的步行道，但实际上是分割的，所以陆家嘴中心区滨江设计方面还有需要完善的地方，包括亲水段，标高设计得比较低，一年潮汛下来有几次被冲没。想得蛮好，还有冲水系统，但是潮汛一来就不行。

八、未考虑自行车线路。当时的设计是没有自行车系统的，这是当时国际、国内30个专家反复论证的结果。由于双层车行系统，所有自行车不许进陆家嘴，但是没有替代方案，其实，上班的时候，快递、自行车都进去的。这个问题到现在还是没有解决。

九、没有集中供热蓄能和其他区域性的节能环保方案。这点也是陆家嘴中心区当初规划的不足。

十、中心绿地未设置大型公共活动场所。中心绿地除了观光的功能外，还应该设置足够的举行大型公共活动的空间和设施。不光能看而且要能经常用。

陆家嘴中央商务区有许多东西是很值得反思的，假如今天我们再建陆家嘴，可以做得更好。

（综合陆家嘴集团《2013年滨江公司工作务虚会》等资料）

展望陆家嘴金融城的开发建设

由于历史原因，对于陆家嘴这一区域存在着多种叫法，如："小陆家嘴"、"中央商务区"、"CBD"、"1.7平方公里"等。

时任上海市市长的韩正在2009年1月14日的上海市十三届二次人代会的政府工作报告中，第一次提出了"陆家嘴金融城"的名称，并获得人代会的通过。这是第一次在市政府的正式文件中明确了"陆家嘴金融城"的名称，这对陆家嘴金融贸易区今后的发展具有十分重要的指导意义与理论基础。

因此，在新的形势下，非常有必要将各种叫法规范统一到"陆家嘴金融城"的名称下，赋予她更加符合发展实际需要并反映产业和城市功能的内涵。

2009年3月25日，国务院出台了《关于推进上海加快发展现代服务业和先进制造业建设国际金融中心和国际航运中心的意见》，明确提出要把上海建成与我国经济实力以及人民币国际地位相适应的国际金融中心。作为上海国际金融中心主载体的陆家嘴金融城，其开发建设更显得十分必要和紧迫。

展望陆家嘴金融城的开发建设，有以下一些问题值得思考。

一、陆家嘴金融城应有明确的空间地域

历史上，各国金融中心的空间面积都是由小到大逐步发展起来的，但也都遇到过空间不足的发展瓶颈。现在的陆家嘴金融城空间面积约1.7平方公里，现有的空间范围显然不能适应未来发展的需要。

从陆家嘴金融贸易区是"上海国际金融中心"的主要承载区角度来看，1.7平方公里的城市开发任务已经基本完成。需要给予适当的扩展，有一个既能满足下一个25年开发的要求，又能适应国际金融产业营运要求的相对宽裕的发展空间。

世界级城市的金融核心功能区，空间规模通常都在3至5平方公里范围，在其周边形成核心区的扩散区范围。在陆家嘴金融贸易区内有价值的可开发土地主要集中在这一区域里，可以释放巨大的城市开发能量。

在开发实践掌控上能与上海国际金融中心基本建成的时间节点匹配，易于在较短时间里取得成效。陆家嘴金融城范围的划定，并不会妨碍在金融城范围之外的金融企业享受区域功能性政策。

二、建设管理的体制创新

推动金融城的二次创业，必须在建设和管理的体制上进行创新，建立新的工作架构，否则难以聚焦和维系。但体制创新又必须震动小，成本低，衔接顺畅，便于出建设成果和管理成果。

研究建议设立"陆家嘴金融城管理局"，为陆家嘴金融城范围内行政服务一体化的专门管理机构，是浦东新区政府的派出机构。

研究建议组建"金融城理事会"，由金融城入住企业代表、金融城的社会贤达、金融城管理局代表组成理事会，是反映民意、从事民主评议和协商的社团法人，为金融城的城市建设、市场配合、公共服务、企业抒困、社会监督等项工作建言献策（类似政协的部分功能）。

研究建议成立"陆家嘴金融城顾问咨询委员会"，作为开放式的高层次区域公共议事组织，成员来自国内外金融功能机构的高端人士，实行聘用任期制，带有荣誉性。会议的核心功能是针对金融城发展过程中的规划、开发和管理等重大事宜进行决策咨询。

研究建议健全陆家嘴金融城司法体系。在建立陆家嘴金融城法院、检察院和仲裁委员会的基础上，进一步完善金融司法体系，专职服务于金融城内外涉及金融领域的商业纠纷、民事和刑事诉讼。

研究建议尽快制定《陆家嘴金融城管理条例》。充分运用浦东新区在市人民代表大会授权下的自行制定法律规划的权限，推进浦东新区的法制建设。以陆家嘴金融城开发建设为抓手，首先研究制定《陆家嘴金融城管理条例》。

三、尽快制定拆迁方案，突破动迁工作的瓶颈

目前，设想的陆家嘴金融城3.1平方公里的城市空间里，可再开发的土地为0.8平方公里。这0.8平方公里的土地开发，蕴藏着数千亿的巨大的城市开发和功能投资的能量。能否下决心实施这一地区的迅速动迁，实现这一地区的城市功能置换，将成为陆家嘴金融城二次开发的关键。

上海市中心城区的动迁工作实际上已处于难以为继的境地。主要表现在非动迁因素大量渗入，安置规章办法灵活机动，制约手段软化，动迁成本和动迁周期失控。现在的拆迁工作，本质上还是地方行政实体对被拆迁人的单向强制行为。如果现行动迁政策和办法不突破，金融城的后续开发建设只能是一句空话。

四、尝试创新开发措施

浦东新区早期开发实行的"土地空转"和"成片滚动"开发模式，在今天已受制于"政策"和"指标"因素，完全照搬套用已不可能。金融城的开发建设在路径和办法上，应该寻找新的创新突破。

建议在下列方面给予理解和支持：

（一）加强政府和开发企业的协同。依托上海市与浦东新区的产业政策和规划目标，加强对陆家嘴金融城开发企业的工作指导和支持力度。在新区党政工作会议、新区国资委系统工作会议、陆家嘴功能区域管委会与陆家嘴（集团）有限公司联席工作会议等不同层面会议中，强化协同，规范职责。

（二）确定国有开发公司作为金融城建设主力军的地位和作用。合理配置政府资源，强化陆家嘴（集团）有限公司的战略突破能力和资源调控能力，形成政府行政管理和国资开发力量的合力。

（三）软硬相结合塑造适合发展的新城区环境。在很长一段时间里，浦东新区是开发建设重于也优先于管理服务，反映出城市运营中的硬软两个方面手段措施相互协调配合还存在不足。从长远看，浦东新区还会走上"开发建设与管理服务相平衡"，"管理服务重于开发建设"的两个阶段。因此，现阶段金融城在开发建设的过程中，要特别注意软环境的培育、软手段的使用、软文化的发扬，主要表现为行政主体市场、主体分工合作的完善，监管服务体系的完善，不同产业融合配套的完善，工作生活和交通商业品质的完善。金融城的核心竞争力应体现在先进的城市发展理念和科学的公共服务系统配置，对上海国际金融中心的发展，提供生态环境贡献。

（四）坚持成街坊开发一次成型。金融城的未来开发必须严格实行街坊组团整体开发，以利于土地的集约和综合利用，以利于开发时序的缜密衔接，以利于提升土地的功能产出和整体价值。要实行地面开发和地下开发的捆绑规划，要实行经营地块和非经营地块的捆绑招商，要实行国有开发企业和社会开发企业的捆绑开发。

（五）创造新的融资平台机制。开发资金不足，融资渠道单一，一直是困扰浦东新区开发建设中的大难题。金融城开发既是长期投资，更是高强度投资，占用资金规模大、时间长是其投资特点。建议在浦东新区综合配套改革试点的范畴内，研究区域性土地住宅开发专业银行的具体方案，探索依托政府的专项企业和个人募集开发资金的体制机制，创建非银行民间信贷机构，积极争取中央相关部委办和上海市金融办的支持，率先在浦东先行先试。

（综合《陆家嘴金融城开发建设若干问题的建议》等资料）

附录一

上海陆家嘴（集团）有限公司系统主要投资企业

（截至2015年6月30日，按初次出资时间排序）

上海陆家嘴金融贸易区联合发展有限公司

上海陆家嘴物业管理有限公司

上海富都世界发展有限公司

上海欣州六里劳动服务公司

上海浦东陆家嘴置业发展有限公司

上海陆家嘴房产开发有限公司

上海陆家嘴城市建设开发投资有限公司

上海陆家嘴金融贸易区开发股份有限公司

上海陆家嘴城建开发有限责任公司

上海陆家嘴开发大厦有限公司

上海陆家嘴市政绿化管理服务有限公司

上海陆家嘴投资发展有限公司

上海陆家嘴东安实业有限公司

上海黄浦江行人隧道联合发展有限公司

上海新国际博览中心有限公司

上海钻石交易所有限公司

上海陆家嘴双乐物业管理有限公司

上海浦东陆家嘴软件产业发展有限公司

上海新高桥开发有限公司

上海陆家嘴联合房地产有限公司

爱建证券股份有限公司

上海前滩国际商务区投资（集团）有限公司

陆家嘴国际信托有限公司

上海陆家嘴动拆迁有限责任公司

上海锦安集贸市场经营管理有限公司

上海德勤投资发展有限公司

上海浦东新区锦杨综合市场经营管理有限公司

上海陆家嘴金融发展有限公司

陆家嘴国泰人寿保险有限责任公司

上海明城酒店管理有限公司

上海陆家嘴城建停车管理有限公司

上海陆景置业有限公司

上海陆家嘴展览发展有限公司

上海九六广场商业经营管理有限公司

陆家嘴东急不动产物业经营管理有限公司

天津陆津房地产开发有限公司

上海陆家嘴资产管理有限公司

上海陆家嘴东怡酒店管理有限公司

上海陆家嘴公宇资产管理有限公司

上海陆家嘴商务广场有限公司

上海陆家嘴金地停车场建设管理有限公司

天津陆津物业服务有限公司

上海申迪（集团）有限公司

上海陆家嘴浦江置业发展有限公司

东达香港投资有限公司

上海普陀陆家嘴物业管理有限公司

上海宝山陆家嘴物业管理有限公司

上海陆家嘴人才公寓建设开发有限公司

东顺（香港）投资有限公司

上海陆家嘴商业经营管理有限公司

上海前滩实业发展有限公司

上海前滩国际商务区运营管理有限公司

上海陆家嘴临港城市投资有限公司

上海陆家嘴至茂投资有限公司

上海益陆望投资咨询有限公司

上海陆家嘴新辰投资股份有限公司

上海浦东新区金色阳光养老服务中心

上海前滩国际商务区园区管理有限公司

上海商骋商业经营管理有限公司

天津陆津商业管理有限公司

附录二

陆家嘴集团历任党政领导

职务	姓名	到职时间
总经理	王安德	1990年7月
	康慧军	1998年5月
	杨小明	2004年5月
	李晋昭	2015年7月
党委书记	余力	1992年7月
	王安德	1996年5月
	康慧军	1998年8月
	杨小明	2004年5月
	李晋昭	2014年1月
党委副书记	王安德	1992年7月
	钱稼宏	1997年2月
	郑尚武	1997年10月
	黄建中	1998年12月
	朱国兴	2001年9月
	严军	2004年12月
	李晋昭	2007年10月
	徐而进	2014年2月
副总经理	余力，汪雅谷，郑尚武	1990年7月
	张哲	1993年6月
	严军	1995年7月
	张文雅	1997年4月
	黄建中	1999年1月
	毛德明，洪志华	2004年12月
	周路平	2005年3月
	徐而进	2007年12月
	王庆国	2008年8月
	郭林	2008年11月
	邹晶	2009年2月
	马诗经	2010年5月
	朱蔚	2012年8月
	卢梅艳	2012年11月
	文新春	2014年3月
	张浩	2014年9月
备注	本资料只收录了集团党委副书记、副总以上的到职时间，时间以区委或区府发文时间为据。	

编者说明

在本书的编写过程中，尽管编者对资料进行了认真的核对，但是，由于二十多年来，一些数量、名称、地域、计量单位随着形势的不断变化也发生了很大的变化，有着不同的叫法，而且，这种前后不一致的情况也存在于本书中，很容易引起读者的误解。其实，这并非是书中有差错。如：

1990年浦东开发开放时，陆家嘴金融贸易区被划定的面积是28平方公里，但是，随着时间的推移与形势的发展经过详细勘察，后来被调整为31.78平方公里。

书中所说的"1.7平方公里"、"小陆家嘴"、"中心区"、"陆家嘴中央商务区"、"CBD"、"金融城"，实际上都是泛指1.7平方公里的"陆家嘴金融贸易中心区"。现规范的名称应是"陆家嘴中心区"。

书中有许多诸如X-4、3-1-1、B-2-3的地块名称，系20世纪90年代开发初期的规划部门予以命名的。现在，此类命名的方式已经被停止，不再使用。

书中的"平方公里"、"公顷"、"平方米"，是在适用不同项目时使用不同的常规计量单位而已。计算土地面积时用"平方公里"；批租转让时用"公顷"；动迁时用"平方米"。1平方公里等于100公顷，1公顷等于1万平方米。

还有"轴线大道"、"中央大道"，实际上，就是后来正式命名的"世纪大道"。

另外，由于年代久远、一些资料已经散失以及出版时间紧迫等原因，本书无法运用统一的文体来编撰，所以采用了4种主要的体裁方式来叙述这段历史，即：一种是从1990年上海市陆家嘴金融贸易区开发公司成立以后的档案材料中摘取的；一种是一些亲历者提供的稿件；另一种是根据当事人的口述，经整理后载入的；还有一种是编者综合了一些资料进行撰写的。毋庸置疑，资料中自然有着不全或缺漏之处。敬请读者一并予以谅解。

再有，上海市陆家嘴金融贸易区开发公司与上海陆家嘴（集团）有限公司的关系。没有相关经历的人，是很难弄懂其中的变化由来，其实，这只是公司的发展沿革过程。

上海市陆家嘴金融贸易区开发公司是上海陆家嘴（集团）有限公司的前身。

1990年5月3日上海市人民政府浦东开发办公室挂牌，同年7月上海市陆家嘴金融贸易区开发公司进入筹建阶段。

1990年8月29日成立的上海市陆家嘴金融贸易区开发公司，注册资本为人民币1亿元，取得了注册号为1500438的《企业法人营业执照》，企业性质为全民所有制。受权负责我国唯一以国家级金融贸易区命名的"陆家嘴金融贸易区"的土地综合开发与经营。

1990年9月11日，作为浦东三大开发区（陆家嘴、外高桥、金桥）主力部队之一的上海市陆家嘴金融贸易区开发公司，在浦东由由饭店正式揭牌对外办公，由此拉开了陆家嘴金融贸易区开发建设的大幕。

1992年2月24日，上海市陆家嘴金融贸易区开发公司向上海市工商行政管理局申请将注册资本增加至7亿元，其中上海市信托投资公司出资3000万元，上海市财政局以出让土地使用权作为股本金出资6.7亿元。该次变更公司注册资本经交通银行上海浦东分行出具的《资金信用证明》和《验资证明书》审验，变更后的注册资本金额为人民币7亿元。

1992年5月19日，上海市建委下达沪建经（92）第430号文，批准上海市陆家嘴金融贸易区开发公司改制为上海市陆家嘴金融贸易区开发股份有限公司。总股本71500万股，每股人民币1元。其中：国家股67000万股，法人股3000万股，社会公众股（A股）1500万股。

1992年8月30日，上海市陆家嘴金融贸易区开发公司整体转制、在上海市工商局更名为上海市陆家嘴金融贸易区开发股份有限公司。

1993年6月28日，公司股票（A股）在上海证券交易所上市交易，以17.88元开盘、18.58元收盘；1994年11月22日，公司发行人民币特种股票（B股）正式上市交易。开盘价为0.780美元，收盘价0.822美元，最高价0.960美元。

1992年11月12日，因要继续承担政府交办的任务和进一步扩大开发，上海市人民政府浦东开发办公室下达沪府浦办（92）第145号文，恢复了上海市陆家嘴金融贸易区开发公司的建制与名称；同时明确，上海市陆家嘴金融贸易区开发股份有限公司为上海市陆家嘴金融贸易区开发公司的子公司。

1994年12月31日，上海市外资委颁发了外经沪股制字（1994）014号《中华人民共和国外商投资企业批准证书》，上海市陆家嘴金融贸易区开发股份有限公司的企业性质由内资股份企业变更为中外合资股份制性质，经工商局变更改名为上海陆家嘴金融贸易区开发股份有限公司。2005年12月，上海陆家嘴金融贸易区开发股份有限公司完成股权分置改革工作。

1997年12月10日，经上海市经济体制改革委员会作出的《关于上海市陆家嘴金融贸易区开发公司改建为有限责任公司并组建陆家嘴集团的审核情况的函》以及上海市人民政府市府专题会议纪要（1997-40）批准，由浦东新区国有资产监督管理委员会行使出资人职能，出资人民币17.432亿元作为注册资本，上海市陆家嘴金融贸易区开发公司在上海市工商局登记注册，变更为上海陆家嘴（集团）有限公司。企业性质由全民所有制变更为国有独资的有限公司，并成为上海市首批重点扶持的54家国有大型企业之一。

2007年11月，上海陆家嘴金融贸易区开发股份有限公司的国有股权正式划至上海陆家嘴（集团）有限公司名下。

2011年1月12日，根据上海市浦东新区国资委作出的《关于上海陆家嘴（集团）有限公司增加资本金的决定》，陆家嘴（集团）有限公司通过资本公积转增注册资本6.1411亿元，变更后的注册资本为人民币23.5731亿元。

后记

今日的陆家嘴不是一天建成的。1990-2015，25年间，沧海桑田。那一幢幢高楼大厦、一条条宽畅大道背后，凝结着多少费心的思量、忘我的投入？那一个个火热的日子、一幕幕动人的场景，让多少与这片热土紧密相连的人们，难以忘怀？

一念缘起。如果不是编撰《梦缘陆家嘴——上海陆家嘴金融贸易区规划和建设》这样一套兼顾史料价值和可读性的丛书，我们也许就会错失这样一次与历史精彩对话的机会。

所有的繁华，掩不住最质朴的心。当国外的规划设计师们艳羡中国同行能在有生之年亲历蓝图化作现实之时，曾参与陆家嘴规划编制和开发的建设者们想得更多的是如何才能更少地留下遗憾。"后人永远有比我们更先进的技术和更高的眼光，只要别人肯定我们的用心和勤奋，就已经很满足了"，老开发的话语，自谦中透出最朴素的情感——用心，将个体的命运和荣辱，与一个时代的变迁、一座城的崛起，紧紧连结在一起。

在本套丛书的编写过程中，最让我们感动的，也是这份用心。有一种精神，叫老开发精神；有一种情结，叫陆家嘴情结。它们在陆家嘴的开发建设者们的心中，用心浇筑，历久弥坚。

心有所属，才能心无旁骛。在"陆家嘴"的成长过程中，开发建设者们从未懈怠，一直在思考。当他们意识到，汇聚于此的人们不仅是为了工作，同时也在追求更加丰富、便捷的生活时，继续秉承开发初期"无中生有"、敢想敢做的精神，在科学论证的基础上，不断与时俱进、自我完善：滨江大道改造工程，在满足黄浦江防汛基本功能的同时，引入亲水平台、绿化景观和商业配套；斥资数亿元打造的陆家嘴二层连廊，将人车分流、改善交通的作用，与观光、餐饮、休闲等功能相融合，大楼之间实现的互连互通，也使工作、生活在这里的人们拉近彼此距离……一次次以人为本、因地制宜的实践，为整座金融城平添一道道新的风景,彰显"城市，让生活更美好"。"有苦干才有实绩，有智慧才有神奇，有忠诚才有正气"，这是陆家嘴人的自勉，又何尝不是今日陆家嘴所有成果的由来？

Epilogue

As Rome was not built in a day, so does Lujiazui. Everything has undergone enormous changes for the past 25 years from 1990 to 2015. Every skyscraper and every road is crystallized with endless thoughts and dedication. People closely connected to this precious land would never forget each and every fiery day and moving scene.

If it were not for this series of books with both historical values and readability, we would have probably lost an opportunity to converse with history.

A humble and pure heart cannot be covered by its superficial prosperity. While foreign architects envied their Chinese counterparts because of the chance they had to carry out their blueprints into reality, architects participating in Lujiazui planning were thinking of how to avoid regrets and imperfections to the minimum. "Future generation would always have more advanced technologies and higher visions than that of today's architects. As long as our diligence and hard work is acknowledged by others, we would be definitely satisfied." These words by today's architects show their purity and humbleness. They put their own destiny and glory together with the changing times and a rising city.

It is their devotion for this cause that moves us deeply during the process of editing this series. There is a spirit we call the old developer's spirit, and a complex called Lujiazui complex. They grow deeper in architects' hearts and stronger as time passes.

One cannot be easily distracted with a solid goal in mind. During Lujiazui's development process, architects and developers never got slack on the work, and kept their mind running all the time. They gradually realized people came to this land for not only their career but also a convenient and colorful life. So they kept on improving the planning as time advanced in a courageous and scientifically proving spirit: the reconstruction project of Binjiang Avenue introduced waterside platform, green landscape and commercial infrastructures without compromising flood control function of the Huangpu River; Lujiazui second-floor passageway that cost hundreds of millions RMB successfully separated pedestrians from vehicles to improve traffic. The passageway connected different buildings, which integrated sightseeing, dining and recreation around a single area and sufficiently shortened the distance among citizens living and working there. Every practice aiming at improving people's lives and local environment created new scenes for the entire financial town, perfectly illustrating the slogan "better city, better life". "Hard work brings achievement, wisdom brings amaze, and loyalty brings justice", this is how people of Lujiazui encourage themselves, and the reason Lujiazui thrives today.

几十位不同时期参与陆家嘴金融贸易区规划编制和开发建设的亲历者，投身本套丛书的编辑工作，秉承"开发者写开发，建设者写建设"的宗旨，近两年来，他们利用空余时间，查阅了25年累积的数以吨计的档案、资料，访谈了上百位的专家学者、老领导、老开发。在此基础上，反复甄别核对，精心研究编撰，从实践者的角度，对这段历史进行了深入的总结和反思，从而保证其史料性、准确性，同时又具有一定的可读性。

无论来自何方，去向何处，在陆家嘴开发建设的日子里，总有一种使命感牢牢牵绊。正是这份使命感，让陆家嘴的开发建设者们始终激情澎湃、继往开来。也正是这份使命感，让这些为金融城精心打磨一砖一瓦、悉心栽种一草一木的"园丁"们，敞开心扉，记录历史，为后人留下宝贵的精神财富。

上海陆家嘴（集团）有限公司携手上海市规划和国土资源管理局编撰的这套丛书，不仅如实展现了陆家嘴从一个开发区到一座金融活力城的建设成果，也忠实记录了其政策设计、形态开发和功能实现的实践历程，全面公开了截至2014年底，陆家嘴开发建设进程中的历年数据"家底"。以史为鉴可以知兴替，我们要做的，便是以一种尊重历史的态度，留下真实的印记。这是企业精神的体现，更是面对社会责任时的责无旁贷。

一千个人心中就有一千个陆家嘴。它是中国的，也是世界的；是不甘寂寞的，也是耐得住寂寞的……就像有人说的那样，这是一个有生命力的、活的城市，无数人怀揣梦想在这里启程，城市自身也在不断吐故纳新、修筑再生。每一个有幸与它结缘的人，共同的心愿是让它愈发美好。

本套丛书的编写，很荣幸得到了曾参与浦东开发的老领导的支持和鼓励。我们将其中历年浦东新区（开发办、管委会、区委区府）主要领导对陆家嘴的讲话摘录编辑成《寄语陆家嘴》，放在本套丛书的首页，以此作为陆家嘴25年发展历程的精华浓缩，也是对今后陆家嘴开发建设的一种激励和鞭策。

Dozens of architects and developers that had took part in the planning and construction of Lujiazui Finance and Trade Zone in different times dedicated themselves to the editing work of this series. They took responsibility of different chapters in accordance with their own occupations, looked into tons of documents and files in the past 25 years during off-work time, and interviewed hundreds of experts, senior government officials and developers. On the basis of these researches, they made careful selections and comparisons to conclude and retrospect the course from their own experiences, which guaranteed the books historical view, accuracy and readability.

No matter where the past came and where the future holds, a sense of commitment have always stayed with us during those constructing days. It is this sense of commitment that keeps people devoting themselves to Lujiazui's passionate development. It is this sense of commitment that keeps the gardeners who planted trees and polished the bricks open their heart and mind to record the history, which would be spiritual wealth for generations to come.

With the cooperation between Shanghai Lujiazui Development(Group) Co., Ltd. and Shanghai Land Resource and Planning Bureau, they successfully showed it to the public the construction achievements of optimizing Lujiazui from a developing zone to a financially active town, and also the practice course of its policy design, morphological development and function realization using data of each year's construction process until 2014. As a Chinese idiom goes, mirror of history can reflect failure and success of the present. What we try to achieve is to record the truth with a respectful attitude toward history. This is a testament to the entrepreneurial spirit and the unshakable social responsibility.

Everyone has a different image of Lujiazui. It belongs to China, and to the world. Sometimes it is quiet, sometimes not. It is a vivid and lively town that evolves and restores every day, with countless people coming here in a hope to realize their own dreams. Each person who is lucky to get to know this town has a common aspiration to make it better.

This series was supported and encouraged by dozens of officials once participated in the development of Pudong District. We selected a few speeches by major officials from Pudong Development Office, Administrative Committee, Pudong District Committee and Government as Wishes for Lujiazui in the first few pages, an epitome of the 25-year developing course and motivation for the future.

与此同时，浦东新区发改委、规土局、经信委、商务委、陆家嘴管委会、浦东改革发展研究院、浦东规划设计研究院、上海市规划设计研究院、同济大学、上海交通大学、现代建筑设计集团、上海期货交易所、上海钻石交易所等诸多相关单位的专家学者、领导以及关心本丛书编辑出版的专业人士，也在本套丛书的编写过程中，无私地给予我们指导和帮助，谨在此一并表示崇高的敬意和衷心的感谢！因为你们，让这段历史更加丰满翔实，更坚定了我们书写这段历史的勇气和信心。

2015年，中国（上海）自由贸易试验区扩区，上海新一轮总体规划明确了今后的发展目标，陆家嘴的开发建设将进入一个新的历史阶段。如果说，1990年浦东开发开放是陆家嘴建设四个中心的历史性起点，2015年则是陆家嘴二次创业又一次新的征程，陆家嘴金融城精耕细作、前滩建设如火如荼、临港新城雏形初现……陆家嘴集团这支上海城市核心功能区域开发的野战军，似乎永远在路上。

总有一种精神，催我们奋勇前行；总有一种情结，令我们义无反顾。这种精神，这种情结，从陆家嘴的老开发们身上一脉相承。无论斗转星移，岁月变迁，建设一个更加美好的陆家嘴，是我们不变的使命和梦想。

李晋昭

2015年9月

Experts, officials and professionals concerned with this series from Pudong Development and Reform Commission, Land Resource and Planning Bureau, Economic and Information Commission, Commerce Commission, Lujiazui Administrative Committee, Pudong Academy of Reform and Development, Pudong New Area Planning and Design Institute, Shanghai Urban Planning and Design Research Institute, Tongji University, Shanghai Jiao Tong University, Shanghai Xian Dai Architectural Design (Group) Co., Ltd., Shanghai Futures Exchange, Shanghai Diamond Exchange also extended to us their selfless assist. Great respect and thanks to all the help we received. It is because of you that we were more determined and confident than ever to make the history real and vivid.

In early 2015, China (Shanghai) Pilot Free Trade Zone expanded its area to Lujiazui with new round of Shanghai overall planning under way. The development and construction of Lujiazui ushered into a new era. While the reform and opening-up of Pudong in 1990 to build the four centers in Lujiazui was the historical start point, the year 2015 would certainly mark the beginning of a new process of Lujiazui's undertaking with financial town, foreshore construction and Lingang City all in their full bloom. Lujiazui Group, field army of Shanghai urban functional zone planning, is always on the road.

There would always be a spirit to push us forward and a complex to let us proceed without hesitation, which passes on from generation to generation. No matter how time changes, to build a better Lujiazui is a dream and a commitment we never cease to fulfill.

Li Jinzhao

September, 2015

图书在版编目（CIP）数据

梦缘陆家嘴（1990—2015）第三分册　开发实践／
上海陆家嘴（集团）有限公司，上海市规划和国土
资源管理局编著. —北京：中国建筑工业出版社，
2015.10
　（上海陆家嘴金融贸易区规划和建设丛书）
　ISBN 978-7-112-18440-8

Ⅰ. ① 梦… Ⅱ. ① 上… ② 上… Ⅲ. ① 城市建设–研
究–浦东新区–1990～2015 Ⅳ. ① F299.275.13

中国版本图书馆CIP数据核字（2015）第216328号

责任编辑：焦　扬　何　楠　陆新之
书籍设计：康　羽
责任校对：李美娜　刘　钰

上海陆家嘴金融贸易区规划和建设丛书

梦缘陆家嘴（1990—2015）

第三分册　开发实践

上海陆家嘴（集团）有限公司
上海市规划和国土资源管理局　编著

*

中国建筑工业出版社出版、发行（北京西郊百万庄）
各地新华书店、建筑书店经销
北京锋尚制版有限公司制版
北京雅昌艺术印刷有限公司印刷

*

开本：880×1230毫米　1/16　印张：19¼　字数：525千字
2015年12月第一版　2015年12月第一次印刷
定价：176.00元
ISBN 978-7-112-18440-8
（27598）